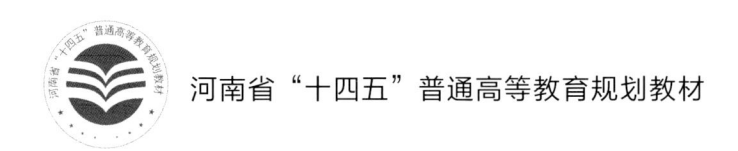

河南省"十四五"普通高等教育规划教材

甲骨学初阶

郭旭东　主编

中国社会科学出版社

图书在版编目（CIP）数据

甲骨学初阶／郭旭东主编 . -- 北京：中国社会科学出版社，2021.12
（2024.12 重印）
　ISBN 978-7-5203-9335-5

　Ⅰ.①甲…　Ⅱ.①郭…　Ⅲ.①甲骨文—研究　Ⅳ.①K877.14

中国版本图书馆 CIP 数据核字（2021）第 234665 号

出 版 人	赵剑英
责任编辑	安　芳
责任校对	张爱华
责任印制	李寡寡

出　　版	中国社会科学出版社
社　　址	北京鼓楼西大街甲 158 号
邮　　编	100720
网　　址	http://www.csspw.cn
发 行 部	010-84083685
门 市 部	010-84029450
经　　销	新华书店及其他书店

印　　刷	北京君升印刷有限公司
装　　订	廊坊市广阳区广增装订厂
版　　次	2021 年 12 月第 1 版
印　　次	2024 年 12 月第 2 次印刷

开　　本	710×1000　1/16
印　　张	20.25
插　　页	2
字　　数	332 千字
定　　价	98.00 元

凡购买中国社会科学出版社图书，如有质量问题请与本社营销中心联系调换
电话：010-84083683
版权所有　侵权必究

序

王宇信

郭旭东教授把新完成的《甲骨学初阶》大稿寄我征求意见，并嘱我读后为之写一篇"序"。这部一看书题就产生浓厚兴趣的著作，使我有幸先睹为快，在温故知新的享受中和浮想联翩的回忆中，一口气把它读完，并有不少的新收获。我认真回想了一下，这么多年来的有关古文字著作汗牛充栋，但除了著名学者李学勤教授曾出版一部《古文字初阶》外，还没听说其他甲骨文研究著作以"初阶"为书名的。初者，始也。阶者，用砖、石等材料砌成的分层梯级，以便利人们向上登进。初阶者，为开始升入，刚刚登进，即指开始的阶段。李学勤教授的《古文字初阶》，为几代对甲骨文、金文、简帛等古文字学科感兴趣的年轻人叩开了古文字学殿堂之门，他们在享受奋斗的快乐中学有所成。而郭旭东教授这部《甲骨学初阶》，当也寄托着对有志于甲骨文学习和研究的年轻一代的厚望，希望他们由此度得金针，步入甲骨文研究的堂奥。我读着这部《初阶》（《甲骨学初阶》简称，下同），头脑中不断浮现出当年的郭旭东"们"，就是这样从甲骨文基本知识的"初阶"出发，逐渐深入、拓展，更进一步攀上甲骨文研究高峰，并在甲骨学研究灯火阑珊的辉煌中，继续砥砺前行的！因此也可以说，这部《甲骨学初阶》，正是取得今天研究成功的郭旭东团队当年的起点，也留下了根植甲骨文之乡安阳学者们读懂甲骨文、掌握甲骨文、破译甲骨文奥秘的艰苦奋斗道路上的足迹和知爱家乡的情怀、智慧……我在回忆和获得新知中读罢此书稿，并感到此书有着它自己的特点，这就是：

首先，《初阶》虽然篇幅不长，但信息量很大，可以说涵括了甲骨学领域的全部内容。既涵盖了专以甲骨自身规律为研究阐述对象的狭义的甲骨学，又包括凡与甲骨文有关的殷商文化、考古学、甲骨学商史研究的广义的甲骨学研究。甲骨作为特殊文字载体的整治、占卜和骨面上甲骨文字的契刻、分布即文例和辞例等，都配以典型的甲骨拓本为例证加以解说，还由表及里，对甲骨文分期断代的由来和发展、特别是董作宾断代的重要标准及发展、"两系说"的新争论等，都进行了论述。除严格意义上的狭义甲骨学之外，本书还扩而大之，谈到了甲骨文的考古发掘史、文字学史及文字研究等，并在此基础上，就甲骨文蕴涵的商代历史思想和文化价值进行了全方位的展示和复原。诸如第七章甲骨文反映的殷商史和第八章甲骨文中的传统文化等。甲骨文研究的扩大，把丰富多彩的商代社会场景展现给广大读者，从而激起读者的求知欲，他们可以《初阶》展示的广义的甲骨文殷商文化为线索，进一步去发现，去深入，登堂入室，并步入璀璨的殷商文化殿堂。

其次，《初阶》还突出重点，花较多笔墨为初学者指出走上甲骨文之路的正确途径。面对佶屈聱牙的甲骨文字和大大小小的甲骨文拓片，初学者究竟应从哪里入手。前辈学者罗振玉、王国维等为我们打开了甲骨文研究的门径。1903年《铁云藏龟》出版，刘鹗在《自序》中，就作了文字释读的开创性工作。1904年《契文举例》完成，遗憾的是孙诒让这部著作释字太少，且见者寥寥（据说缮本只分送刘鹗、王懿荣、端方及作者自存），直到1915年才被王国维在上海发现，1916年得以出版面世，因而长时期没有产生应有的影响。直到罗振玉《殷虚书契》（1911年）出版之时，学界对甲骨文还是茫然无知的。"书既出，群苦其不可得其读也"（罗振玉《前编》序）。罗振玉深感于此，"发愤为之考释""遂成考释六万余言"，这就是《殷虚书契考释》释字485个的完成，使甲骨文字走完了"识文字、断句读"阶段。"文字既明，卜辞乃可得其读"（罗振玉语）。"有了这个基础，我们才有可能从杂乱无章的许多卜辞中通读它们""才能从卜辞中抽出有用的历史材料"（陈梦家：《殷虚卜辞综述》第50页）。《初阶》沿着学者叩开的甲骨文奥秘门径的足迹，用了较多篇幅和花了较大力气，向读者普及古文字学知识。在"甲骨文与中国文字"一章中，不仅强调中国文字"方块化"的特点，"从一开始就走上了与其他地区图画文字不同的演化道路"，进而指出西方各国"走上了拼音文字的途径"。由于我们的"汉语偏重于单音节词汇""所以就会想尽办法通过图象表达抽象的概念，也多利用生活经验和联想来创造文字，结果自然发展成今日的表意字"。《初阶》还为读者归纳出甲骨文"象形与图画写实性""变通性与谨严性并存""异字同形""合文与倒书""文字书写笔画细劲方析"等具体特点，并举甲骨文实例加以说明。此外，《初阶》还吸收古人造字"六书说"的合理成分，对4000多个甲骨单字进行分析，归纳为表意字（独体象形、合体会意字）、假借字、形声字（会意兼形声、假借加注形符）等三大类造字法。由于甲骨文去古已远，在汉字形成和不断变化过程中，很多字的字音、字义和字形都发生较大的变化，因而作为最早有系统的甲骨文的4000多个单字中，仍有很多未识未释之字。学者们在破译甲骨文字的过程中，也创造性地总结出一套行之有效的办法，这就是由已知求未知，即由许慎《说文》所列籀文上推金文，再由金文比较分析时代相近的甲骨文字。具体地说，就是形体分析法（即偏旁分析法）、假借破读法（以声求意）、辞例推勘法、历史比较法、据礼俗制度识字等。《初阶》在对每种方法进行简明说解时，并列举例证加以说明，这就使理论与实践相结合，从而引导读者对文字的释读产生兴趣并增强亲近感。《初阶》为了加深读者对考释文字方法的理解和加大甲骨文字的识字量，以便由此初读甲骨片上的卜辞文字，并进行认知甲骨片上镌刻文字的奥秘。还专列"甲骨文可识字分类举例"，即列出"人体及相关造字（部分例字12个）""自然界与动植物（部分例字39个）""社会与生活（部分例字34个）"。以上三类共举例字85个左右，与前一章破译文字方法及所举例字相得益彰。使初学者从心理上解除了破译文字的神秘感和敬畏感。他们中不少人，将会知难而上，或投身到"大数据、云平台支持下的甲骨文考释"工程之中。假以时日，在刻苦奋斗中，他们必将有所发现、发明和创造、前进！

应该说，《初阶》的"甲骨文可识字分类举例"部分，对读者掌握甲骨入门的文字识字量是很有意义的。我在读本书第一稿时，当时还列有960多个可识文字及说明，堪为一部便捷实用的《甲骨学初阶》小字典，而不知是什么原因，现本书的定稿只剩了85个字，这是非常遗憾的！我希望，将来此书再版时，把这批删去的文字补齐，从而使这部《初阶》一石二鸟增加一本"甲骨文简明实用小字典"的功能！

再次，《初阶》文字简明扼要，通俗易懂，内容深入浅出，引人入胜。书中插图、照片、拓片珍贵，实现了古代与今天的时空穿越，使初学者近距离见到甲骨字、感知甲骨片和顶礼甲骨书籍及研究成果，使他们在读书的快乐中，获得了甲骨文新知，并受到传统文化巨大穿透力的感染和熏陶！

《甲骨学初阶》的出版，表明安阳师范学院甲骨文研究院郭旭东教授研究团队的专家们，在进行高精尖的甲骨学研究和教学的同时，也在努力推进甲骨文走向人民大众的更接地气的工作。郭旭东研究团队在2011年，由王宇信、张坚、郭胜强等教授主编的《殷墟文化大典》（3卷6册）已于2016年出版，并在2021年荣获第五届中国出版政府奖。不仅如此，郭旭东研究团队还积极策划、参加并承担了中宣部国家社科基金2016年立项的重大委托项目"大数据、云平台支持下的甲骨文考释研究"工程的子课题（10个），诸如郭旭东等承担了"殷商社会文化形态与甲骨文研究"，韩江苏等承担了"甲骨文已释字未释字整理研究"、王宇信等承担了"《合集》再整理与研究"等，为新时代政府推动下的甲骨文研究全面深入发展与弘扬再辉煌作出了贡献。在此期间，郭旭东研究团队又推出了一批引起海内外学术界关注的时代巨献。2017年，韩江苏、石福金的《殷墟甲骨文编》由中国社会科学出版社出版，从而把20世纪30年代出版，行用几十年不衰的《甲骨文编》，提高到当代甲骨文著录和文字研究的最前沿。其后不久，2020年，郭旭东、张坚主编的《殷墟甲骨学大辞典》，由中国社会科学出版社出版。这部甲骨文百科全书式的大型著作，受到了当代甲骨学殷商史研究领域的顶级专家重视和推崇。在严重的疫情干扰和水灾的突然袭击下，郭旭东研究团队从容面对，继续向甲骨文的高峰攀登。近闻，由郭旭东策划主编的九卷本《甲骨卜辞菁华》已经完成，并将由文物出版社出版。《菁华》展示了10多万甲骨文中的精粹，释文总结了甲骨文殷商史研究的最新成果。这些，均充分显示了郭旭东研究团队的水平和功力！

就在郭旭东团队取得一批举世瞩目研究成果的同时，他们还坚决贯彻习近平总书记让"书写在古籍里的文字都活起来""教育引导广大干部群众特别是青少年认识中华文明的起源和发展的历史脉络""认识中华文明对人类文明的重大贡献"等一系列重要讲话精神，使甲骨文走出学者们高精尖的象牙之塔，走向人民大众，把学者们深邃的研究成果大众化，讲好甲骨文的故事。为此，郭旭东团队还坚持大手笔精雕细琢书写充满时代感和亲民度的好文章。他们继这部《初阶》之后，还要陆续推出《甲骨文普及教材》《读国学经典，学甲骨文字》系列丛书，即结合师范院校的特点，使甲骨文知识的普及教育，深接中小学教育的地气，在探索和实践中，不失时机地编著了《读〈三字经〉学甲骨文》《〈千字文〉中学甲骨》等。我相信,在郭旭东团队的带领下,甲骨文故乡安阳将出现知我家乡、爱我甲骨文的高潮!安阳大众在享受家乡甲骨文乡愁的自豪中,会让甲骨文发扬光大,走向全国,走向世界,越走越远!

开卷有益,我在这里向渴求甲骨文基本知识的年轻朋友们,热情推荐《甲骨学初阶》这部入门读物!

2021 年 11 月 5 日
于北京方庄芳古园一区一号楼"入帘青小庐"居室

目 录

第一章 殷墟甲骨文及其发现 ……………………………………（1）
  第一节 甲骨文的发现 …………………………………………（1）
    一 甲骨文发现过程 …………………………………………（2）
    二 相关问题辨正 ……………………………………………（6）
  第二节 甲骨文发现的意义 ……………………………………（10）
    一 中国信史前提 1000 年 …………………………………（10）
    二 促成殷墟开始科学发掘 …………………………………（12）
    三 增强了民族文化自信 ……………………………………（12）

第二章 殷墟甲骨文的科学发掘与著录 …………………………（15）
  第一节 史语所的科学发掘 ……………………………………（15）
  第二节 小屯南地甲骨的出土 …………………………………（33）
  第三节 花园庄东地甲骨的发掘 ………………………………（34）
  第四节 甲骨文的早期著录 ……………………………………（38）
  第五节 史语所科学发掘后甲骨文的出版 ……………………（41）

第三章 罗王之学 …………………………………………………（47）
  第一节 罗振玉及其甲骨学贡献 ………………………………（48）
    一 甲骨搜集与著录 …………………………………………（49）
    二 甲骨文考释 ………………………………………………（54）
    三 揭秘殷商信史，奠基甲骨之学 …………………………（55）
    四 甲骨文书法成就 …………………………………………（56）

第二节　王国维及其甲骨学贡献 ……………………………… (57)
一　甲骨著录与考释 ……………………………… (58)
二　考订商代史实 ……………………………… (60)
三　甲骨断代 ……………………………… (62)
四　甲骨缀合 ……………………………… (63)

第四章　甲骨文专业术语 ……………………………… (66)
第一节　甲骨刻辞及其类别 ……………………………… (66)
第二节　甲骨的整治与占卜 ……………………………… (77)
一　甲骨的整治与钻凿 ……………………………… (78)
二　甲骨灼烧与占卜 ……………………………… (80)
第三节　甲骨卜辞的契刻 ……………………………… (81)
一　甲骨卜辞的契刻术语 ……………………………… (81)
二　甲骨卜辞的辞例 ……………………………… (83)
第四节　甲骨文例与阅读 ……………………………… (85)

第五章　甲骨文与中国文字 ……………………………… (92)
第一节　汉字与甲骨文字的构形特点 ……………………………… (94)
一　前贤学者的文字研究 ……………………………… (94)
二　中国文字的发展特点 ……………………………… (99)
三　甲骨文构形特点 ……………………………… (101)
第二节　甲骨文与"六书" ……………………………… (107)
一　表意字 ……………………………… (107)
二　假借字 ……………………………… (111)
三　形声字 ……………………………… (112)
第三节　甲骨文字形结构演变及规律 ……………………………… (116)
一　简化 ……………………………… (117)
二　分化 ……………………………… (118)
三　声化 ……………………………… (119)
四　规范化 ……………………………… (120)
第四节　甲骨文字的考释 ……………………………… (122)

一　形体分析法 …………………………………… (123)
　　二　假借读破法（以声求义）…………………… (125)
　　三　辞例推勘法 …………………………………… (126)
　　四　历史比较法 …………………………………… (127)
　　五　据礼俗制度识字 ……………………………… (128)
　第五节　甲骨文可识字分类举例 ……………………… (128)
　　一　人体及相关造字（部分例）………………… (128)
　　二　自然界与动植物（部分）…………………… (129)
　　三　社会与生活（部分字例）…………………… (131)

第六章　甲骨文的分期与断代 …………………………… (133)
　第一节　分期断代研究的前提 ………………………… (133)
　第二节　早期分期学说的提出 ………………………… (135)
　第三节　分期断代理论的发展 ………………………… (147)
　第四节　卜辞分类与殷墟文化分期 …………………… (150)

第七章　甲骨文反映的殷商史 …………………………… (153)
　第一节　国家与社会 …………………………………… (153)
　　一　上层结构 ……………………………………… (153)
　　二　官制体系 ……………………………………… (162)
　　三　下层结构 ……………………………………… (169)
　　四　法律制度 ……………………………………… (172)
　　五　军队 …………………………………………… (181)
　第二节　社会经济与科技 ……………………………… (185)
　　一　农业 …………………………………………… (185)
　　二　畜牧业 ………………………………………… (197)
　　三　手工业 ………………………………………… (203)
　　四　建筑业 ………………………………………… (209)
　　五　科技 …………………………………………… (210)
　第三节　宗教信仰和祭祀 ……………………………… (218)
　　一　上帝崇拜 ……………………………………… (218)

二　自然神崇拜 …………………………………… (223)
　　三　祖先崇拜 ……………………………………… (226)

第八章　甲骨文中的传统文化 …………………………… (228)
第一节　重视农业生产 ………………………………… (228)
　　一　"求年"卜辞 ………………………………… (229)
　　二　"受年"卜辞 ………………………………… (235)
　　三　甲骨文重农文化对后世影响 ………………… (239)
第二节　重视子弟教育 ………………………………… (242)
　　一　甲骨文中的教育制度 ………………………… (242)
　　二　子弟教育内容 ………………………………… (246)

第九章　甲骨文书籍举要 ………………………………… (249)
　　一　《铁云藏龟》 ………………………………… (249)
　　二　《殷虚书契前编》 …………………………… (250)
　　三　《殷虚书契菁华》 …………………………… (251)
　　四　《殷虚书契后编》 …………………………… (252)
　　五　《殷虚书契五种》 …………………………… (253)
　　六　《殷虚文字甲编》 …………………………… (254)
　　七　《殷虚文字乙编》 …………………………… (255)
　　八　《甲骨文合集》 ……………………………… (256)
　　九　《怀特氏等收藏甲骨文集》 ………………… (257)
　　十　《英国所藏甲骨集》 ………………………… (258)
　　十一　《京都大学人文科学研究所藏甲骨文字》 … (259)
　　十二　《小屯南地甲骨》 ………………………… (260)
　　十三　《殷墟花园庄东地甲骨》 ………………… (261)
　　十四　《殷墟小屯村中村南甲骨》 ……………… (263)
　　十五　《卜辞通纂》 ……………………………… (264)
　　十六　《甲骨文编》 ……………………………… (265)
　　十七　《甲骨文字典》 …………………………… (267)
　　十八　《殷墟卜辞综类》 ………………………… (267)

十九　《甲骨文字集释》 …………………………………………… (268)
　　二十　《甲骨文字诂林》 …………………………………………… (269)

第十章　甲骨片选读 …………………………………………………… (271)
　　(一)《合集》24975 ………………………………………………… (271)
　　(二)《合集》32384 ………………………………………………… (273)
　　(三)《合集》22723 ………………………………………………… (275)
　　(四)《合集》137 正、反 ………………………………………… (278)
　　(五)《合集》6057 正、反 ………………………………………… (281)
　　(六)《合集》10405 正、反 ……………………………………… (284)
　　(七)《补编》11299 正、反 ……………………………………… (287)
　　(八)《花东》37 …………………………………………………… (289)
　　(九)《花东》150 …………………………………………………… (295)
　　(十)《村中南》212 ………………………………………………… (298)
　　(十一)《合集》36975 ……………………………………………… (300)
　　(十二)《合集》19817 ……………………………………………… (302)
　　(十三)《辑佚》690 +《合集》36182 …………………………… (304)

参考书目 ……………………………………………………………… (307)

后　记 ………………………………………………………………… (309)

第一章 殷墟甲骨文及其发现

第一节 甲骨文的发现

甲骨文是我国古代商周时期契刻在龟甲和兽骨上的以占卜为主体的文字，也是我国目前发现的时代最早的文字系统。

甲骨文中绝大多数属于商代后期王室和贵族的占卜记录，出土于安阳殷墟，因此也称殷墟甲骨文。少量属于西周时期。甲骨学就是研究甲骨文字及其内涵和规律的学问，属于众多学科中的"绝学"与冷门学科。

图1-1 殷墟甲骨[1]

---

[1] 图片来源：中国历史研究院考古工作站安阳工作站藏。

一 甲骨文发现过程

公元前1300年前后，商王盘庚把商王朝国都从"奄"（今山东曲阜）迁到了"殷"（今安阳西北部的洹河两岸），在此历经八代十二王。公元前1046年，周武王伐纣，商朝灭亡。战火之后，繁华锦绣的殷都变为废墟，史称"殷墟"。甲骨文也随之湮没地下，渐不为人知。

图1-2　洹水与小屯殷墟①

到了近代，在安阳老城西北2.5公里的一个名叫小屯的村子里，村民在洹河南岸的地中耕作之时，常常会有一些骨片随土翻起，有时也偶尔会出土少量的铜器、玉器等古代物件。对于后者，农民们早就知道这些东西是老古董，可以卖钱，因此见到这些宝物自然十分珍惜。而对于那些骨头片子，尤其是较大的胛骨，因其妨碍种田，则非常厌之，常把它们拾起弃于地头或投入枯井，有时也将它们砸碎当作肥田的肥料。

不知从何时开始，这些骨头被人作为"龙骨"送进了中药铺里锉成粉末用于治疗创伤。于是，一些农民就在农闲的时候到田间地头捡拾骨头换些铜钱贴补家用。据传小屯有个剃头匠李成，经营本业的同时，也收集制作一些"龙骨"粉面于庙会上兜售，用作医治"红伤"的刀尖药。中药

---

① 图片来源：国家文物局《殷墟》编辑委员会：《殷墟》，文物出版社2001年版。

"龙骨"在古籍中确有记载，明代著名药物学家李时珍在他的《本草纲目》中对"龙骨"的药用价值有详细说明，言其主治小儿、妇科和男子虚弱等病症。但从科学上讲，所谓"龙骨"乃是指古脊椎动物化石，并非真的龙的骨头。药铺把"龙骨"批发到京都北平和当时的药都——河北安国。

小屯村不仅是殷都的中心所在，其所属之地安阳也是后世多个朝代的都城和重要州府。因此，在小屯农田中出土"龙骨"的同时，还经常伴出有其他古董。据宋人吕大临的《考古图》一书中讲，当时小屯一带常有古代的鼎、彝、瓿、爵等铜器出土。元人纳新在其《河朔访古记》里还记载了这样一件事：宋代元丰二年（1079）夏季，安阳连日大雨，洹水暴涨，结果一座古墓被水冲开。水退之后，有人探视其中，得到不少保存完好的古代铜器。因怕官府追究，当事人遂把铜器砸碎卖掉，又把冲开的古墓填好灭迹。正因为小屯一带常有古物出现，因此，闻风而动的古董商人就不断光顾安阳进行收购，然后将所得之物运至京师及各地高价出售。

图 1-3 1928 年的小屯

清光绪二十五年（1899），山东潍县的一个古董商范维卿又一次来到安阳。在近代，山东潍县是我国重要的古董集散地，当地有不少人都在从事古董的买卖，范氏即是其中之一。因为生意缘故，范维卿与京城中的一些达官贵人和文人雅士有着密切联系，许多人都是他生意上的老主顾。这次到安阳，他虽然又收到了一些铜器、玉器等物，但品色并不令人满意。当他无意之中看到小屯村民手中所拿的"龙骨"时,职业的敏感使他心中一动。经过详细询问后,范维卿才得知这物件竟是古代的"龙骨"。长期与古董打交道的范维卿灵机一动,便有意买了几块,连同原先收购的古董一起,奔赴京师找老朋友们鉴定和销售去了。

其他古物范维卿很快就出了手,唯有那几块"龙骨"一直无人问津。并不甘心的他思来想去,最终决定请当时在古董鉴定方面很有名气的老乡王懿荣看看自己这几块"龙骨"到底有无价值。

王懿荣(1845—1900),山东烟台福山人,他出身于儒学世家,其祖父、父亲都曾出仕为官,官声学问皆名重一方,亲戚中也有如郝懿行、缪荃孙等近代国学大师级的人物。在此氛围中成长的王懿荣,自幼就熟读经书,学问广博。尤其是对古籍彝器、碑帖字画等文物更有兴趣,一生"好古成魔",多有收藏与研究,撰有《汉石存目》《金石藏目》等30多种著作,并且与当时的著名金石学家陈介祺、潘祖荫、吴大澂等均有交往。由于他在古董鉴赏方面颇有经验,眼力锐峻,故而找他鉴定文物的人很

图1-4 王懿荣(1845—1900)

多,时间一长,声名鹊起。因此,在当时京师古董界,王懿荣说话有着很重的分量,甚至"得公一言,引为定论"①。

王懿荣于光绪六年(1880)考中进士后,先后担任翰林院编修、国史馆协修官、翰林院侍讲、南书房行走、国子监祭酒等职。正因为他对古代金石有着很深的研究和很高的鉴赏力,因而,古董商们便竭力讨好巴结他,以期从中得到帮助并取得生意上的好处。范维卿和王懿荣同是山东老乡,两人关系由此更亲近一层。

当范维卿拿着从安阳买到的12块"龙骨"找到王懿荣后,王以其深厚

---

① 吴士鉴:《王文敏公遗集·序》,文物出版社1984年版。

的古文字功底和老到的鉴赏眼光，对这些骨头片子进行了细致入微的观察。他发现骨头似乎是有人使用过的，对于骨头上面的刻划，王懿荣很是费了一番脑子。他拿自己过去曾看过的彝器铭文，反复与"龙骨"上的刻划对比，在经过认真比对和研究后，王懿荣最终确定这些骨头乃是商人占卜时所用的卜骨，其上刻划乃是文字，"则确在篆籀之间"①。至此，沉睡了三千多年的商代甲骨文终于被王懿荣发现了。

这里所说的发现不是一般意义上的发现，而是学术意义上的发现，即王懿荣认识到了甲骨文的性质、判断出了它的时代，并把它作为有价值的文物而有目地去收藏。而在此之前，千百年来人们对这种商代卜骨从不知晓它的用途，更不知骨上的刻划是上古文字，大家只是把它当作朽骨残甲而弃之不顾，谁也没有把它当一回事。就是人们误将其作为中药"龙骨"看待后，实际上更加快和加重了它毁灭的速度和程度。因为这样做的结果是不知有多少珍贵的甲骨被病人喝到了肚子里，况且当地百姓在卖"龙骨"之前，一般还要将上面的文字刻划刮去，否则，带有刻划的骨头会有不古之嫌。

王懿荣发现甲骨文后，将范维卿手中的 12 块甲骨悉数重金收下，同时嘱咐范要继续为他搜求。范某从这次交易中获利甚丰，自然乐意效劳。果然到第二年春，范维卿一下子又拿来 800 余片，其中还有不少大片。王懿荣一见，喜出望外，遂以高价尽收囊中。消息传开后，又有一个姓赵的古董商也将数百片甲骨卖给了王懿荣。到八国联军进攻北京之前，王懿荣手中已经得到了 1500 多片甲骨。

正当王懿荣为自己发现甲骨文而庆幸之时，1900 年，英、法、德、意、美、日、俄、奥八国联军悍然进攻北京。平时颐指气使的西太后在洋人面前却胆小如鼠，慌忙出京西逃，而一介儒生的王懿荣却被清政府"重用"为京师团练大臣，担负拱卫京师的重任，结果可想而知。北京失陷以后，王懿荣满腔悲愤，仰天长叹，提笔写下了自己的绝命辞："主忧臣辱，主辱臣死，于止知其所止，此为近之。"此后他吞金、服毒均未死成，最后携妻子、儿媳于自己所居的北京锡拉胡同的家中投井而亡，以身殉国。

---

① 王汉章：《古董录》，《河北第一博物院画报》1933 年第 50 期。

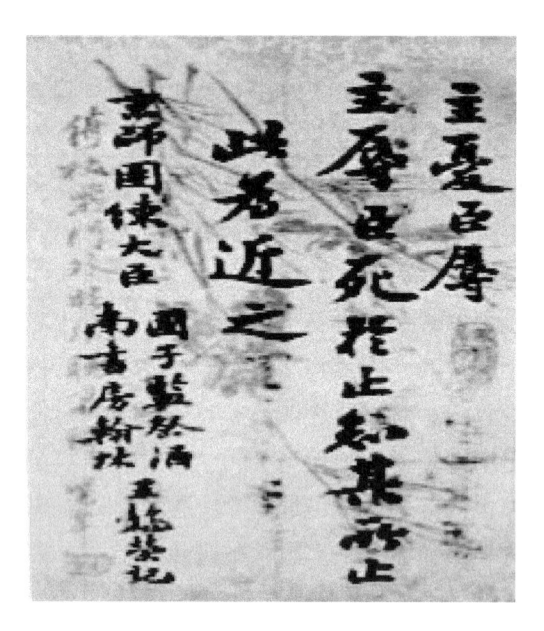

图 1-5　王懿荣的绝命辞

王懿荣发现甲骨文是我国近代学术史上的四大重大发现之一，从此以后，一门新的学科——甲骨学逐渐兴起，自春秋以来文献"不足征"的商代历史因甲骨文的出现而大有改观，轮廓渐清。王懿荣不仅是"甲骨文之父"，而且其人品学问、道德文章也被人景仰，其忠心报国的爱国主义精神也将永垂不朽。

二　相关问题辨正

1. 王懿荣是怎么发现甲骨文的？

长期以来，在社会上甚至在一些书本里还流传着王懿荣发现甲骨文的另一个版本，即王懿荣吃中药发现甲骨文的故事。这一说法说是1899年秋，王懿荣身患疟疾养病在家，中医看过之后，王家人便按照药方到北京宣武门外菜市口一带一个名叫达仁堂的药铺抓药，其中就有一味"龙骨"。王懿荣于服药之时，偶然看到"龙骨"上有字，引起了他的注意，经过认真研究，最终发现了甲骨文。这种说法，在加拿大传教士明义士的《甲骨研究》中也有过记载。

这一说法因有浓厚的传奇色彩而在社会上广泛流传，甚至超过了甲骨文发现的"正版"经过。但是，从一些历史记录来看，这种说法仅仅就是"传说"。如曾亲自到过小屯收购甲骨的罗振常说过："后村人有骨，均以售范。范亦仅售于王文敏公，他人无知者。"① 甲骨学大师罗振玉在其1910年出版的《殷商贞卜文字考》自序中，也谈到了王懿荣购藏甲骨之事："光绪己亥（1899年），予闻河南之汤阴发现古龟甲兽骨，其上皆有刻辞，为福山王文敏公所得，恨不得遽见也。"② 这些都表明，王懿荣发现甲骨文是始于古董商范维卿的上门请教，而非吃中药的缘故。当他认识到"龙骨"的价值后，才开始收购的，否则，又会有谁会去高价购买那些朽骨断片呢！

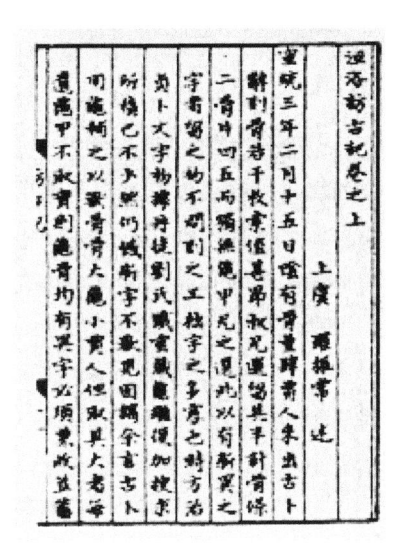

图1-6　罗振常的《洹洛访古游记》③

关于甲骨文发现的经过还有其他说法，如1931年《华北日报·华北画刊》第89期上发表了作者名为汐翁的一篇文章《龟甲文》，文章中言："是年（1899年）丹徒刘鹗铁云游京师，寓福山正儒私第。正儒病疟，服药用龟版，购自菜市口达仁堂。铁云见龟版有契刻篆文，以示正儒，相与

---

① 罗振常：《洹洛访古游记》，宣统三年。
② 罗振玉：《殷商贞卜文字考·自序》，玉简斋石印本，1910年。
③ 罗振常：《洹洛访古游记》，宣统三年。

惊讶……铁云遍历诸肆，择其文字较明者购以归。"文中所说的刘鹗，字铁云，是清末著名的谴责小说《老残游记》的作者。从汐翁文章的意思看，称甲骨文是由刘鹗先发现的，或者说是他和王懿荣共同发现的。但是，这一说法也不能让人相信，因为作为甲骨学史上第一部著录书《铁云藏龟》作者的刘鹗，却从未说过自己是甲骨文的第一个发现者。相反，在谈到这一事件时，他却多次谈到王懿荣收购大批甲骨之事。如："……庚子岁有范姓客，挟百片走京师，福山王文敏公懿荣见

图1-7 刘鹗（1857—1909）

之狂喜，以厚价留之。后有潍县赵君执斋的数百片，亦售归文敏。"① 这说明，连刘鹗自己都认为王懿荣乃是甲骨文的第一个发现者与收藏者。对于上述说法，著名甲骨学家王宇信先生也明确指出："报纸专好猎奇以哗众取宠。一篇满是错误时间和错误地点的小文，本不足训。"②

2. 甲骨文发现的时间

过去，在甲骨文发现的时间问题上，也有不同的声音。这起源于天津学者王襄前后不一的几次说法。王襄是早期甲骨学家和购藏者，早年有古董商到天津出售甲骨时，王曾买过一些，但限于经济力量，数量都不大。他后来在自己的几次谈话记载里，曾三次说到甲骨文是1899年发现的，这三次分别记录在1925年的《簠室殷契征文》序、1933年的《题所录贞卜文册》和1935年的《题易稽园殷契拓册》中。如1935年他说："翌年秋（指1899年），携来求售……人世知有殷契自此始。"③ 但到了1982年，王襄写于1955年的《簠室殷契》一文发表，在其"跋"中，王襄声称学术界关于甲骨文的发现"不甚确切和不太全面"，故将他这篇旧作发表，以正视听。其中言道："世人知有殷契，自公元一八九八

---

① 刘鹗：《铁云藏龟·自序》，抱残守缺斋石印本，1903年。
② 王宇信：《甲骨学通论》，中国社会科学出版社1989年版，第34页。
③ 王襄：《题易稽园殷契拓册》，《河北博物院半月刊》1935年第85期。

年始。"① 他的这一说法，在学术界产生了巨大影响，原来人人皆知的1899年发现甲骨文的时间忽然提前了一年，搞得大家摸不着头脑，加之有人随声附和，从而使这一问题更显得迷乱。

图1-8 王襄（1876—1965）及其《簠室殷契类纂》

但是王襄自己前后不一的说法，并没有改变过去已成定案的事实，这是因为人们的记忆规律总是距事情发生的时间越短，记得越清楚，相反，则越模糊。就王襄的几种说法中，前三次他都承认世人知道殷契（甲骨文）是开始于1899年，这三次时间都在早期，比他1955年那个说法最少早二十年。因此，人们有理由相信早期的说法。此外，王襄在1957年写的《簠于室契文余珠》序中，说到自己鉴定、购藏甲骨是在"时前清光绪己亥（即1899年）冬十月也"②，又一次证明他脑海中所记忆的甲骨文发现的时间仍是他早期说过多次的1899年。

至于有人认为端方是甲骨文的第一个发现者和收藏者，则缘于甲骨学家董作宾在他的《甲骨年表》中的一段话。对这一说法，另一个甲骨学家陈梦家曾给予辨正，他在举了几项证据后，断然认为"我们以为端方收藏

---

① 王襄：《簠室殷契》，《历史教学》1982年第9期。
② 王襄：《簠于室契文余珠·序》，1957年。

甲骨当在王（指王懿荣）刘（指刘鹗）之后，与罗（指罗振玉）同时或前后，即当光绪的末叶"①。此后，董氏的说法在学术界也很少听说过了。尽管在甲骨文发现问题上有过几种不同的说法，但是，王懿荣作为甲骨文的发现者已被学术界所公认，发现的时间也定于1899年。

第二节　甲骨文发现的意义

一　中国信史前提1000年

殷墟甲骨文与敦煌文书、流沙坠简、清内阁大档案先后问世，称誉为中国近代史料"四大发现"，为中国传统学术向近代学术转型奠定了基础。1899年，王懿荣第一个断定甲骨文是远古文字，并认为是"商代卜骨"。以后，刘鹗经过观察，认定甲骨文是"殷人刀笔文字"②。而罗振玉（雪堂）作为金石大家，他在对甲骨文认真研究后，"于刻辞中得殷帝王名谥十余，乃恍然悟此卜辞者，实为殷室王朝遗物"③。后来成为国学大师的王国维（观堂）利用甲骨文作为历史资料研究商代历史，取得了重大成绩，这体现在他的两篇著名文章，即《殷卜辞中所见先公先王考》和《续考》当中。

王国维惊奇地发现，司马迁所撰的《史记·殷本纪》中的商代先公先王，于甲骨文里都可以找到，"有商一代先公先王之名，不见于卜辞者殆鲜"④。同时，他还根据卜辞，纠正了司马迁所记是殷王朝世系的个别错误。这个研究成果意义重大，它证明了商代的确在历史上存在过，是信史，而不是传说。司马迁的记载是真实可信的，而不是杜撰。这显然打破了20世纪初期流行一时的疑古学派以及胡适说过的"东周以上无史"的错误论断。甲骨文证明了《殷本纪》所记历史的真实性，由此人们推理，司马迁《史记》中的《夏本纪》也应该是有根据的、可信的。这样的话，远古时期的夏、商两代都是信史，古人们常说的上古三代并非虚言。这样的话，夏代纪年是公元前21世纪—前16世纪，商代纪年是公元前16世纪—前1046年，总计大约1000年。甲骨文的发现，将中华文明史前推了1000年。

---

① 陈梦家：《殷虚卜辞综述》，中华书局1988年版，第651页。
② 《铁云藏龟·自序》。
③ 罗振玉：《殷虚卜辞考释》，王国维手写石印本，1914年。
④ 王国维：《殷卜辞中所见先公先王考》，自写石印本，1917年。

图1-9 清华四导师 前排左一李济、左二王国维、左三梁启超、左四赵元任

图1-10 夏禹像①

---

① 图片来源：《中国小学教学百科全书·历史卷》，沈阳出版社1993年版。

图1-11 汤帝庙

二 促成殷墟开始科学发掘

甲骨文的发现与认定，使其成为炙手可热的古董文物，价格直线上升，文人与收藏家纷纷购藏，导致农民私掘乱挖。罗振玉知道甲骨文出土于殷墟后，开始大量收购，后来还委派亲戚坐地收购，得12500片，由此他认为殷墟已经宝藏一空了。

1928年，中央研究院历史语言研究所在广州筹备成立，傅斯年派董作宾到安阳殷墟调查，董经过实地考察后报告认为："甲骨挖掘之确犹未尽"[1]，"告罄"的流言是没有根据的。在此之后，1928年10月，殷墟科学发掘正式拉开序幕，标志着中国近代考古学的诞生。

三 增强了民族文化自信

众所周知，现在世界上公认全球有四大文明古国，即位于尼罗河流域的古埃及、幼发拉底河和底格里斯河流域的古巴比伦、印度河流域的古印度和黄河流域的中国。历史上，这四大古国都曾创造出了惊艳的人类文明，如金字塔、狮身人面像、空中花园、阿拉伯数字、佛教、长城等。特别是

---

[1] 董作宾：《民国十七年试掘安阳小屯报告书》，《安阳发掘报告》1929年第1期。

图1-12 第一次发掘董作宾与部分工作人员村中留影

文明的标志之一——文字，如古埃及的象形文字、古巴比伦的楔形文字、古印度的印章文字、中国的甲骨文。

楔形文字　　　　甲骨文　　　　纸草文字

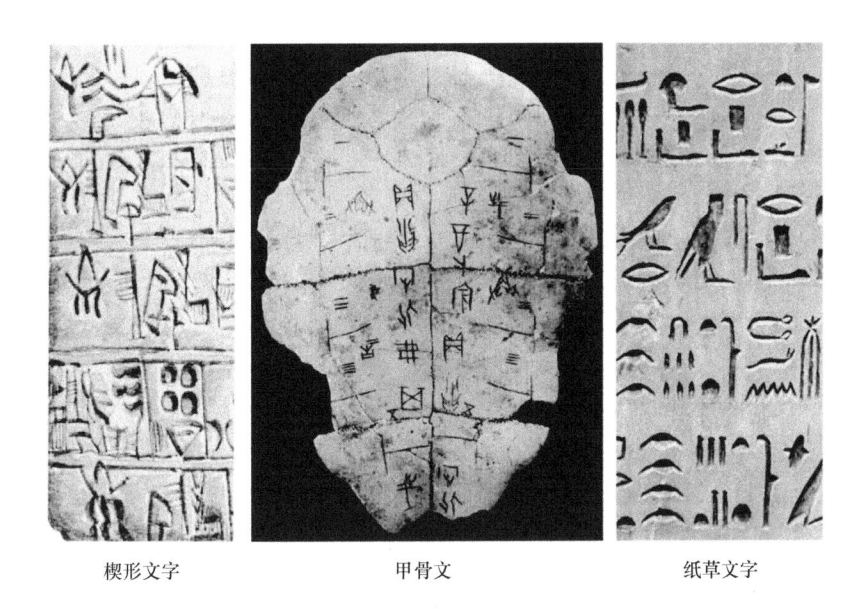

图1-13 楔形文字、甲骨文、纸草文字

但是，随着历史的发展和时间的推移，除中国外，其他古国都已消失。与之相随的是，他们曾经引以为豪的文字，也失传或成为不能释读的历史遗物。

图1-14　古印度印章石刻文字①

而只有中国三千多年前刻在龟甲兽骨上的甲骨文,在经历历史沧桑之后保存了下来,被现代人发现和认识,并利用它研究中国上古的历史和文化,并硕果累累。而且这种方块字从未中断,且传承有序,历经金文、大篆、小篆、隶书、楷书、行书、草书,直至我们今天的汉字。作为载体,它全面清晰地记录了中国历史的方方面面,使得中华文明脉络清楚,内涵丰富,傲然于世界。从甲骨文发现的历史背景上看,19世纪末,世界列强依靠船坚炮利,强迫清政府签订了一个个丧权辱国的不平等条约,中国人受尽了外国的凌辱,加之西学东渐,中华文化遭到了严重的冲击。因此说,甲骨文是在中国人最没有自信的时候被发现的。甲骨文的发现,恢复了我们的文化自信,坚定了中华民族的文化自信。

---

① 图片来源:闫志《全球化视角诠释下的世界——100件文物中的世界史的一个面向》,《博物院》2017年第2期。

第二章　殷墟甲骨文的科学发掘与著录

前面我们讲到，从1899年王懿荣认识甲骨文开始，一直到1928年中央研究院历史语言研究所发掘殷墟之前，这段时间属于甲骨文的非科学发掘阶段，也称为"私人盗掘时期"。在近三十年的时间里，小屯村民为了盈利私自挖掘的甲骨数量占到了现存于世甲骨总数的三分之二。

由于这一时期出土的甲骨是小屯及附近村民出于赚钱赢利的目的私自挖掘所得，从而使其科学性大打折扣，甲骨的坑位、地层关系完全失去了依据，与其相伴出土的物品也不知去向，这给准确判断其时代及性质增加了很大的难度。同时，村民们为了卖个好价钱，出土的一些小片、字少的甲骨往往遭到遗弃，使甲骨资料损失加大。科学发掘相较于私人盗掘，使甲骨文各方面价值得到了很好的保护。科学发掘从1928年开始，到1937年因抗日战争全面爆发而被迫停止，前后近十年间共发掘十五次。中华人民共和国成立后，甲骨的科学发掘工作于1950年重新开始，时至今日。

第一节　史语所的科学发掘

1928年5月，即民国十七年，中央研究院成立，这是隶属于民国政府的全国最高研究机构。研究院下设有自然科学和人文科学等一些研究所，历史语言研究所筹备处设在广州，聘请中山大学文学院教务长傅斯年为代理所长。当时研究工作尚未走上正常轨道。[①] 时年34岁的河南南阳人董作宾，当时在中山大学任副教授，被史语所聘请为通讯员。10月，史语所正式成立，董作宾被改聘为编辑员。为了对殷墟和地下埋藏的甲骨有进一步

---

① 傅斯年：《序言》，《中央研究院历史语言研究所集刊》1928年10月第1期。

的全面了解，不致再被私挖乱掘，傅斯年派董作宾至安阳小屯村调查。

据董作宾说："罗雪堂（罗振玉）派人大举搜求之后，数年间出土者数万。自罗氏观之，盖已'宝藏一空'矣。"①

1929年，时任史语所考古部主任的李济，在所著《安阳》一书中写道：

> 傅斯年是了解现代考古学和科学技术的少有的几个天才人物之一……董作宾不是大学毕业生，1928年他30刚出头，是"五四"运动天然的追求者，富有新思想，并急于为自己的研究搜集资料。傅所长派董赴安阳进行初步调查有两个简单原因：董系河南人，这在许多方面都有利于他的工作；再者他虽不是传统意识中古物学家，但他理智灵活。
>
> 实际上，两个学者，无论是指示董在安阳进行田野工作的傅所长，还是因系河南人而又天才又易于接受新思想而被派到安阳的董作宾，对现代考古学都没有任何实践经验。董在他的报告中说他的工作是考察遗址并查明是否还有一些甲骨值得发掘，或是否真像罗振玉及其同伙说的那样甲骨已被挖尽。②

1928年，董作宾到达安阳，之后在安阳城中进行了一系列调查。董作宾向中央研究院史语所汇报了详细情况。报告中说：

> 甲骨既尚有留遗，而今年之出土者又源源不绝，长此以往，关系吾国古代文化至巨之瑰宝，将为无知之土人私掘盗卖已尽，迟之一日，即有一日之损失，是则由国家学术机关以科学方法发掘之，实为刻不容缓之图。③

史语所所长傅斯年看了董作宾的报告后，毫不犹豫地就同意采取措施，对小屯村土地进行考古发掘，时任院长的蔡元培还拨了一千银元作为经费。

---

① 董作宾：《民国十七年十月试掘安阳小屯报告书》，《安阳发掘报告》1929年第1期。
② 李济：《安阳——殷商古都发现、发掘、复原记》（中译本），中国社会科学出版社1990年版，第41页。
③ 董作宾：《民国十七年十月试掘安阳小屯报告书》，《安阳发掘报告》1929年第1期。

董作宾很快就组成了一支6人考古工作团,同时购置了考古发掘所用的相关仪器。

1928年10月7日,工作队奔赴安阳,10月13日正式开工,于10月30日停止,共计18天,此即安阳殷墟第一次科学发掘。本次发掘,主要目的就是发掘甲骨片。虽然由于第一次发掘没有经验,原定计划一变再变,但还是有很大的收获,18天的时间,共获得有字龟甲555片,有字骨版299片,合计854片①,同时还有骨器、陶器、蚌器等物出土。后来,董作宾从这854片甲骨中选录了392片进行摹写,发表在1929年12月出版的《安阳发掘报告》第一期上。再后来,这批甲骨材料又收录于《殷虚文字甲编》里。

图2-1 1928年秋,殷墟第一次发掘,村中大道上第37坑出土之骨版,工作人员在骨堆中挑选字骨②

第二次发掘于1929年3月7日开始,发掘地点为村中、村北、村南,为时60多天,由中央研究院史语所考古组组长李济主持。此次挖掘除了有

---

① 董作宾的论著中作229片;严一萍在《甲骨学》第二章中作854片,字骨299片。
② 李永迪、冯忠美:《殷墟发掘照片选辑1928—1937》,台北:"中央研究院"历史语言研究所2013年版,第11页。

不少文物外，还出土字甲55片，字骨685片，合计740片。

第三次发掘于1929年10月7日开始，分两次发掘，分别是1929年10月7—21日，11月15日—12月12日，由李济主持，发掘地点在小屯村北和西北两处，发掘面积达836平方米，采用开纵横探沟的方法以了解地层情况。这次发掘共发现墓葬24座、灰坑11个，出土甲骨3012片，其中字甲2050片，字骨962片。还出土了大量的青铜器、石器、陶器、骨器等。著名的大龟四版、牛头刻辞和鹿头刻辞为这次发掘的精品。董作宾通过对大龟四版的研究，并作《大龟四版考释》一文，发现过去大家不清楚的甲骨文"贞"字前面的那个字，原是商代负责占卜的贞人的名字，由此提出了著名的"贞人"说，从此拉开了甲骨文分期断代研究的序幕，"贞人"也成为后来甲骨文分期断代的重要十项标准之一。而极为珍贵罕见的牛头刻辞和鹿头刻辞上所刻内容分别是商王打猎获得白兕、征伐盂方之事和商王田猎情况。

第四次发掘于1931年3月21日开始，截至5月12日，仍由李济主持，地点有小屯村北、四盘磨、后冈等。小屯村北的发掘，由梁思永、郭宝钧、董作宾负责，面积大约1470平方米，出土甲骨782片，部分青铜武器、工具、铸铜陶范、陶器、玉石、骨牙、蚌器等。发现大片版筑基址、房子、灰坑、墓葬（18座）。还出土了大量兽骨，如鹿头刻辞、虎头骨、象牙床、鲸背胛、牛骨及鹿骨等。尤以象骨及鲸骨的发现，对于研究商代的动物群以及当时的气候、生态环境与交通更具有重要意义。四盘磨的发掘由吴金鼎、李光宇负责。发掘面积100余平方米，没有发现甲骨，但发现灰坑、墓葬等，出土器物有陶器、铜器、石器、蚌器等。后冈发掘由梁思永负责，发掘面积216平方米，发现白灰面房子、窖穴等，出土有陶器、骨器、石器、蚌器，并出土一块字骨。这是小屯以外第一次甲骨文字的发现，这次发掘的最主要的收获是发现了殷代、龙山、仰韶文化直接叠压的地层关系，从而确定了这三种文化的时代序列。

第五次发掘时间是1931年11月7日—12月19日，由董作宾主持，地点小屯村北、村中、后冈，参加发掘的学者有董作宾、郭宝钧、石璋如。发掘面积818平方米，发现房基、窖穴（9座）等，出土甲骨381片，字甲275片，字骨106片，首次发现版筑基址叠压大圆坑的地层关系。

第六次发掘时间是1932年4月1日—5月31日，由李济主持，发掘地点为小屯村北、高井台子、王裕口北地。参加发掘的有董作宾、刘屿霞、石璋如、李光宇等人。发现一处版筑基址，上有三座门及排列整齐的柱础石，学者们断定为宫殿遗迹。高井台子又一次发现殷代、龙山、仰韶文化层叠压的现象。李济、吴金鼎在王裕口北地发掘时，发现殷代墓葬及窖穴等。

第七次发掘时间是1932年10月19日—12月15日，主要在小屯村北展开工作，李济主持，参加发掘的有董作宾、石璋如、李光宇。发掘出多座版筑基址，有矩形、凹形、条形等，上排列有整齐的柱础，还有窖穴、房子、墓葬等（16座）。窖穴中出土了大量文物，合计5801件，还发现甲骨29片，墨书白陶残片一件，上有毛笔书写的"祀"字，该字锋芒毕露，而且笔画和形体与甲骨文字相同。这个发现表明，我国早在殷商时代，就已经有了用毛笔书写的形式了，甲骨文并非商代唯一一种文字书写形式，打破了战国蒙恬制笔的传统说法。

第八次发掘时间是1933年10月20日—12月25日，由郭宝钧主持。地点在小屯村北、四盘磨、后冈。发现字甲256片，字骨1片，共计257片。另发现两处版筑基址，4个龙山窖穴、殷代大小墓葬，大墓四隅发现殉葬人头28个，此乃首次发现殷代殉人遗迹。

第九次发掘时间为1934年3月9日—4月1日，由董作宾主持，地点在小屯村北、侯家庄南地、后冈、武官村南霸台。发现甲骨共计441片，其中字甲438片，字骨3片。其中以"大龟七版"为最重要发现，即6个完整的龟腹甲和半块龟背甲。七版龟甲出土于同一坑中，地层一致，满版刻有文字，内容属于商王廪辛、康丁时期的畋猎、祭祀、行止、风雨等。

第十、第十一、第十二次殷墟发掘，因主要在西北冈商代王陵区进行，故无甲骨出土，但出土了许多精美的青铜器、玉器、骨器等文物。

第十四次发掘时间是1936年9月20日—12月31日，地点在小屯村北，出土字甲2片，还发现一批精致的铜礼器、玉石器及大量的陶器、青铜武器等文物。

第十五次发掘时间是1937年3月16日—6月19日，由石璋如主持，地点在小屯村北。发现夯土基址20处，窖穴220个，祭祀坑和小墓103座及水沟等。出土字甲549片，字骨50片，共计599片，以及一批铜器、白陶、玉石器等，还出土了一批陶范、陶模和内范。

除中央研究院在安阳的发掘外，河南省也于1930年在殷墟开展了两次发掘，主持者为当时河南图书馆和民族博物馆馆长何日章。① 他们的发掘共得字甲2673片，字骨983片，合计3656片。这批甲骨除一部分被盗窃卖与美国人史密斯之外，大部分被关百益的《殷虚文字存真》和孙海波的《甲骨文录》两书收录。后来商承祚的《殷契佚存》也收录了这批甲骨的一部分。这批甲骨被带到台湾后，于1999年以《河南运台古物甲骨文专集》问世。

表2—1　　中央研究院在安阳的十五次科学发掘的主要信息

次序	发掘时间	发掘地点	主要发掘所获 遗址遗物	甲骨	主持人	参加人员
一	1928年10月13日—10月30日	小屯村北、东北、村中	古器物十余种	854	董作宾	李春昱、赵芝庭、王湘、张锡晋、郭宝钧
二	1929年3月7日—5月10日	小屯村北、村中、村南	兽骨、蚌壳、陶片	740	李济	董作宾、董光忠、王庆昌、王湘、裴文中
三	1929年10月7日—10月21日 1929年11月15日—12月12日	小屯村北、西北	古器物	3012	李济	董作宾、董光忠、张蔚然、王湘
四	1931年3月21日—5月12日	小屯村北、后冈、四盘磨	后冈发现仰韶（彩陶）、龙山（黑陶）、殷商（灰陶）文化三叠层	782	李济	董作宾、梁思永、郭宝钧、吴金鼎、刘屿霞、李光宇、王湘、周英学、关百益、许敬参、马元材、谷重轮、冯进贤、石璋如、刘耀
五	1931年11月7日—12月9日	小屯村北、村中、后冈	居住或储藏窖穴、建筑基址等	381	董作宾	梁思永、郭宝钧、刘屿霞、王湘、马元材、李英伯、郝升霖、张善、石璋如、刘耀
六	1932年4月1日—5月31日	小屯村北、侯家庄、高井台子、王裕口、霍家庄	宫殿建筑基址、墓葬、陶片	1	李济	董作宾、吴金鼎、刘屿霞、王湘、李光宇、周英学、石璋如
七	1932年10月19日—12月15日	小屯村北	宫殿基址、窖穴	29	李济	董作宾、石璋如、李光宇、马元材
八	1933年10月20日—12月25日	小屯村北、后冈、四盘磨	宫殿建筑基址、墓葬	257	郭宝钧	石璋如、刘耀、李景聃、李光宇、马元材

---

① 辛亥革命后至1949年，大多数地方"图书""博物"为一个机关。

续表

次序	发掘时间	发掘地点	主要发掘所获 遗址遗物	甲骨	主持人	参加人员
九	1934年3月9日—4月1日	小屯村北、侯家庄、南霸台	侯家庄发现"大龟七版"	441	董作宾	石璋如、刘耀、李景聃、祁延霈、尹焕章、马元材
十	1934年10月3日—12月30日	侯家庄西北冈、同乐寨	王陵墓；同乐寨发现三叠层		梁思永	石璋如、刘耀、祁延霈、胡厚宣、尹焕章、马元材
十一	1935年3月15日—6月15日	侯家庄西北冈	王陵、车马坑、殉葬坑、铜、骨、石器		梁思永	石璋如、刘耀、李光宇、祁延霈、王湘、胡厚宣、尹焕章、马元材、夏鼐
十二	1935年9月5日—12月16日	侯家庄西北冈、大司空村、范家庄	王陵、殉葬墓、小墓、铜器、石器、骨器、玉器		梁思永	石璋如、刘耀、李景聃、李光宇、祁延霈、高去寻、尹焕章、潘悫、王建勋、董培宪、李春岩
十三	1936年3月18日—6月24日	小屯村北	宫殿基址、窖穴、灰坑等遗迹	17804	郭宝钧	石璋如、李景聃、祁延霈、王湘、高去寻、尹焕章、潘悫、孙文清
十四	1936年9月20日—12月31日	小屯村北、大司空村	墓葬、居住建筑遗址、铜器、玉器等	2	梁思永	石璋如、王湘、高去寻、尹焕章、潘悫、王建勋、魏鸿纯、李永淦、石伟、王思睿
十五	1937年3月16日—6月19日	小屯村北	墓葬、居住建筑遗址、铜、玉、骨器	599	石璋如	王湘、高去寻、尹焕章、潘悫、王建勋、魏鸿纯、李永淦、石伟、张光毅

注：该表内容来源于胡厚宣《殷墟发掘》，学习生活出版社1955年版。

值得一提的是，1936年，史语所考古组希望继续前九次未做完的工作，即进一步解决小屯北地殷代建筑基址方面的问题，因此又重新回到了小屯展开第十三次发掘。在这次发掘中，小屯村北YH127坑发现了17096片甲骨，震惊世界。

YH127坑整坑甲骨起运装箱，从小屯运往南京，经过整理粘对后，合成整版的共有320多版，半完整和接近完整的有520版。这些甲骨记录了武丁时期许多重大的活动，是武丁王室的珍贵档案。

　　这一坑甲骨从发现到整理再到运输，中间也颇为曲折。[①] 1936年6月12日，因天气炎热难耐，本计划结束发掘，然而就在最后清理现场的时候，突然又发现了一个编号为YH127的灰坑。下午四点，王湘在坑底发现有大片甲骨。主持此次发掘的郭宝钧得知后，决定延长收工时间，希望能将坑中甲骨全部挖出。可出人意料的是一个半小时过去了，坑中的甲骨反而越挖越多，源源不断，甚至连灰坑的边缘都没找到。当天显然是完不成了，考古队只好先把挖出的坑用土填埋回去覆盖住，以确保安全，并且魏善臣还用白石灰在土层上做了记号。晚上再派民工看守，以防不测。

　　第二天，人们上工之后，看到土层上的记号丝毫未动，这才放心。于是大家重新将浮土掏出，由石璋如和王湘下坑挖。二人在直径仅有1米的狭小坑内，越挖越多，也不敢乱动，生怕踩坏甲骨片，最后连脚站的地方都快没了，这给挖掘工作带来了很大的困难。经过一天的挖掘之后，坑中的甲骨还是层层相叠，他们发现这么干不行，得想个万全之策。最终经过大家集思广益，想出来一个办法，即将含有甲骨的整段灰土原封不动地框进一个大木箱中，运回南京中央研究院史语所，再在室内逐步清理。当晚，考古队和民工荷枪实弹地在甲骨坑周围值班守卫。

　　14日，民工们开始在YH127坑周围挖土，先将整个甲骨坑与周围的生土分开，让其独立存在，然后再将含有甲骨的土疙瘩装进一个大木箱中，仅这项工作就用了四天的时间。身在南京的李济听闻后，特地赶赴安阳，进行现场指挥处理。同时，潘悫于1936年6月15日将此一重大发现电告南京所方。

[①] 关于YH127坑发掘及运往南京的趣闻逸事，可以参见《中国殷墟》，上海大学出版社2006年版，第91—95页。

图 2-2 1936 年春，YH127 坑由外而内发掘，去除坑外土，装上箱底并整理边缘①

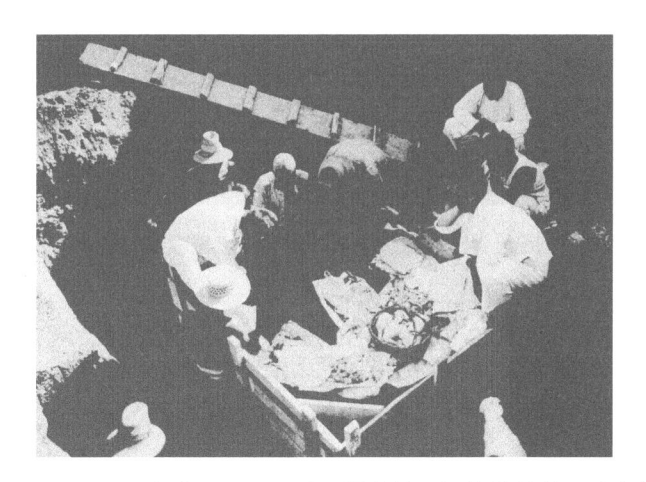

图 2-3 1936 年春，YH127 坑甲骨装箱，钉箱盖前整理内部情形，右方踞箱上者为李济，其后者浅色背心坐者为高去寻，其后为李景聃②

---

① 李永迪、冯忠美编：《殷墟发掘照片选辑 1928—1937》，第 213 页。
② 李永迪、冯忠美编：《殷墟发掘照片选辑 1928—1937》，第 214 页。

甲骨装到箱子里之后，如何把这些箱子运到火车站，又成了一个棘手的问题，整个木箱重达3吨，当时安阳的运输条件又十分落后，交通也不好，想要把这重达3吨的大木箱运到火车站是十分困难的。最后，有人想到一个法子，像抬灵柩一样用人力把这个大家伙抬到火车站，中途抬箱子的杠子还断了一次，最终在64人的共同努力下，经过两天的时间将木箱运送至火车站。

图2-4 1936年春，甲骨装箱后外运情形，戴帽监工者为石璋如①

俗话说，好事多磨，甲骨箱正待装车运走之时，天突降大雨，这一下就是好几天，结果火车停运，又拖延了10天。然而装车起运后不久，行至徐州站时，车轴又损坏，只好停下修理，这一耽搁又是两天，直到7月12日甲骨箱才运到南京史语研究所。

到了南京之后，箱子经过了翻覆，打开时是坑底朝天。张政烺叙述他目睹的经过说："1936年7月12日，一辆大卡车开进南京北极阁史语所图书馆前，车上载着一只大木箱，数十人无法同时在车上作业，只有部分工

---

① 李永迪、冯忠美编：《殷墟发掘照片选辑1928—1937》，第215页。

人合力把大木箱从车上翻到搭在车尾的斜坡木板上，而后又沿铺在台阶处木板斜面上推拉，好不容易运到图书馆的大厅内。发掘者兴奋不已，令工人立即拆去木箱四周和顶盖木板。众人一看，眼前这堆与泥黏结在一起的甲骨，同原来堆积的方位正相反，底朝天了。现场工人卸车忙乱，指挥者集中精力协调工人卸车和铺路，无暇顾及木箱的正倒，待拆开木箱见到甲骨底朝天，已经无可挽回了。"

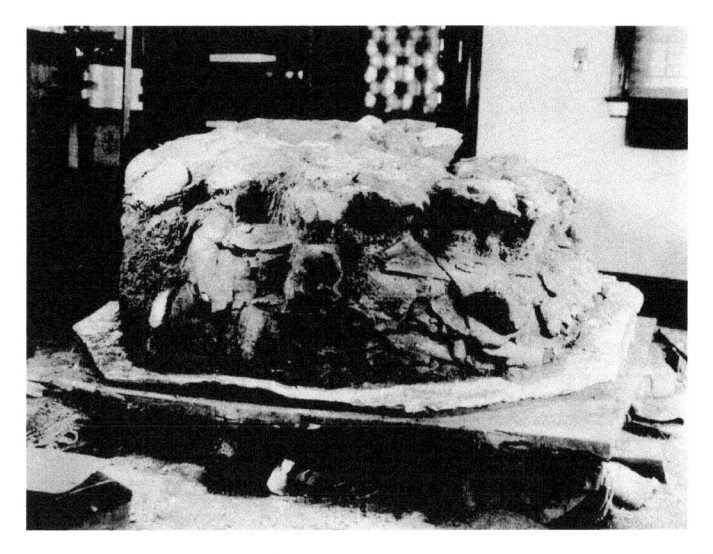

图 2-5　YH27 坑在南京去箱后情形，箱框经翻覆，原坑底朝天的情形①

清理时等于是从原坑最下层做起。经过董作宾、梁思永、胡厚宣等人三个多月的仔细工作，才清理完这一坑甲骨文字，分别放在大纸箱中。

不幸的是，还未来得及上胶、黏合、编号，1937 年抗战全面爆发，匆忙之中带着纸盒，装入木箱，首先运到长沙，又运到桂林，再到昆明。直到 1940 年史语所迁到龙头村的时候，才由高去寻、胡厚宣把甲骨文字一一编号登记。现在我们看到甲骨上的编号，就是这两位先生在昆明连夜赶工编上去的。1941 年，迁到四川李庄，正式开始传拓工作，由屈万里、李孝定、张秉权负责编辑及粘贴工作。

---

① 李永迪、冯忠美编：《殷墟发掘照片选辑 1928—1937》，第 216 页。

1946年返回南京，隔年春天，加紧进行缀合、拓编、付印的工作。终于在1948年出版了《殷虚文字乙编》上辑；1949年3月出版了中辑；下辑则在1953年12月，在台北由艺文印书馆印刷乙编选定的甲骨共9105号，因其正反面分别占号，故所收录甲骨并非9105版，其中487—8467号为YH127坑出土的字甲，8663—8672号为字骨。

图2-6　YH127坑于南京室内发掘情形，左起：徐禄、魏善臣、关德儒[①]

YH127坑的甲骨，从发掘以来，经过不断的搬迁，龟版的分裂是无可避免的，印入《乙编》中的图版，已无可能恢复完整之旧，董作宾说："希望读此书者，原谅它是国家多难时的产儿，自己再下一番拼合的工作。"

1954年，史语所由杨梅迁到台北南港，张秉权陆续对YH127坑出土的甲骨进行缀合，先后出版了《殷虚文字丙编》上、中、下三辑，每辑两册，共六册。

YH127坑出土的甲骨，数量空前庞大。其甲骨为同坑所出，在地下本来完整，而且是同时代的，有助于对此一时期的诸多事件，利用甲骨进行"排谱"的工作。此外，此坑尚有许多特殊的现象，比如：甲多骨少、契刻卜兆、朱书墨书、涂朱涂墨、改制背甲、特大龟甲等特点，在甲骨学史上

[①] 李永迪、冯忠美编：《殷墟发掘照片选辑1928—1937》，第217页。

有着重大的意义，颇受学术界的关注。下面介绍几种比较显著的特点。

(一) 涂色

YH127坑出土的甲骨中，有些在已经契刻的文字或卜兆涂上朱砂或墨。董作宾认为"涂饰朱墨，完全是史官爱美，为了好看，并不是一定的制度"。有些涂朱的甲骨，经过三千多年到今天，仍然鲜明无比，不能不叫人赞叹商代颜料品质的高超。

图 2-7　甲骨卜辞上的涂朱（《丙》[①] 209）

(二) 毛笔书写的字迹

甲骨上有毛笔写后没有契刻的墨迹，这是我们认识三千多年前的殷商书迹最直接的史料。这种书而未刻的文字，证明了在商朝已有相当进步的毛笔。而为契丹文字作拓本时，墨迹是不可能拓出来的，只有照片能把墨迹拍下来。过去由于照片和印刷品质不佳，人们很难有机会看清楚这些墨迹，今日，借由高科技的拍摄，我们可以非常清楚目睹这些三千多年前史官的书法真迹。从这些书迹，可以看到商朝人所写的甲骨文，运笔是有按提变化的，所以笔画有粗细。现代有些人写甲骨，平板生硬，不太能看出笔的趣味。

[①] 《殷虚文字丙编》简称《丙》。

甲骨学初阶

图 2-8　商朝人的墨迹（一）

　　上面写着"贞今夕其□"残辞，依卜辞最常见的习惯，缺字有可能是"雨"字。应是卜问今天晚上会不会下雨（《乙》①566 原寸放大图）

图 2-9　商朝人的墨迹（二）

　　上面写着"贞翌丙，亡其从雨"，是关于下雨的贞卜，设问隔天的"丙"不会有从雨（顺雨）[《乙》778 原寸（左图）与放大（右图）]

（三）甲桥刻辞的大量发现

　　所谓"甲桥刻辞"，胡厚宣谓："甲即龟甲，桥即骨桥，谓刻于龟甲骨

---

① 《殷虚文字乙编》简称《乙》。

桥背面之一种记事文字也。"① 甲桥的部分一般不刻卜辞，而是刻上各地贡龟的数量和观察的记录。之前此类刻辞著录也不少，但因龟甲出土时残端过甚，已难看出这类刻辞在龟腹甲上的位置，拓本更难，因而没有引起学者们的注意。YH127 坑大批完整甲骨的出土，甲桥刻辞所在位置甚明。据整理者统计，YH127 坑出土甲骨刻辞达 300 例之多②，为记事刻此研究提供了启示。

图 2-10　卜雨的朱书真迹（《乙》7285）

---

① 胡厚宣：《武丁时五种记事刻辞考》，《甲骨学商史论丛》初集上，河北教育出版社 2002 年版。
② 胡厚宣统计，共得甲桥刻辞 573 例，见于著录者 273 例，余为第 13 次发掘（YH127）所得，573 - 272 = 301，即 300 余例。

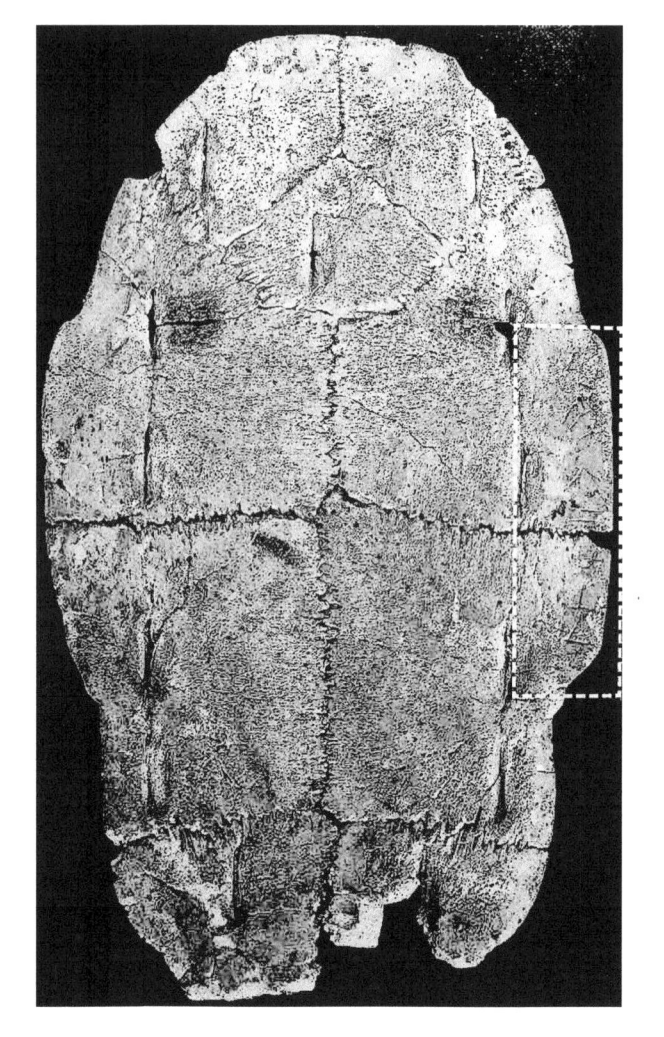

图 2-11　这一版甲桥刻辞是：雀入二百五十（《丙》359）

(四) 武丁大龟的发现

YH127 坑发现一版大龟（《乙编》4330），这是 1899 年甲骨文发现以来，迄今所见最大龟版。据鉴定，此龟不是产自安阳，而是产自马来半岛。①

---

① 伍献文：《武丁大龟之腹甲》，《动植物研究所集刊》第 14 卷，1943 年第 1—6 期。

图 2-12　最大的龟版——武丁大龟（《丙》184）

(五) 成套甲骨的出土

所谓"成套甲骨"，即不同版龟甲或兽骨上，刻有内容相同但占卜序数（即兆记）不一的几块甲骨。据学者统计，YH127 坑宾组卜辞成套腹甲有 15 套之多。[1] 而"最初发现成套甲骨与成套卜辞，完全由于偶然的机缘与一时的灵感"[2]，即整理 YH127 坑甲骨，并缀合出版《丙编》的启示。

---

[1]　具体片号参见刘学顺《YH127 坑宾组卜辞研究》，博士学位论文，中国社会科学院，1998 年。
[2]　张秉权：《甲骨文与甲骨学》，"国立"编译馆 1988 年版，第 200 页。

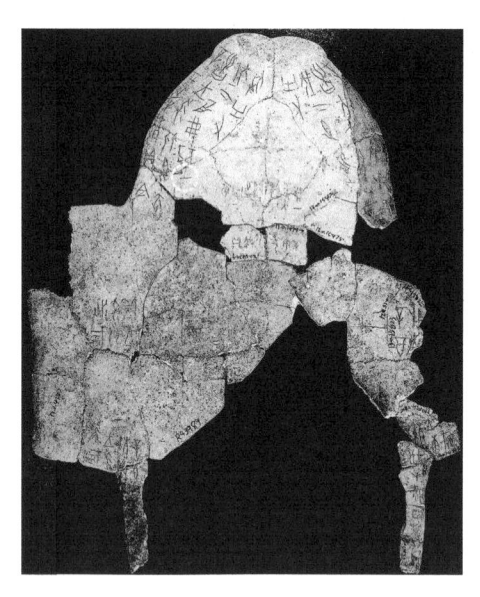

图 2-13 成套卜辞（一）：这一套卜辞为同一件事，一共卜了五"回合"，每一回合都卜好几次，此为序数一（《丙》12）

图 2-14 成套卜辞（二）：此为序数二（《丙》14）

另还有甲骨分埋、改制背甲等特点。YH127坑丰富、复杂的现象和大量甲骨契刻信息，推动了甲骨学研究的前进。

以上为自1928年10月13日至1937年6月19日，中央研究院历史语言研究所先后对殷墟进行的15次科学发掘，共出土24918片，这些科学发掘的甲骨，有明确的坑位和同出的器物，为学者们的科学研究保留了真实、丰富的一手资料。其中，有著名的大龟四版和大龟七版，另有刻辞鹿头和刻辞牛头及牛肋骨。与此同时，出土甲骨的地点也不仅仅限于小屯村北、村中、村南，小屯附近的后冈、四盘磨和侯家庄也都有发现甲骨，这也是史语所发掘的一个意外收获。殷墟的15次发掘完全是中国学者自己主持和参加的，它是中国近代田野考古学诞生的标志，其田野发掘方法也为中国考古学的发展奠定了基础。"七七"事变后，殷墟的科学发掘被迫停止。

第二节　小屯南地甲骨的出土

1973年，中国社会科学院考古研究所安阳工作队在河南安阳小屯村南地的考古发掘中，出土了一批带卜辞的甲骨，被称为"小屯南地甲骨"。

小屯村位于安阳市西北方，相距五里地，是商代后期都城遗址的所在。解放前，曾在此地进行过多次发掘，发现了宫殿建筑基址和大量甲骨。解放以后，对该遗址进行了重点保护。

1972年12月下旬，小屯村村民张五元在村南公路旁取土时，发现了六片带字甲骨，当即交给了中国科学院考古研究所安阳工作队。1973年3月下旬，安阳工作队开始在村南进行钻探，确定发掘区域并设置了永久性的测绘基点。1973年3月下旬至8月10日、10月4日至12月4日，先后进行了两次发掘，参加这次考古发掘的先后有戴忠贤、刘一曼、曹定云、王金龙、屈如忠、孙秉根等考古专家。吉林大学历史系教授姚孝遂也参加了部分发掘工作。

此次发掘，共开探方21个，总面积430平方米，发掘出的遗迹有夯土基址、窖穴（灰坑）、沟、陶窑、墓葬、祭祀坑等，文化遗物有仰韶文化、龙山文化、商代文化等，其中最引人瞩目的是发现了大批卜甲和卜骨，共计1万余片。其中刻辞甲骨5335片，卜骨5260片，卜甲75片，大多数是小片的，而整版的和接近整版的较少，据初步统计约有100片。有的骨版保存较好，字迹清晰；但也有相当一部分腐蚀太甚，字迹剥蚀不清。卜骨、卜甲均经过整治，在其背面（少数在正面）有钻、凿、灼的痕迹。绝大多数卜骨、卜甲有凿、无钻、有灼；少数有钻、有凿、有灼，或有钻、无凿、有灼。刻辞绝大多数为卜辞，内容广泛，包括祭祀、天象、田猎、旬夕、农业、征伐、王事等。另外还发现一些地名、人名和方国名等。非卜辞的刻辞数量很少，有习刻和记事刻辞两种。此外，还发现4片书辞，是朱书，可能是用毛笔写在骨版的背面，字体比较大，笔画粗壮。

这批甲骨被称作"易卦"卜甲，很受学界关心。出土时多有明确的地层关系，并与陶器共存。小屯南地的甲骨，大部分属于商王康丁、武乙、文丁时期的卜辞，少量的属于武丁时期和帝乙、帝辛时期的卜辞。

小屯南地这次的发掘是1949年后出土甲骨最多的一次，不仅为甲骨文研究提供了新的文字资料，而且提供了丰富翔实的考古学资料。后来，它与妇好墓一起，被评为中华人民共和国成立后考古十大发现之一。

考古研究所成立了小屯南地甲骨整理小组，对所获的甲骨进行整理，于1980年和1983年先后出版了《小屯南地甲骨》（以下简称《屯南》）上册（一、二分册）、下册（一、二、三分册）。该书上册发表了刻辞甲骨分摹本、甲骨的钻凿形态；下册发表了甲骨刻辞释文、字词索引等。

第三节　花园庄东地甲骨的发掘

1991年秋，为配合安阳的筑路工程，考古研究所安阳工作队在花园庄一带进行考古工作。首先，组织人力在该处进行钻探。钻探队在花园庄东地探出了一个甲骨坑，初步判断是个直径2米左右的圆坑。三个探眼在距地表2.9—3.1米的深度都发现了无字甲骨，为使甲骨少遭破坏，未继续下探，故甲骨埋藏的厚度不明。在花园庄南地，钻探队工人清理一座殷代小墓时，在墓口上的灰层中，发现了3片刻辞卜骨。过去，花园庄一带，从未发现过刻辞甲骨。安阳队队长杨锡璋同志对此发现感到兴奋，决定在这两处进行开方发掘，早就想亲自挖出甲骨过过瘾的考古学家刘一曼和郭鹏同志接受了这次发掘任务。

10月3日至9日，发掘人员首先在出刻辞甲骨的花园庄南地周围，开了3小探方，面积近70平方米，以期有所发现。以为能挖到数十片刻辞甲骨，然而，结果令人失望。仅发现了两小片刻辞卜骨，且每片上只有1个字，这对抱有很大希望的刘一曼来说，心情极为沮丧。18日他们转移到花园庄东地出甲骨的地方发掘。南地收效甚微，东地能抱多大希望？刘一曼对郭鹏说："能挖到十多片有字甲骨就不错了！"这是安抚失望的心理，还是寄希望于"柳暗花明又一村"。连她自己都说不出当时复杂的心情。

19日下午，在钻探队工人曾画出甲骨坑记号的地方反复铲平，但始终没有发现灰坑的痕迹。这无疑给燃烧的希望之火浇上一盆凉水。20日上午，发掘队在整个探方中一次一次地铲平，反复观察，终于在距离原来做记号的地方1米多处，发现了两个灰坑，编号分别为H2和H3。靠北面的椭圆形坑H2，靠南面的长方形坑为H3。两坑的中部各钻一眼，结果在长方形H3坑中发现了甲骨。

10月21日，当挖至距地表2.9米时，出土了许多小片的卜甲，其中3片小卜甲上发现了细小而清晰的刻字。于是发掘人员马上改用小铁钎、小竹签、小铲、小毛刷等小工具进行清理，由几位技术熟练的工人轮流下坑剔剥。一天下来，上层的甲骨已被清理出来，绝大多数是卜甲，出土时有的正面朝上，有的反面朝上，有的紧贴坑边；卜甲与卜骨，龟腹甲与背甲，大块的与小块的，有字的与无字的相杂处，彼此叠压得极为紧密。

坑内甲骨除极少部分为卜骨之外，其余全部是卜甲。由于卜甲埋藏年代久远，极易碎裂，出土时一块完整的龟甲往往断裂成数十片或一两百片，给清理工作带来极大的困难。一天半，才取了54片甲骨。恰逢天公不作美，时常刮大风，修公路的白灰、沙子迎面扑来，运土汽车隆隆的奔跑声不绝于耳。工期又十分紧迫，城建局一再催促尽快清理完毕。加上满坑甲骨发现的消息不胫而走，来参观的人们连续不断，安全问题迫在眉睫。但欲快速清理又是不可能的，这令人心急如焚。队里经过慎重研究，决定终止工地的发掘工作，仿效YH127坑的搬迁形式，将甲骨坑来一个大搬迁，运回考古工作站进行室内清理。

图 2-15 装甲骨的大木箱①

　　将一个长2米、宽1米，厚度不明的土坑整个搬家也非易事，既要保存甲骨坑的原状，又要绝对保证文物安全，万无一失。考古队经过周密计划筹备后，很快让工人做了一个长2.2米、宽1.2米、高0.8米的大木箱，将整个坑套于箱内。

　　10月27日，开始套箱工作，经过一天半的时间才将9块底板装上。为了防止底板不牢靠，又在其下钉了两根长度近2.3米、宽0.2米、厚0.5米的木条。在甲骨层的上部，铺上几层麻纸和塑料布。甲骨坑与木箱内壁之间的空隙用碎土填实，最后再钉上箱子的盖板。全箱重量近4吨。

　　10月29日下午，整个木箱被一台大吊车慢慢地吊起放到一辆停放在旁边的大卡车上，卡车的四个轮子一下就下陷了7—8厘米，连卡车司机都感慨地说："这家伙真沉啊！"10分钟后，大木箱运至安阳考古工作站，由于它太大太重，不便搬进屋内，只好停放于院内。

---

① 刘一曼、郭鹏：《1991年安阳花园庄东地、南地发掘简报》，《考古》1993年第6期。

箱子运到考古站后，面临的难题是如何取出这一大坑碎裂过甚的甲骨。刘一曼等人想了很多办法。他们吸取1973年小屯南地发掘的经验，逐层清理，每剔剥出一层甲骨，先照相画图，然后按它们叠压的先后，一片片编号取出。由于甲骨堆积较厚，共画了16次图。这给以后的粘对、缀合和研究工作提供极大的方便。

清理工作从10月31日至11月26日，取出甲骨856片，因天寒地冻，难于工作，又将甲骨坑钉起来，其上铺上棉被套、塑料布，木箱外再压上砖。1992年5月3日，继续开箱清理。至6月1日全部清理完毕，从开始发掘至取出最后一片卜甲，前后费时两个多月。

花园东地甲骨坑，共发现甲骨1583片，其中卜甲1558片，上有刻辞的574片（刻辞腹甲557片，刻辞背甲17片）；卜骨25片，上有刻辞的5片，共计刻辞甲骨579片。特别珍贵的是，此坑甲骨，以大版的卜甲为主，其中完整的卜甲755版，其上有刻辞的整甲近300版，占字甲骨总数的50%以上。除了整甲外，半甲、大半甲的数量亦多，据粗略统计，半版以上的大块甲骨，占此坑甲骨总数的80%。这是继1936年小屯村东北地YH127坑及1973年小屯南地甲骨以后又一次重要的发现。

坑中的刻辞甲骨，每版的字数多寡不等，少者一两字，多者达200多字，一般数十字。刻辞内容比较集中，主要涉及祭祀、田猎、天气、疾病等方面。据甲骨坑出土的地层和共存的陶器及刻辞内容判断，这批甲骨属武丁时代。

据初步观察，这坑甲骨一个鲜明的特点是，大多数卜辞占卜的主体不是王，而是"子"。甲骨上的字体较细小、工整、秀丽，与过去发现的一些特殊书体与称谓的卜辞有某些相似之处，但又具有自己独特的风格。这表明，在武丁时代，不但是王，而且王室贵宫、地位显赫的大贵族都可以独立地进行占卜活动。花园庄甲骨坑的发现，对甲骨文的分期断代，对研究殷代的历史都有重要的意义。这批甲骨的整理工作早已完成，全部资料经中国社会科学院考古研究所编纂，以《殷墟花园庄东地甲骨》为名由云南人民出版社于2003年出版。

2002—2004年，安阳队的考古学家们趁安阳市硬化小屯村通往村西考古所安阳工作站的路面时，又对过去未发掘过的地段进行钻探发掘，结果又发现了字甲107片，字骨128片，共计235余片。小屯村南之地，从解放前到现在，不断有甲骨出土，看来，这里应该是甲骨出土的一个重点区域。

殷墟除了出土大宗甲骨的几处外，在其范围内其他地方还有一些零星甲骨被发现，如四磨盘1950年春出土卜骨1片；大司空1959年出土卜骨2片；苗圃北地自1959—1985年前后四次共出土卜骨3片，背骨1片，龟甲1片。之后在后冈、小屯、花园庄一带也有零星发现。

第四节 甲骨文的早期著录

中国最早的系统文字甲骨文，是由清代山东著名的金石家、国子监祭酒（相当于现在大学校长）王懿荣发现的。王氏曾认定甲骨文字为商殷时的文字。所以，后人称他为"甲骨文之父"。虽因王氏于第二年（1900）壮烈殉国，尚未能有专著发表，实为遗憾之事。否则，以他的能力，必定会在甲骨学研究方面有所作为并取得不错的成就。与王懿荣交情不错且也非常喜欢金石字画的江苏丹徒人刘鹗，曾从王懿荣之子王翰甫手中购得1000余片甲骨。加上其从定海人方药雨手中得到300余片，以及古董商赵执斋也为他四处奔走购得的3000余片。后来，刘鹗[①]还曾派三儿子刘大绅专程赴河南，为其收购，得1000余片。统计下来，刘鹗手中有5000多片甲骨。

1903年，刘鹗邀请好朋友罗振玉来到家中，因二人兴趣相投，刘鹗便让罗振玉观看自己收藏的甲骨片，而早就对甲骨心驰神往的罗振玉在看到这笔珍宝之后，大为惊叹，于是竭力说服刘鹗将这些甲骨著录出版。得到刘鹗的同意后，罗振玉非常高兴，他从刘鹗收藏的甲骨中精选出1058片，亲自为之墨拓编印，最后编成一书出版，用刘鹗的字命名该书为《铁云藏龟》，在"自序"中指出：这是"殷人的刀笔文字"，这对甲骨文历史时代的认定极有意义。

《铁云藏龟》作为甲骨学史上第一部甲骨文著录，使甲骨文从少数学者

[①] 有关刘鹗的生平，参见刘慧孙编《铁云先生年谱长编》，齐鲁书社1982年版。也可参见王宇信《甲骨学通论》，中国社会科学出版社1989年版。

秘而不宣的书斋中走出，变成了可供学人研究的学术资料①，对甲骨学的形成与促进起到了极有价值的作用。虽然此书在印刷质量和墨拓上不尽如人意，但在甲骨学史上有筚路蓝缕之功，并不影响人们对它的高度赞誉。

该书不仅著录甲骨文，并提及单字 55 个（其中 19 个与天干、地支有关）。在今日看来大部分释读正确，误释者 13 个。然而在创始阶段有此收获，已是十分不易。

刘鹗之后，对甲骨文研究有卓越贡献的是孙诒让及其著作《契文举例》。

孙诒让（1848 年 9 月—1908 年 6 月），幼名效洙，又名德涵，字仲容，一作仲颂，浙江瑞安人。他是晚清著名经学大师、古文字学家、爱国主义者和著名教育家，与俞樾、黄以周合称清末三先生。有"晚清经学后殿"之誉，章太炎称他"三百年绝等双"。清同治六年（戊辰）中举人，五应会试不中。后专攻学术，精研古学四十年，融通旧说，校注古籍，著书三十余种。孙一生著述宏富，所著《周礼正义》为清代群经新疏中杰出之作，《墨子间诂》亦为注墨的权威之作，《温州经籍志》，被誉为"近世汇志一郡艺文之祖"，还有《尚书骈枝》《古籀拾遗》等大著作均为学界所看重，影响很大。

《铁云藏龟》印行当年，自称"蒙治古文大篆之学四十年，所见彝器款识逾二千种"的古文字学家孙诒让，在听说世上有甲骨文之后的几年时间终于亲眼见到它的真迹，十分高兴，欣喜异常。他还以史学家的眼光，看到甲骨文可补"有商一代书名之佚"，并"兼以寻究仓后籀前文字流变之迹"。为此，他关门闭户，专心钻研，两个月后，就写出了甲骨学史上第一部专门考释甲骨文字的书——《契文举例》。

该书共两卷，约 5 万字，上卷分日月、贞卜、卜事、鬼神、卜人、官氏、方国、典礼八篇，下卷分文字、杂例两篇。既释文字又考制度，开了古字考释与古史考证相结合的先例。该书初稿写成后，为慎重起见，他请人抄了几本，分别送与当时同好的罗振玉、刘鹗和端方。不知什么原因，只有罗振玉给出了回应，其他人对他的书稿都未作反应，孙诒让因此也没

---

① 王宇信：《近百年来的甲骨学研究》，《炎黄文化研究》（《炎黄春秋》增刊）1996 年第 3 辑。

有将之及时印行。

1905年，孙诒让又撰写了一本名为《名原》的书，共三卷，在叙中他总结了自己对甲骨文、金文考究的心得为古文字字形比较和偏旁分析法。

孙诒让的《契文举例》所据仅是《铁云藏龟》中的甲骨文，考释甲骨单字185个，虽然多半是和单个金文的比较中认出来的常用字，有不少错误，但他毕竟是较系统地研究甲骨文字的第一人。其筚路蓝缕之功，不得抹杀。作为甲骨学上第一部考释研究甲骨文字的专著，不但将甲骨文进行了分类，而且他的偏旁分析等考释文字的方法也比较科学，这些方法对后来研究者都有较大影响。

当时对《契文举例》的评价褒贬不一，但随着时间的推移，人们对该著作的认识也不断发生变化，后人站在一个新的高度上，用历史的眼光更加客观地审视此书，使它在甲骨文字学研究上的开创之功越来越受到人们的重视。唐兰先生就指出："古文字的研究，到孙诒让才纳入正轨，他的精于分析偏旁，和科学方法已很接近了。"① 还有很多学者持类似观点，比如邵子风、陈梦家、裘锡圭等人，均认为《契文举例》是甲骨学研究方面一部具有重要价值的开创性著作。

在当时甲骨文字考释研究尚无前例的情况下，孙诒让不畏艰难，独然前行，开拓榛莽，发凡启例，实属不易。况且，孙氏当时可依据参照的资料只有刘鹗的《铁云藏龟》一书，他本人也未见过实物，出错在所难免。再者他所考释的文字也并非全错，所创立之体例又开导了后人。更难得的是，他的研究方法受到了后人的高度评价，仅此一点，就有功绩。

继上述二人之后，1911年，罗振玉赴日本，将拟编著的《殷虚书契前编》拓本也带至日本，"乃以一岁之力，编为《前编》八卷，付工精印，其未及施墨者，异日为当辑续编，而后编亦将次写定"②。《殷虚书契前编》1911年在日本由《国学丛刊》石印，每期一卷，只印了三卷。次年才影印成八卷本。著录拓片2221片。③ 之后罗振玉又于1914年11月，出版了《殷虚书契菁华》，著录甲骨文照片68版。1915年2月，又出版了《铁云

---

① 唐兰：《古文字学导论》，齐鲁书社1981年版。
② 罗振玉：《殷虚书契前编》，1912年，上虞罗振玉日本永慕园影印本。
③ 1973年3月《甲骨文合集》组谢济、孟世凯核实之数。

藏龟之余》，著录刘铁云所遗拓片40片。据"自序"说，此书是为了纪念刘铁云，因成书时刘铁云已经流死新疆数年。又1915年4月，出版了《殷虚书契后编》上下卷，著录拓片1104片。同年5月，出版了《殷虚古器物图录》，其中著录拓片4片。1933年9月，又出版《殷虚书契续编》。自《铁云藏龟》之后，罗振玉先后出版了5部书，著录甲骨3437片。不仅数量多，而且不乏精品。

罗振玉还是继《契文举例》之后考释甲骨文字最为努力之人。清宣统元年（1909），因日本人林泰辅发表《清国河南汤阴发现之龟甲兽骨》，将该文邮寄给他请教。于是罗费时3个月写出《殷商贞卜文字考》一卷，作为对林泰辅的回答，并于1910年9月由石印出版。1914年12月，王国维手写石印出版了罗振玉所著《殷虚书契考释》。全书共八卷，一都邑、二帝王、三人名、四地名、五文字、六卜辞、七礼制、八卜法。1916年5月，罗振玉将《铁云藏龟》《铁云藏龟之余》《殷虚书契前编》《殷虚书契后编》《殷虚书契菁华》五部著录书中不认识的字整理为《殷虚书契待问编》一卷石印出版。书中收录甲骨文单字1400多个（含重文）。又于1927年2月出版《增订殷虚书契考释》三卷。此书对原书一卷增修较多，核校相较原书更精确，并增加了王国维"序"和罗福颐校。

在罗振玉、王国维的推动下，不少学者也投入收集、著录和研究工作中来。如林义光著《文源》十二卷（1920年）；王襄的《簠室殷契类纂》十四卷（1920年）；商承祚编著的《殷虚文字类编》十四卷（附《待问编》十三卷和罗振玉的《殷虚书契考释》一卷，1923年）；叶玉森著《殷契钩沉》两卷（1923年），又《说契》一卷和《研契枝谭》一卷（1924年）；陈邦怀著《殷契书契考释小笺》一卷（1925年）；叶玉森著《铁云藏龟拾遗》一卷，著录甲骨240片。王襄的《簠室殷契征文》和《考释》各十二卷（1925年）也先后出版。除上举著述之外，其他有关论述，截至1927年，据濮茅左统计，国内学者共发表127篇，参与研究者达50余人，充分证明甲骨文已在学术界引起广泛重视。

第五节 史语所科学发掘后甲骨文的出版

自1928年史语所在殷墟科学发掘中所得的甲骨文，一直受到人们的广泛关注。在第十次发掘王陵之前，史语所的有关人员一直忙于小屯的发掘，抽不出时间与精力对所发现的甲骨进行系统的整理。直到1934年，梁思永率队对西北冈展开规模空前的发掘之后，由于这里是殷商王朝的陵墓区，未见甲骨文出土，一直关注着甲骨文资料的董作宾等人，才算暂时有了空闲，对过去历次挖出的甲骨文进行一番彻底的清理。

早从第二次开始，董作宾就与李济达成一致，双方商定，董作宾负责整理与研究殷墟出土的各类文物和甲骨，其他遗物则交由李济负责。于是，在傅斯年的大力支持下，董作宾开始了对殷墟前九次发掘所得甲骨的编辑与整理，准备尽快出版，以惠学林。

当决定编辑出版之后，从1935年开始，董作宾等人很快开始了剪贴编选工作。殷墟发掘前九次出土的甲骨，经过挑选、墨拓、登记、编号，约半年工夫，甲骨图版300多张稿子就完成了，书名定为《殷虚文字甲编》。之所以称《甲编》，是傅斯年先生的意见，他的意思是等将来再出版甲骨时，就按此《乙编》《丙编》顺序排列下去。原计划每一编都有图版和考释两部分。《甲编》的考释原定由胡厚宣先生负责，胡先生认为做考释的功夫应该从全部甲骨文字入手研究。经过搜集材料，做个全方面研究，同时参证实物，最终写出了《甲编》的释文，然而考释任务由于胡先生后来离开史语所等原因而未完成。直到1955年8月李济担任历史语言研究所所长之后，才有屈万里作《殷虚文字甲编考释》，于1961年6月出版。

1936年，董作宾与上海商务印书馆签订出版合同，《甲编》由商务印书馆承印，原图版上手写文字及数码全部改排铅字，一一粘贴，然后照相制版。1937年春天，印成的80页样稿送到南京，董作宾等人看样校对之后又拟就了内外封面，董还写了一篇简短的序文。眼看《甲编》就要问世了，然七七事变骤然爆发，不久，上海沦陷，在沪东印厂的图版遂遭毁。史语所迁至昆明后，1939年再次与商务印书馆签订出版合同。原拓本共有4份，故又将图版交由商务印书馆在香港印刷。印成后尚未发行，日军于1941年12月入侵香港，二次遭毁。直到抗日战争胜利以后，史语所由四川迁回南京，《甲编》才在1948年4月，由史语所出版，商务印书馆发行。全书图版顺序编通号，每个片号下注有：发掘次数、种类和出土时编号。共编3942号，其中牛头刻辞有1号，鹿头刻辞有2号，鹿角器有1号，全书正反和缀合后，实收录甲骨3866片。

《甲编》从编辑到出版历时十多年，前后三次印刷。虽然董作宾等人为《甲编》的出版费尽心力，艰苦卓绝，但一些不明真相的学者，因不能早日看到《甲编》而责备董作宾等人将殷墟出土的甲骨文"秘藏椟中，包而不办"，显然这是冤枉了史语所的诸位先生。直到《甲编》出版问世，董作宾先生在"自序"中道明原委，真相才大白于天下。

《甲编》是一部全面反映史语所第一次至第九次殷墟发掘所得甲骨的著录著作，它不同于以往此类各书，它第一次将科学考古的东西融入其中，从而将每一片甲骨都赋予了科学价值和意义，这是它同其他各书有很大不同的地方。

殷墟发掘的最后三次所出的甲骨文，由屈万里、李孝定、张秉权先后具体运作，编为《殷虚文字乙编》，分三辑出版。上辑于1948年10月出版；中辑于次年3月出版；下辑于1953年12月由台湾艺文印书馆出版。此书编排体例与《殷虚文字甲编》相同，共编9105号。本书所著录甲骨拓片是从第十三次、第十四次、第十五次三次发掘出土的18405片中选入，其中主要是选自第十三次发掘时，出自YH127坑的甲骨17096片。《乙编》所收录材料远超《甲编》4倍之多，虽然有拓本部分不够清晰，照片也较模糊，朱书和墨书不分，已经拼合的却因原拓号已经按号贴入而未录入等缺点，但甲骨出土坑位简单明晰，内容新颖而且极为丰富，又多为龟甲，仅完整的龟甲就达300多版，因此，其研究价值也远远超过了《甲编》。

《甲编》和《乙编》按甲骨的质料（即龟、骨）和出土顺序（即发掘次数、原骨出土号）类次，与以往传世甲骨著录的编纂体例完全不同。这种考古学方法著录甲骨的新体例，也是甲骨学史上的创举。它不仅体现了近代田野考古学方法引入甲骨学研究领域取得了辉煌成绩，也为以后著录科学发掘所得甲骨提供了范例。与此同时，推动了殷墟甲骨文的考古学研究的进一步深入，是甲骨学从形成时期向全面继续发展时期前进的里程碑。

《甲编》《乙编》两书的缀合，1955年4月出版，由郭若愚、曾毅公、李学勤合编，为《殷墟文字缀合》，共编图版482号。

继《甲编》《乙编》之后，还有张秉权编著的《殷虚文字丙编》，共三辑六册。该书是从1957年8月至1972年分6次出齐。全书图版591页，编号632号。此书实际上是《乙编》甲骨的复原选集。书中主要收录的是作者自己对《乙编》及其编后剩余的甲骨经拼缀之后而成的大版甲骨，共计

632版，并逐片进行了考释，书中图版比《乙编》清晰，这多少弥补了《乙编》之不足。作者于每一图版之上附一透明薄纸，勾画出了甲骨复原的轮廓，说明缀合的部位，并按每条卜辞的释文表明次第几及行款，阅读起来极为方便。图版的次序，也未按照原发掘号次序，而是作者自己按照甲骨内容自行编排，特别是成套卜辞，则按照顺序前后相排列。这种方法有助于读者阅读并比较研究。该书在考释上下了许多功夫，尤其对成套卜辞和成套甲骨的研究，有许多发人深思的启发意义。

进入20世纪80年代后，学术界有了较为宽松的环境，新生活开始快节奏运转，给甲骨学的发展"加油添彩"。1980年10月，中国社会科学院考古研究所将1973年殷墟小屯南地发掘出土的甲骨，编辑为《小屯南地甲骨》出版。这批甲骨是1949年后发现的最大一宗。此书分为上下两册，上册又分为一、二两分册，为图版部分。共著录甲骨4612片，其中附有1971年冬于小屯西地出土的卜骨10片和1977年于小屯村一带采集的甲骨13片。书前有前言、凡例、目录表、龟甲统计表、背文统计表。图版顺序编号为通号，又按出土时的单位、即灰坑（H）、房基（F）、墓葬（M）、探方（T）等编排。按出版单位著录甲骨，这就在甲骨学史上第一次为我们提供了一批可与出土地层及有关遗物相互联系起来的科学资料，从而使甲骨文分期断代研究的考古学考察有了很大进展。下册又分为三个分册，第一分册为释文。书前有凡例、引书引文目录。第二分册为索引、摹本。有凡例、部首、检字表、字词索引、摹本号登记表和甲骨文摹本。第三分册为甲骨钻凿图和钻凿图版。全书甲骨文能注明时期者皆注出，凡不能区分时期者暂为存疑。《小屯南地甲骨钻凿》是根据甲骨上的钻凿形态研究分期断代的论文，该文被甲骨学家评为："此文是目前国内学者关于钻凿形态与分期断代研究关系较全面、系统的论述。"

该书集拓本、摹本、索引、钻凿图版于一体，发掘材料齐全完备，这是过去从未有过的。著录方面，按单位著录甲骨的方法，比过去《甲编》《乙编》更为科学合理。在前言当中，还发表了与甲骨同出的陶器，这也是第一次将甲骨文与同出器物以及地层一起标明的科学做法。在结合地层关系和分析卜辞内容的基础上，书中还对甲骨分期问题上的"文武丁卜辞之谜"以及"历组卜辞"等甲骨学界长期争论的问题进行了讨论，这对推动和促进这些学术问题的研究起到了重要作用。还有一点，也是本书极为鲜明的特点,即对这批甲骨的钻凿形态以及制作工艺进行了论述和介绍,这对人们全方位地了解小屯南地甲骨有很大的帮助和启迪作用。

继《小屯南地甲骨》出版后,集80年来殷地出土甲骨文之大成的《甲骨文合集》于1982年12月,13册全部出齐。郭沫若任主编,胡厚宣任总编辑。《甲骨文合集》名称的拟定,是1959年3月初,根据郭沫若的建议定下来的,由原来的《甲骨文资料汇编》改为现在的名称。《甲骨文合集》共分为四大类21小类,(一)阶级和国家:(1)奴隶和平民;(2)奴隶主贵族;(3)官吏;(4)军队、刑罚、监狱;(5)战争;(6)方域;(7)贡纳。(二)社会生产:(8)农业;(9)渔猎、畜牧;(10)手工业;(11)商业、交通。(三)思想文化:(12)天文、历法;(13)气象;(14)建筑;(15)疾病;(16)生育;(17)鬼神崇拜;(18)祭祀;(19)吉凶梦幻;(20)卜法;(21)文字。(四)其他。

《甲骨文合集》是甲骨学发展史上的里程碑,是全国有关单位和个人无私奉献的典范,是参加过这一系统工程20余位学者的劳动成果,是具体操作编纂学者集体智慧的结晶。《合集》的最新分期、分类,是在对甲骨刻辞作全面研究后所作的科学编排。它的出版不仅推动了甲骨学全方位、多视角的发展,也为学术界贡献了大量而准确的最早的文字资料,促使商代史和古代社会研究进程的加快。

科学无国界,从甲骨学一百多年发展史的实践也证明了这点。欧美学者在甲骨学发展史中也作出了重要贡献。早期主要是收集、著录甲骨。前五十年中欧美学者著录出版的9部书只有两部是拓本,其余则是摹本和照片。美国收藏的甲骨有李棪的《北美所见甲骨选粹》(1970年拓本42片),饶宗颐的《欧美亚所见甲骨录存》(1970年,摹本200片)、周鸿翔《美国所见甲骨录》(1976年拓本700片)等选录出版。加拿大收藏的甲骨文由许世雄编辑出版。

改革开放后,国门开启,国内学者可以"走出去",国外学者也可以"请进来"。双向文化交流,互相参加学术会议,共同协作编纂甲骨著录。1981年10月初,李学勤去英国访问,从英国学者讨论中得知英国有的单位和个人收藏不少的甲骨。在英国学者的协助下,他先后调查了英国多家图书馆,后与伦敦大学亚非学院远东系的艾兰研究后,商定由中国社会科学院历史研究所派齐文心前往英国与艾兰合作墨拓甲骨。最后由李学勤、齐文心、艾兰［英］编辑为《英国所藏甲骨集》。全书分为上下两编，上编两册为图版，下编两册为释文和附录。由中华书局于1985年9月出版上编，1992年6月出版下编。上编图录仍是先分期再分类编排，共分五期12类，著录甲骨2647片，其中未发表过的新材料有1025片。

收藏我国甲骨的国家还有法国、苏联、德国、瑞士、荷兰、比利时等。法国所收藏的甲骨，有饶宗颐的《巴黎所见甲骨录》，摹录26片。1985年，雷焕章编辑的《法国所藏甲骨录》出版，图版为拓、摹对照，印制精良，著录59片，其中26片与《巴黎所见甲骨录》重见。

苏联收藏的甲骨，据胡厚宣1958年7月前去访问时所了解的情况，只有国立艾米塔什博物馆所藏的199片是真品，其他均为伪刻。1988年3月胡厚宣编辑出版的《苏德美日所见甲骨集》，一共四卷。卷一是"苏联国立艾米塔什博物馆所藏甲骨文字选"，选录摹本79片，大多为第二期。卷二是"德国西柏林民俗博物馆所藏甲骨文字"，摹录422片。卷三是"美国所见甲骨补录"，摹录24片。卷四是"日本天理大学参考馆所藏甲骨文字选"，摹录51片，全书共摹录582片，部分在此前著录过。

1997年雷焕章将在德国、瑞士、荷兰、比利时所收集到的甲骨编辑为《德瑞荷比所见一些甲骨录》，拓、摹对照精印，共著录4国16家收藏的文字228片，其中部分此前已著录。

20世纪90年代出版的著录还有日本荒木日吕子编辑的《中岛玉振旧藏甲骨》，于1996年4月出版，拓本与照片对照编排，附摹本，印制精良。著录甲骨56片。

胡厚宣所编辑的《甲骨续存补编》，1996年6月由天津古籍出版社出版。全书分为七卷，每卷收藏单位和个人编次，无顺序号，共著录4500片。大多数已为《甲骨文合集》和其他书著录，但印刷较清楚，有与《合集》对照比较参考之使用价值。

自70年代末以来，伴随《甲骨文合集》《小屯南地甲骨》《英国所藏甲骨集》等著录书的出版，推动了甲骨文的研究，掀起一个研究新高潮，研究甲骨文和商代史的著述，论文大量增加，出现甲骨学一百多年来最繁荣的一个新阶段。

第三章　罗王之学

"自雪堂导夫先路，观堂继以考史，彦堂区其时代，鼎堂发其辞例，固已极一时之盛。"① 这是古文字学家唐兰先生在《天壤阁甲骨文存》序文中提到的一段话。这段话高度评价了甲骨学史上具有突出贡献的四位人物，也就是我们经常提到的"甲骨四堂"。其中，排在前两位的，就是我们今天要介绍的主人公。

图 3-1　罗振玉 　　　　　　图 3-2　王国维

在甲骨学研究史上，罗振玉、王国维是奠基时期的代表人物。20 世纪初，甲骨学初兴，以罗振玉、王国维为代表，以及受他们培养和影响的一批学者，在搜集、著录、流传、考释甲骨文方面取得了系列成果，代表了

---

① 唐兰：《天壤阁甲骨文存并考释》，上海古籍出版社 2016 年版，第 4 页。

殷墟科学发掘以前甲骨学研究的最高水平，同时也奠定了甲骨学科的基础，后来人们将这一时期的甲骨学研究称为"罗王之学"。

从历时性的角度看，"罗王之学"的形成不是偶然的，应是20世纪初新旧史学交替下的产物。虽然二人有着不同的治学经历，但在治学方法上皆遵从将甲骨文、金文及其他新出土材料与传世文献相结合，以此开拓古史和古文献研究的新方法。陈梦家在《殷虚卜辞综述》中将二人的治学之道归纳为六个方面的内容：

熟习古代典籍；并承受有清一代考据、小学、音韵等治学工具；以此整理地下的新材料；结合古地理的研究；以二重证据治史学和经学；完成史料之整理与历史记载之修正的任务。[①]

可见，"罗王之学"在近代史学继往开来道路上的奠基之功，郭沫若曾高度评价罗王二人的成就，其言："谓中国之旧学自甲骨之出而另辟一新纪元，自有罗、王二氏考释甲骨之业而另辟一新纪元，决非过论。"[②] 二人之学问影响和造就了一代又一代甲骨学者。

下面，我们将以人物生平为线索，分别介绍二位先生及其在甲骨研究上作出的贡献。

第一节　罗振玉及其甲骨学贡献

罗振玉（1866—1940），字叔蕴，又字叔言，号雪堂，晚年自号贞松老人。祖籍浙江上虞县永丰乡人，客籍江苏省淮安县。[③] 罗家是个殷实的书香世家，罗振玉曾祖父留下丰厚家产，使其得以5岁入私塾读《毛诗》，15岁读完《周易》《尚书》等"五经"，又广泛涉猎训诂名物、金石文字，16岁中秀才。后屡试不第，曾先后在邱宪和刘鹗家中做教师，讲授西学。刘鹗儿子曾跟随罗振玉读书，后罗振玉以长女妻之。1894年甲午战败后，罗在"国家兴亡、匹夫有责"的思想感召下，决心到风气开化的上海做一番事业。1896年春天，罗振玉来到上海，并自筹经费，在新马路的梅福里设

[①] 陈梦家：《殷虚卜辞综述》，中华书局2016年版，第51页。
[②] 郭沫若：《卜辞中的古代社会》，载郭沫若《中国古代社会研究》，商务印书馆2011年版，第205页。
[③] 罗琨、张永山：《罗振玉评传》，百花洲文艺出版社2010年版，第1页。

立了"学农社"和《农学报》,并编辑出版《农学丛书》,介绍西方农业技术,成为我国现代农学的早期开拓者之一。为了培养日语翻译人才,以便翻译农学书籍,其又于1898年创立"东文学社",教授日文。王国维是该学社的学生,后成为罗振玉的助手。1900年,应湖广总督张之洞的邀请,赴湖北武昌主持农务局,并兼任农务学堂监督。1901年,他在刘鹗家中看到甲骨刻辞拓本,并产生了浓厚兴趣,从此便与甲骨结下了不解之缘。郭沫若在《中国古代社会研究·自序》中评价说:"罗振玉的功劳即在为我们提供了无数的真实的史料。他的殷代甲骨的搜集、保藏、流传、考释,实为中国近三十年来文化史上所应该大书特书的一项事件。"[①] 具体来讲,罗振玉在甲骨学方面的贡献主要表现在以下几个方面。

一 甲骨搜集与著录

1899年自甲骨发现之后,王懿荣、王襄、刘鹗等先后收藏,罗振玉虽早在1901年与甲骨有过一面之缘,但真正搜集则始于1906年其在京做官之时。罗振玉对甲骨的搜集最初是从古董商人手中间接购买,至1908年确知甲骨出土地之后[②],曾两次派其弟罗振常和妻弟范恒斋(兆昌)到安阳小屯大量收购。从罗振常《洹洛访古游记》中所载"检昨所得,大小相错。分别之,则大者、中者255块,小者1030块,为到此收买最多之日"[③],可知二人一天最多可得甲骨千余块。据统计,两人从1911年2月15日开始的50天时间内,收购大小甲骨12500余片,其中不乏精品。

从1899年甲骨文发现到1928年殷墟科学发掘前近30年中,中外学者共搜藏甲骨10万余片。其中,罗振玉凭一己之力,收购3万余片,成为国内收藏之魁。

对于搜集而来的甲骨,罗振玉没有选择秘不示人,而是积极著录,以方便甲骨文推广。自1910年开始其先后共出版六种甲骨著录书,分别是:《殷虚书契前编》(1913年)、《殷虚书契菁华》(1914年)、《殷虚书契考

---

① 郭沫若:《中国古代社会研究》,商务印书馆2011年版,第5页。
② 罗振玉在《殷商贞卜文字考》中提道:"乃以退食余晷,尽发所藏拓墨,又从估人之来自中州者,博观龟甲兽骨数千枚,选其尤者者七百,并询知发现之地乃在安阳县西五里之小屯,而非汤阴,其地为武乙之墟。"
③ 罗振常:《洹洛访古游记》,河南人民出版社1987年版,第56页。

释》（1914年）、《铁云藏龟之余》（1915年）、《殷虚古器物图录》（1916年）、《殷虚书契后编》（1916年）及《续编》《待问篇》（1933年），以下作简要介绍。

1. 《殷虚书契前编》

1910年，罗振玉从自己所搜甲骨中，选取3000余片有价值者，拓墨类次，编成《殷虚书契前编》20卷。并按人名、地名、岁名、数名、文之可读者、字之可识者、字之未可识即书体之特殊者为类目，陆续在《国学丛刊》第一、第二、第三册上发表，共计公布甲骨292片。

至1911年冬，辛亥革命爆发，罗振玉与王国维全家东渡日本，刊布中断。在日本期间，罗氏重新编辑《殷虚书契前编》为8卷，著录甲骨2221片，1913年以珂罗版影印出版。该书公布新资料2197片，内容涉及商代的鬼神、祭祀、职官、诸妇、方国、社会生产等，范围广泛，且印刷精良，之后一再被重印，在甲骨学研究史上具有开拓之功。

目前，我们常见到的版本有，1970年台北艺文印书馆的翻印本，以及2015年3月中华书局出版的《殷虚书契五种》。其中，《殷虚书契五种》将《殷虚书契前编》收入该书的上册和中册。

2. 《殷虚书契菁华》

1914年，罗振玉又选取其"所存最大之骨"及"往者拓墨所遗，脆弱易损者数十枚"①，编为《殷虚书契菁华》，共计收录甲骨68片。其中，被后人称为"甲骨之王"的名片也收录在内。

此书印发后，多次翻印，在学术界有着深远影响。2015年3月中华书局出版的《殷虚书契五种》，将其收入该书的中册。（详见第九章）

3. 《殷虚书契考释》

1910年，日本学者林泰辅著《清国河南汤阴县发现之龟甲兽骨》一文，寄给罗振玉，请其修正。罗氏认为其文引证广博，有多处可以补正其在《铁云藏龟》序文中的不足。这件事刺激了罗振玉对甲骨文的研究，以三个月的时间撰成《殷商贞卜文字考》一书，内涉考史、正名、卜法、余论四篇一卷，并作为回复赠予林氏。而其中关于殷墟地望的考定，使得罗振玉最终搞清了甲骨文的真正出土地在安阳小屯，而非汤阴。

---

① 罗琨、张永山：《罗振玉评传》，第119页。

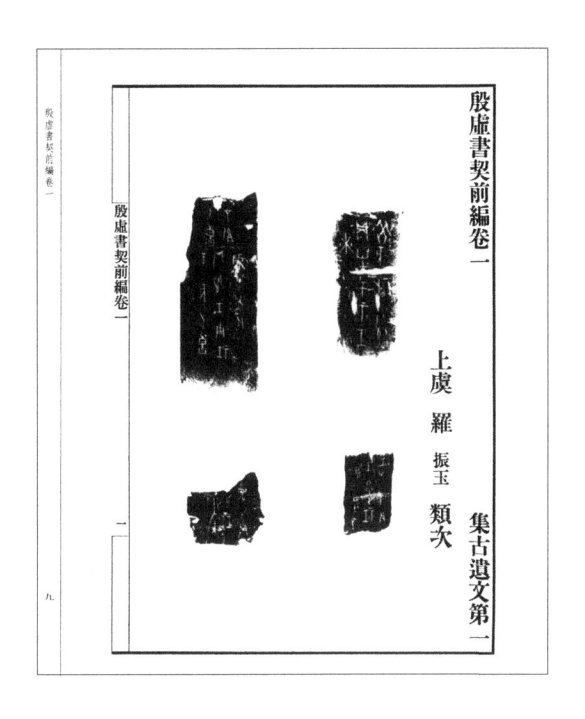

图 3-3 《殷虚书契前编》剪影①

1914年冬，在《殷商贞卜文字考》基础上，罗氏写成《殷虚书契考释》一书，共分都邑、帝王、人名、地名、文字、卜辞、礼制、卜法8章，6万余字。该书依据甲骨实物，采用字形比较和偏旁分析法，考释甲骨文字485字。1927年，增订出版，考释文字增至571字。《殷虚书契考释》一书的出版发行，使人们对甲骨的关注点由古董时期转入文字时期，也是甲骨研究正式建立的标志。

《殷商贞卜文字考》及《殷虚书契考释》，均被收入1970年台北大通书局出版的《罗雪堂先生全集》三编第二册。

4.《铁云藏龟之余》

为纪念已逝老友刘鹗，罗振玉从刘鹗赠给自己的那批甲骨中，择优选取了未见于《铁云藏龟》的40片，编为《铁云藏龟之余》，1915年影印出版。所选皆为小片，多数是龟甲，时代为一、二、三期，其中以一期居多。

---

① 图片来源：《殷虚书契五种》，中华书局2015年版。

图 3-4 《殷虚书契菁华》剪影①

图 3-5 《殷商贞卜文字考》内文②

---

① 图片来源：《殷虚书契五种》。
② 图片来源：《罗振玉学术论著集》。

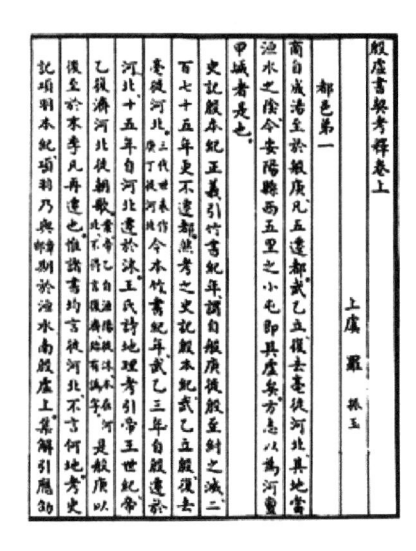

图3-6 《殷虚书契考释》内文①

虽为纪念故友，本身也是对甲骨学研究的一种贡献。

5.《殷虚古器物图录》

该图录共刊图版55幅，包括兽骨、兽角、贝、玉磬、玉璧、骨笄、骨镞、骨管、雕骨残器等古物，为考古学研究保存和积累了一批资料。其中，著录卜骨4版，均属一期刻辞，内容涉及卜问伐土方、伐🈳方及受年方面，充实了殷商史研究资料。

6.《殷虚书契后编》《续编》及《待问篇》

1916年，罗振玉自日本回国，从自己所藏甲骨中翻检千余块，亲自拓墨，编成《殷虚书契后编》，著录甲骨1104片，多为罗氏自藏，时代涵盖五期，内容比较丰富，包括征伐、天文、经济、农业等诸多方面，含有不少有价值的史料。

以后数年，罗振玉始终以传播甲骨文为己任，搜求国内各家所藏甲骨墨本约3000页，于1933年编成《殷虚书契续编》，著录甲骨2016片。之后，罗振玉又将《铁云藏龟》《铁云藏龟之余》《殷虚书契前编》《殷虚书契后编》《殷虚书契菁华》5部甲骨著录中不认识的字整理为《殷虚

---

① 图片来源：《罗振玉学术论著集》。

书契待问篇》一卷出版，收录未识单字1400余个（含重文），以留待学界关注和解疑。

据学者统计，截至1933年，罗振玉墨拓著录出版的甲骨有5400余片，为当时已公布资料的三分之一以上，而且其中精华骨版较多，董作宾先生曾给予评价："罗氏对甲骨学的最大贡献，也在他能尽力拓印材料，公之于世。"①

二　甲骨文考释

《铁云藏龟》出版后，当时的古文字学家孙诒让在此基础上进行甲骨文字考释，于1904年完成《契文举例》一书，该书在1917年由罗振玉资助出版，也为罗氏踏上文字考释之路提供了借鉴。

罗振玉对甲骨文字的考释，是伴随着甲骨材料的著录公布而展开的，其主要成就体现在《殷商贞卜文字考》《殷虚书契考释》《增订殷虚书契考释》三本著作中。由于材料的局限，这三本书中对甲骨文的释读还存在一些错误，但其考证文字的基本思路和方法为甲骨文研究奠定了基础。综合罗氏考释甲骨文的方法，大致可归为以下三点：

其一，在整理甲骨文字时，罗氏发现甲骨文以象形文字为基础，而且"古象形之文以肖物形为主，不拘字画之繁简向背"②，故考释甲骨文要尽力识别其中的异体字，并进行归类。

其二，在考释文字时，罗氏认为"以许书所载古籀证以古金文字，合者殆寡"，"而以古金文证卜辞，则合者六七"，③于是他总结出"以古金文证卜辞"是考释甲骨文字的一个重要方法。在《殷商贞卜文字考》中，其通过参照古金文的方法列出"习见之字"96个、"不习见之字"35个，"金文中不可识之字"14个。后来在编写《殷虚书契考释》时，罗振玉把这种考释方法归纳为"由许书以溯金文，由金文以窥书契，穷其蓄变，渐得指归"④，利用《说文》、金文及出土文物以释甲骨文字。

---

① 董作宾：《董作宾先生全集·乙编》（第5册），艺文印书馆1977年版，第5页。
② 罗振玉：《殷商贞卜文字考》，载罗继祖主编《罗振玉学术论著集》，上海古籍出版社2013年版，第15页。
③ 罗振玉：《殷商贞卜文字考》，第18页。
④ 罗振玉：《殷虚书契考释》序，《殷虚书契考释三种》，中华书局2006年版，第97页。

其三，结合卜辞辞例，推勘文字字义。

结合以上三种方法，罗振玉在《殷商贞卜文字考》中考释文字473个，在《殷虚书契考释》中增加到485个，在《增订殷虚书契考释》中更增加为560个。

三　揭秘殷商信史，奠基甲骨之学

在考释甲骨文的基础上，罗振玉"考求典制，稽证旧闻"①，进一步探索商代历史、礼制和文化，为甲骨学的建立作出了重要贡献。

第一，自1899年王懿荣发现甲骨文之后，罗振玉最早探明了甲骨文的出土地点应在安阳小屯，并在1908年确认甲骨文是盘庚迁殷以后"殷室王朝遗物"②、小屯是"武乙之墟"，这对甲骨文殷商史研究是具有划时代意义的里程碑式的观点。同时，也为后来的殷墟发掘和甲骨分期断代研究奠定了基础。

第二，在整理大量甲骨资料的过程中，罗振玉厘清了甲骨文为商代贞卜文字，并以此验证了传世文献关于古代卜法的记载。其在撰写《殷商贞卜文字考》时就利用"卜法第三"和"余论"两章对贞、契、灼、致墨、兆坼、埋藏等卜法以及骨卜、书契的形状、甲骨文字的行款读法、涂朱涂墨等问题进行了总结归纳，奠定了我国甲骨学的雏形。

第三，罗振玉考证殷帝王的名谥，揭秘了商代历史。他认为，《史记·殷本纪》中的"天乙"为"大乙"，大乙即成汤，并考订了22个见于卜辞的殷帝王名谥，其先后顺序与《史记·殷本纪》中所列的30个大致相同，同时开启了商代世系研究这一专题。另在《殷虚书契考释》中，罗氏还介绍了殷商的授时、建国、祭名、祀礼、牢鬯和官制等六种礼制，并考释出16个先妣的名字，这为后来的周祭研究奠定了基础。再者，罗氏根据卜辞"上下文与例"发现考释地名的方法，如"王在某"，"在"下一字为地名；"至于某"，"至于"之后一字为地名；"往于某"，"往于"后一字为地名等。并据此考证出了203个地名，开启了商代地理研究。

---

① 罗振玉：《殷虚书契考释》序，第97页。
② 罗振玉在《殷虚古器物图录·自序》中说："光绪戊申，予既访知贞卜文字出土之地洹滨之小屯"，并"于刻辞中得殷帝王名谥十余，乃恍然悟以卜辞者，实为殷室王朝之遗物"。

第四，罗氏开始按类别对甲骨辞例进行初步整理，使原来零散的甲骨材料成为有目可查的研究材料。在《殷虚书契考释》中，罗振玉按卜祭、卜告、卜㡿、卜出入、卜田猎、卜征伐、卜年、卜风雨八种贞卜事类列出可读卜辞713条。《增订殷虚书契考释》增加了杂卜一项，又增加了310条卜辞，共为1203条。有了这一千多条依类排列的卜辞，后人"才有可能从杂乱无章的许多卜辞中通读它们"①，才能在此基础上探索商代历史，进一步考证甲骨文字，殷墟书契的研究才逐步走上正轨，并逐渐形成气候。

四 甲骨文书法成就

罗振玉是甲骨文书法的开创者之一，他最早把甲骨文的研究延伸到书法艺术领域，拓宽了甲骨学研究的内容。

罗氏对甲骨文书法用力颇深的有两类：一类是较小字形；一类是较大字形。

较小字形的一类见于其编写的《集殷虚文字楹帖》（1921年）一书，共收用甲骨文作成的四言至十言不等的对联177对（如图3-7）。由于甲骨文是契刻文字，还有刀刻工具的特征，许多笔画都有尖锐的字口。这类小字起笔与收笔都是露锋，较多保留了契刻风韵。《集殷虚文字楹帖》是其甲骨文书法实践的成果，标志着现代甲骨文书法的开端。

较大字形的一类主要见于罗振玉写的对联，字形特点是笔锋大都深藏不露，笔画圆润，已不见甲骨文契刻的痕迹。从字体结构上看，其大致是运用篆书的笔法把刀刻文字引入了书法领域，为丰富甲骨文书法开辟了道路，在中国现代书法史上具有重大意义。

综上所述，罗振玉对甲骨学研究所作的主要贡献，可以概括为以下四个方面：

其一，在甲骨的搜集和收藏方面，罗振玉用力颇深。他自1906年开始收购甲骨，前后所获达3万片，其中有不少精品，为我们今天保存了一批珍贵资料。

其二，在甲骨文著录和公布方面，罗振玉数十年如一日不间断地传播，使甲骨由收藏物逐渐成为学界所关注的史料，也为甲骨学的建立奠定了基础。

---

① 陈梦家：《殷虚卜辞综述》，中华书局2016年版，第59页。

其三，在甲骨文考释和商史研究方面，罗振玉是开风气之先者。也正是得益于罗氏对甲骨文中地名、人名的考释，才确认了甲骨出土地为安阳小屯，小屯村即殷商晚期都城所在。

其四，创立了甲骨文书法，拓宽了甲骨学研究领域。

基于罗振玉在甲骨学研究方面所做的贡献，王国维说：殷墟文字出土后，"审释文字，自以罗氏为第一。其考定小屯为故殷虚，及审释殷帝王名号，皆由罗氏发之"①。郭沫若亦评价说："甲骨自出土后，其搜集、保存、传播之功，罗氏当居第一，而考释之功也深赖罗氏。"② 皆为公允之论。由此可见，罗振玉对中国甲骨文字学研究起着至关重要的作用，没有他对甲骨文字较为全面系统的搜集、公布和研究，中国的甲骨文字学研究将推迟至少十几年。

图 3-7　罗振玉甲骨文楹联③

第二节　王国维及其甲骨学贡献

王国维（1877—1927），字静安，号观堂、礼堂，浙江海宁人。王国维22岁赴上海，在汪康年、梁启超主办的《时务报》任书记校对工作，后入罗振玉创办的"东文学社"学习日文，深得罗振玉赏识。1901年，随罗振玉赴武昌农学堂任教，并在其资助下，东渡日本学习，不久后回国。1906年，随罗振玉调入北京，任学部总务司行走。辛亥革命爆发后，又携全家与罗振玉一起东渡日本。在日期间，受罗振玉治学影响，王国维一改过去重西洋哲学、伦理等学转而攻史学，并吸取乾嘉学派考释方法，进而研治甲骨文。

---

①　王国维：《王国维学术经典集》上，江西人民出版社1997年版，第176页。
②　郭沫若：《中国古代社会研究·自序》，第3页。
③　图片来源：《集殷虚文字楹帖》：曰有室家百年好合，相汝夫子四德毋违。

一 甲骨著录与考释

王国维与甲骨文的结缘,得益于罗振玉。王氏早年做过罗振玉的秘书,1914 年为其手抄《殷虚书契考释》,之后有感作"后序",称此书为"三代以后言古文者未尝有"之书。1915 年开始撰写《殷虚卜辞中所见地名考》《三代地理小记》《鬼方昆夷玁狁考》诸文章,开始专注于对商代地名地望的探索。

1916 年,王国维受聘于英籍犹太人哈同创办的仓圣明智大学,并兼任为哈同所藏文物做整理工作。在此期间,他看到了哈同夫人罗诗儿买到的原刘鹗所藏甲骨千余片,心中甚喜,经挑选后拓墨成书,曰《戬寿堂所藏殷虚文字》,著录甲骨 655 片,于 1917 年由仓圣明智大学石印出版。1916 年,王国维还写成《殷礼征文》,详细考察殷人祭祀的由来和方式,颇有见地。

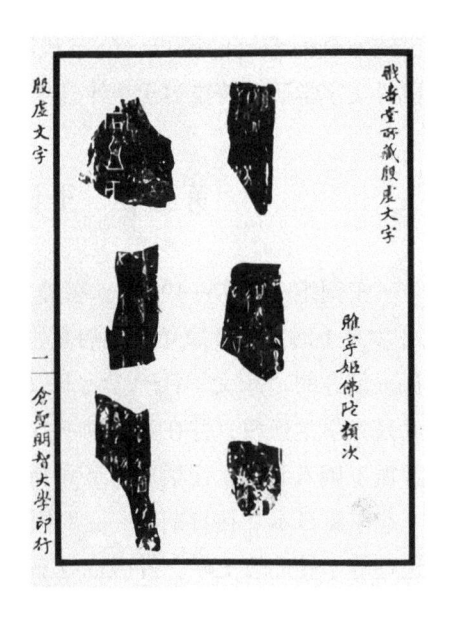

图 3-8 《戬寿堂所藏殷虚文字》①

---

① 图片来源:仇利萍拍摄。

第三章 罗王之学

在孙诒让、罗振玉考释文字的基础上,王氏也对甲骨文进行了释读,成果主要见于《观堂集林》和《戬寿堂所藏殷虚文字考释》二书中。他所考释的文字不多,但均很关键,在通读卜辞时能起到重要作用,如对旬字的考释,使得贞旬卜辞得以通读。辞例及拓片如下:

癸巳卜,争贞:今一月雨?王占曰:丙雨。
癸巳卜,争贞:今一月不其雨?
旬壬寅雨。甲辰亦雨。 (《合集》12487 正)

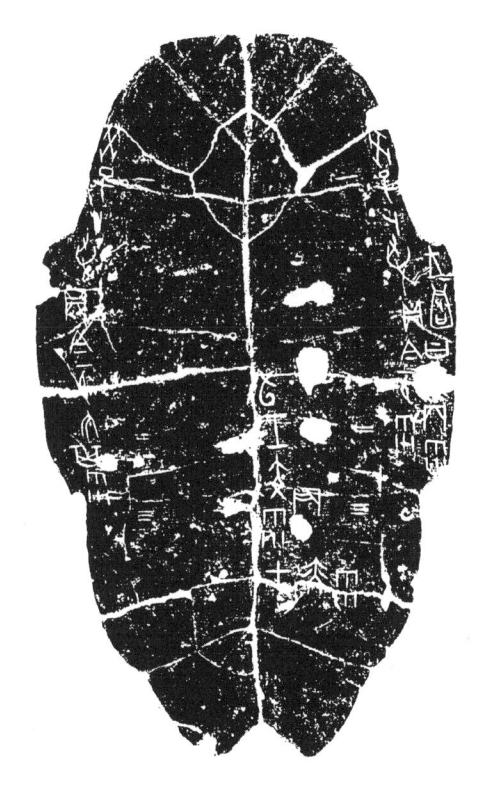

图 3-9 《合集》12487 正

这片甲骨刻辞包含叙辞、命辞、占辞、验辞,是一篇结构完整的占卜刻辞。如果不懂旬字的含义,就很难理解验辞的意思,这样的辞例很多。对此,王国维指出:"皆以癸卜,知殷人盖以自甲至癸为一旬,而于此旬之末卜下旬之吉凶。"① 由此就可以知道，旬字是指时间，商代一旬等于十天。对于这类辞例，我们统称为"贞旬卜辞"，主要是在每一旬的末一天占卜下一旬的吉凶。

除时间名词之外，王国维还对甲骨文中的假借字、方位名词、祭祀名、用牲名以及一些冷僻字等进行了考释，这对早期甲骨文研究是很重要的。

二　考订商代史实

王国维对商王世系的重新考订，主要体现在两个方面：一是补全了《史记·殷本纪》中没有的商代先公先王名，包括在甲骨文中发现的夒、季、王亥、王恒。二是运用甲骨文中的商代先公先王名与《史记》中的《殷本纪》《三代世表》和《汉书古今人表》相对照，勘正了司马迁和班固记载的错误。

1917 年，王国维所撰《殷卜辞中所见先公先王考》及《续考》相继发表，奠定了王氏的学术地位。郭沫若说："卜辞的研究要感谢王国维，是他首先由卜辞中把殷代的先公先王剔发了出来，使《史记·殷本纪》和《帝王世纪》等书所传的殷代王统得到了物证，并且改正了他们的讹传。"② 经王国维重新考订后的世系如下：

夒（帝喾、帝俊、帝舜）→【契】→昭明→土（相土）→【昌若】→王吴→季（冥）→王亥（该、振）

　　王恒（恒）（以上为远祖先公）

上甲（上甲微）→ ⟗（报乙）→ ⟗（报丙）→ ⟗（报丁）→示壬（主壬）→示癸（主癸）（以上为成汤建国前的近祖先公）

小甲

---

① 王国维：《观堂集林》，中华书局 2010 年版，第 286 页。
② 郭沫若：《古代研究的自我批判》，载郭沫若《十批判书》，东方出版社 1996 年版，第 4 页。

第三章 罗王之学

　　　　　　　　　　　　【沃丁】　　雍己
大乙(天乙)→大丁(太丁)→大甲(太甲)→大庚(太庚)→大戊(太戊)
　　　　卜丙(外丙)
　　　　【中壬】
　　　　　　　　　　　　　　　　　　　　　　　　　【阳甲】
　　　　　　　　　　　　　　　　　　　　　　　　　盘庚
　　　　　　　　　　　　　　　　　　　　　　　　　小辛
→中丁(仲丁)→且乙(祖乙)→且辛(祖辛)→且丁(祖丁)→小乙→
武丁
　　　卜壬(外壬)　　　　　　【沃甲】　　南庚
【河亶甲】

→且庚(祖庚)→且辛(廪辛)
→且甲(祖甲)→康丁(庚丁)→武乙→文武丁(文丁)→【帝乙】→
【帝辛】

　　说明：以上为成汤建国至帝辛灭亡的各商王世系，共17世31王。其中，（ ）表示《史记》与甲骨文的记载不同，【 】表示甲骨文未见。

此外，1917年是王国维学术创作上极为丰产的一年。比较商周二代文化，他又著《殷周制度论》，厘清了商周制度之渊源。比如，我们大家所熟知的周代是嫡长子继承制，但商代则是以兄终弟及为主，无弟然后传子。

1923年至1927年，王国维受胡适之推荐，在清华研究院任教（1927年5月3日，自沉于颐和园之昆明湖）。其间提出了著名的"二重证据法"，即考证古史必须利用遗留下来的古籍，如《诗》《书》《礼》《春秋》《左传》《国语》《史记》等，与地下发掘出土材料（甲骨文、金文）相互印证。

　　吾辈生于今日，幸于纸上之材料外更得地下之材料。由此种材料，我辈固得据以补正纸上之材料，亦得证明古书之某部分全为实录，即百家不雅驯之言亦不无表示一面之事实。此二重证据法，惟在今日始得勾之。虽古书之未得证明者，不能加以否定；而其已得证明者，不

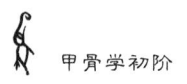

能不加以肯定，可断言也。①

"二重证据法"的提出，是对传统史学治学方法的一次革命，王国维对于出土文物的提倡和利用，不但肯定了20世纪初疑古学派对传统文化的质疑，同时为史学研究增添了新材料，开拓了新视野。

三　甲骨断代

甲骨断代工作是对甲骨材料进行整理与研究的前提。王国维对甲骨断代研究的贡献，主要是确定以称谓作为甲骨断代的标准。在《殷卜辞中所见先公先王考》一文中，他最先用卜辞的称谓来判断年代，考察了以下几条卜辞：

> 癸酉卜，行贞：王父丁岁三牛，眔兄己一牛，兄庚□□，亡尤？
> （《合集》23187）
>
> 癸亥卜，□贞：兄庚岁眔兄己叀□？
> 贞：兄庚岁眔兄己其牛？　　　　　　　（《合集》23477）

由以上卜辞，王国维推论："考商时诸帝中，凡丁之子，无己、庚二人相继在位者，惟武丁之子有孝己、有祖庚、有祖甲。则此条乃祖甲时所卜。'父丁'即武丁，'兄己''兄庚'即孝己及祖庚也。孝己未立，故不见于《世本》及《史记》，而其祀典乃与祖庚同。"②

考察商王世系及祭祀卜辞，我们会发现，商王对自己祖先的称谓有一定的制度，可归纳为：

> 其一，凡长时王一辈者，皆称父；长二辈乃至二辈以上者，皆称祖。如，小乙是武丁之父，武丁祭祀小乙则称父乙；而阳甲、盘庚、小辛皆与小乙同辈，为小乙之兄，武丁在祭祀阳甲、盘庚、小辛时，则与称谓小乙同，亦称父甲、父庚、父辛。又祖丁是武丁的祖父，祖

---

① 王国维：《古史新证——王国维最后的讲义》，清华大学出版社1994年版，第2页。
② 王国维：《观堂集林》，第431页。

辛是武丁的曾祖，祖乙是武丁的高祖，但在祭祀中皆以祖称，即称作祖乙、祖辛、祖丁。

其二，与时王同辈，而年龄较长者，则称兄。如祖甲称孝己、祖庚，一律称兄己、兄庚，康丁称廪辛为兄辛。

其三，对先王配偶的称谓，与此相仿，凡是对母辈的妇女，通称母某，对祖辈的配偶，通称妣某。

如此以主祭之王与受祭者之关系定称谓，根据各种不同的称谓，来考察卜辞应属于某王时代，这是对甲骨文断代研究行之有效的一个方法。

王国维对甲骨断代的探索与归纳，给后辈学者很大的启发。1928年后，"中研院"历史语言研究所开始对殷墟科学发掘，十年之内发掘十五次，获得大量甲骨材料。董作宾参与系列发掘，并在王国维的基础上，对甲骨进行了系统的分期断代研究，依照世系、称谓、贞人、坑位、方国、人物、事类、文法、字形、书体十项标准，将甲骨文分为五期。其中，由王国维提出的世系、称谓仍是分期的首要条件，这些标准至今仍在沿用。

四 甲骨缀合

由于甲骨经过钻、凿、灼后出现裂纹，加之长期埋藏地下，极容易出现断裂。甲骨出土后，伴随着人为破坏，有99%以上的甲骨存在不同程度的破碎，使得甲骨记录不够完整，给甲骨研究带来了阻碍。只有将这些甲骨碎片缀合起来，方能见其概貌。因此，甲骨缀合也就成为甲骨学研究不可缺少的一环。

对甲骨碎片的缀合，是从王国维开始的。在探究殷王朝先公先王的世系时，他把《殷虚书契后编》卷上第8页的一拓片，与《戬寿堂所藏殷虚文字》中的一拓片缀合在一起，复原了一片表谱刻辞（如图3-10），其在《殷卜辞中所见先公先王续考》中言：

前考据《书契后编》上第八叶一条，证𠇑、𠄏即报丙报丁，又据此知卜辞以报丙、报丁为次，与《史记·殷本纪》及《三代世表》不同。比观哈同氏拓本中有一片，有田、𠇑、示癸等字，而彼片有𠇑、彐等字。疑本一骨折为二者，乃以二拓本合之，其断痕若合符节，文辞亦连续可诵。凡殷先公、先王自上甲至于大甲，其名皆在焉。①

图 3-10　王国维缀合甲骨拓片②

此条卜辞由左至右，由上至下，读为："乙未，㸚 品上甲十、彡三、㘔三、彐三、示壬三、示癸三、大丁十、大甲十……"根据缀合后的甲骨，王国维确认田为上甲，彡、㘔、彐为报乙、报丙、报丁，示壬、示癸即主壬、主癸，进而证明上甲以后先公次序当为报乙、报丙、报丁、主壬、主癸，《史记》以报丁、报乙、报丙为次是错误的。

王国维对这两片甲骨碎片缀合的重要意义，除了敲定先王世系外，还首次提出了甲骨缀合的两个原则：一是"断痕若合符节"，即断痕节点要吻合；二是"文辞亦连续可诵"，即文意要通顺。王国维在甲骨缀合方面的创

---

① 王国维：《观堂集林》，第438页。
② 图片来源：《殷卜辞中所见先公先王续考》。

举，对后世甲骨研究影响甚巨，功莫大焉。

与罗振玉一样，王国维对我国甲骨学的形成和发展作出了巨大贡献。主要体现在以下四个方面：

其一，在甲骨著录方面，王国维主持编纂的《戬寿堂所藏殷虚文字》，继罗振玉甲骨著录之后，为学界提供了不少重要材料。

其二，在甲骨文考释方法方面，王国维多所发明，其相关考释论文如《殷卜辞中所见先公先王考》及《续考》在今天仍有参考价值，代表了甲骨学初创时期的较高水平。

其三，王国维用甲骨文材料深入研究商代历史和典章制度，在考释文字的基础上继续考史，把甲骨学研究由"文字时期"引入"史料时期"，推动了甲骨学的新发展。

其四，王国维开始进行甲骨断代及断片的缀合工作。

罗振玉和王国维不仅以大量著作留惠于后世，还提携和培养了一批古文字研究人才。如关葆谦、柯昌济、商承祚是罗振玉的及门弟子，容庚、商承祚、董作宾、丁山为王国维任职北京大学时的研究生，余永梁、吴其昌、朱芳圃、卫聚贤、刘节、刘盼遂、戴家祥、周传儒、徐中舒等是王国维任职清华大学研究院时的研究生，唐兰、郭沫若也受到罗、王的影响。他们继往开来，影响和造就了几代甲骨学者，为甲骨学的创建打下了坚实的基础，称这一时期的甲骨学研究为"罗王之学"是丝毫不为过的。

第四章　甲骨文专业术语

甲骨学发展至今,已经成为一门门类丰富、体系完备的学科,其中包含了许多专业性名词、术语、文例等常识性知识。这一章,我们总结为甲骨刻辞及其类别、卜用甲骨的整治与占卜、甲骨文字的契刻规律、甲骨文例与阅读四个部分,撮要介绍一下。

第一节　甲骨刻辞及其类别

关于"甲骨文"得名的缘由,前面已有所介绍。大致来讲,殷商时期的人们在占卜吉凶时,使用的材料主要是龟甲与兽骨,后人统称其上的文字为甲骨文。[①] 甲,指乌龟的腹甲与背甲(如图4-1、图4-2),其中以较

图 4-1　龟背甲与腹甲(正面)[②]

[①] 1921年12月25日,北京《晨报副刊》发表陆懋德《甲骨文之发现及其价值》一文,始以"甲骨文"命名。

[②] 图片来源:刘玉双拍摄。

为平整的腹甲为主（如图4-1-3、图4-2-3），少量使用背甲。骨，主要指牛的肩胛骨和牛肋骨（如图4-3），也有少量其他动物骨头，如在殷墟发现的羊骨、猪骨、鹿头骨、虎骨等。据甲骨文记载及科学家对殷墟出土龟甲的鉴定，知道殷人所用之龟大部分来自当时的南方和西部地区，牛骨则主要取自当地。

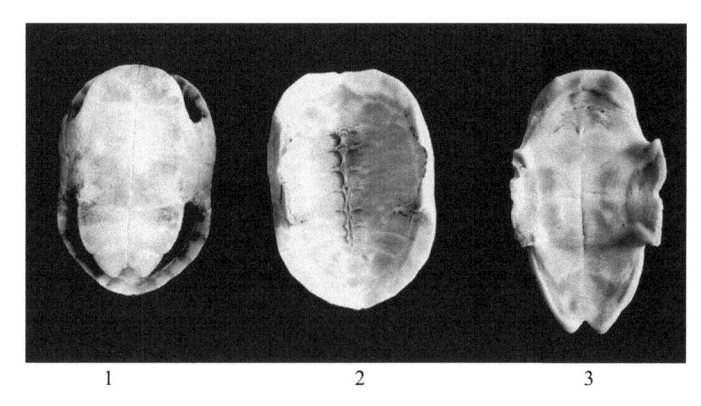

图4-2 龟背甲与腹甲（反面）①

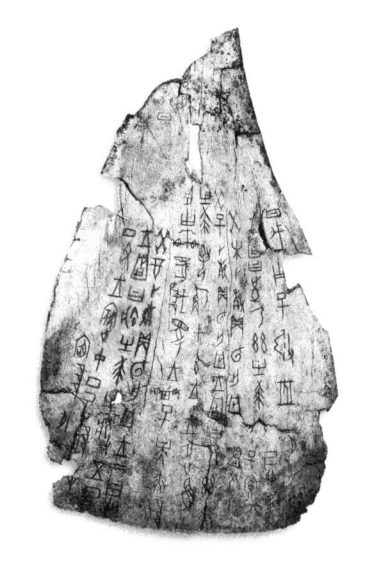

图4-3 牛肩胛骨与肋骨②

---

① 图片来源：刘玉双拍摄。
② 图片来源：《中国国家博物馆馆藏文物研究丛书·甲骨卷》。

一般认为，殷墟出土的甲骨文全是商代王室占卜的卜辞，其实不然。殷墟甲骨文，就其内容性质而言，大致可以分为四大类：

第一类　卜辞

我们通常所谓的殷墟卜辞，主要是殷人为了趋吉避凶而向神灵询问的记录，文字内容以盘庚迁殷后（多是武丁以后）至商末各王的占卜记录为主，也包括一些其他贵族的占卜记录，一般概括为"王卜辞"和"非王卜辞"。王卜辞甚为常见，下面列一则"非王卜辞"例：

（1）丁卜：子令庚侑有母，呼求卤，索尹子人？（《花东》125）

"索尹子人"含义未明，但前面的辞意可考。"庚"为人名，是花东主人"子"呼令的对象。"求"有寻求、索求之义。卤，头颅之义。"子令庚侑有母，呼求卤"，意思是花东主人子呼令"庚"这个人去寻求卤（头颅）用于侑祭"有母"。

殷人重鬼神，无论是"王卜辞"还是"非王卜辞"，其占卜事项皆涉及当时生活中的方方面面。前辈学者在系统整理卜辞条例的基础上，对此有所总结：罗振玉曾把殷人占卜事类分为八项：祭、告、䎽、出入、田猎、征伐、年、风雨；董作宾在其《殷历谱》中则分为二十项：祭祀、征伐、田狩、游、䎽、行止、旬、夕、告、匄、求年、受年、日月食、有子、娩、梦、疾、死、求雨、求啓；胡厚宣则分为二十四项：来源、气象、农业、祭祀、神明、征伐、田猎、刍渔、行止、占卜、营建、梦幻、疾病、死亡、吉凶、灾害、诸妇、多子、家族、臣庶、命唤、成语、纪数、杂项。

后来，陈梦家在《殷虚卜辞综述》中把卜辞的占卜事项综分为六项[①]：

1. 祭祀　对祖先与自然神祇的祭祀与求告等；
2. 天时　包括风、雨、啓、水及天变等；
3. 年成　年成与农事等；
4. 征伐　与方国的战争、交涉等；
5. 王事　包括田猎、游止、疾病、生子等；
6. 旬夕　是对于今夕来旬的卜问。

---

① 陈梦家：《殷虚卜辞综述》，第42—43页。

通常来讲，卜辞以商王室的占卜记录为主，所以占卜的内容也是以时王为中心的。综合占卜所涉事项可以看出，每一个时王所关心的事情具有共性特征，那就是四方国境的安全、年成的丰歉、王室的安康以及对能给予这一切的天神、地祇和祖先神的崇拜。

除此之外，这种占卜记录通常具有一定的公文形式，重要的还涂朱涂墨（有的是先描后刻，有的是刻好再涂）。如图4-4就是武丁时期（约公元前13世纪）的涂朱牛骨。牛骨正反面刻满了长篇卜辞，字口内涂朱，内容是关于北方部族入侵、王命诸侯、田猎和天象等。

图4-4　涂朱牛骨①

第二类　记事刻辞

就其所记内容而言，记事刻辞又可分为两类：其一，是与占卜有关的记事刻辞，内容涉及甲骨的来源及整治、检视者、田猎所获、征伐结果等。其二，与占卜无关的记事刻辞，内容涉及铭功旌纪、颁事立凭及一般日常生活行事。

---

① 图片来源：《中国国家博物馆馆藏文物研究丛书·甲骨卷》。

甲骨学初阶

就其所刻位置而言，记事卜辞多刻在甲桥、甲尾、背甲、骨臼、骨面这些地方。① 其中，甲桥、甲尾、背甲是指龟甲的部位（如图4-5），② 骨面、骨臼是指牛肩胛骨部位（如图4-6）。分别介绍如下：

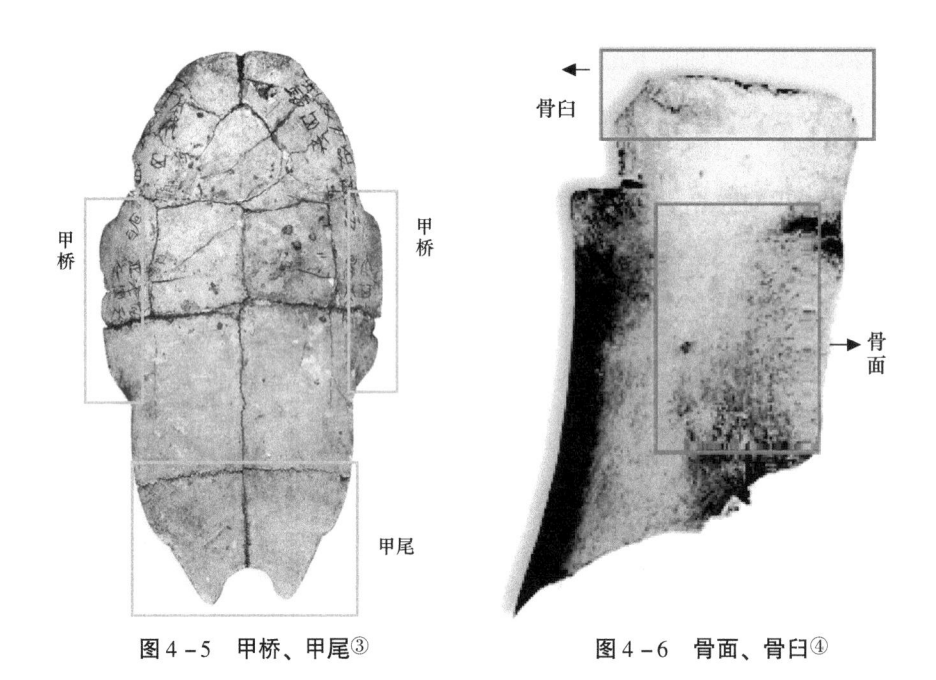

图4-5 甲桥、甲尾③　　　　　图4-6 骨面、骨臼④

1. 甲桥刻辞：殷人取龟备卜，先将龟之腹甲与背甲锯开，除背甲将其边缘部分打磨匀滑之外，腹甲则往往使两边各带有突出之桥骨，原是连接龟腹甲和龟背甲的骨骼，称为"甲桥"。甲桥分左、右两部分，在此种桥骨之背面，刻写简单的记事文字，即"甲桥刻辞"。这类刻辞数量较大，其辞例通常为：

---

① 胡厚宣：《武丁时五种记事刻辞考》，载胡厚宣《甲骨学商史论丛初集》下，台湾大通书局1972年版。
② 龟甲一般有背甲和腹甲之分，腹甲因为平整、光滑，多被用于刻辞。在契刻文字时，腹甲向下的一面翻转过来，正好面对贞人（如图4-1-3），故称之为"正面"，也是占卜后呈现兆纹的一面。而其腹甲之内里，表面较为粗糙不平整，通常是施以凿、钻、灼的"反面"（如图4-2-3）。
③ 图片来源：《中国国家博物馆馆藏文物研究丛书·甲骨卷》。
④ 图片来源：《中国国家博物馆馆藏文物研究丛书·甲骨卷》。

"某入若干",如"雀入二百五十"(《合集》5298反,图4-7),入为"进贡、贡纳"之意,表示这版甲骨是臣子雀进贡的250版龟甲之一。

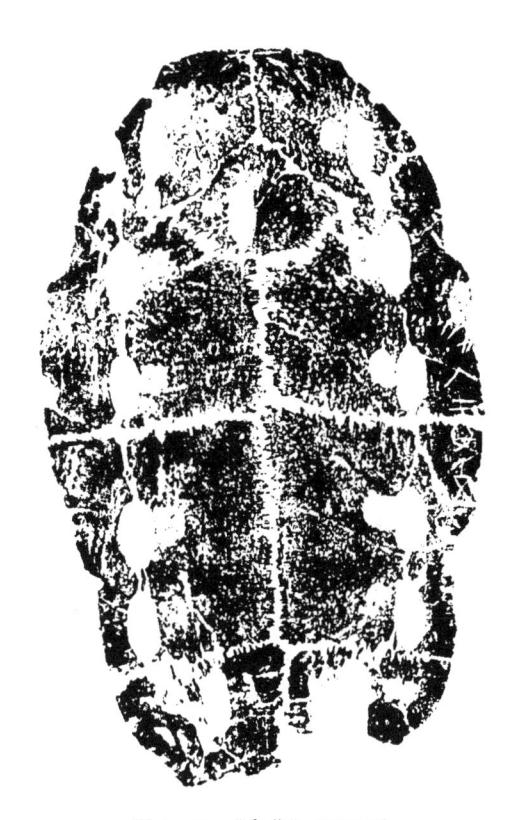

图4-7 《合集》5298反

"某以若干",如"我以千"(《合集》116反),"以"为"贡纳、致送"之意,表示我族进贡千片龟甲。

"某来若干",这类刻辞多刻写在龟腹甲背面的右侧甲桥处,如"我来卅"(《合集》248反),"来"为"使之来",为征取、贡纳之意。

"某示若干。贞人。"如"帚井示卅。争"(《合集》116反)。"帚井示十。殼"(《合集》1248反)。在这类刻辞中,前面多为王妇之名,后面的名字为贞人或卜者之名。示,为动词,表示检视、验看。这类刻辞多刻写在龟腹甲背面的左侧甲桥处,内容多为对贡纳来的部分甲骨进行整治。

2. 背甲刻辞:占卜用的龟背甲,因为表面凹凸不平,即使经过整治后，依然不便书写，因此多从中部剖开为两半，刻写于此类背甲中缝（即脊甲）边缘处的署辞，称为"背甲刻辞"（如图4-8）。

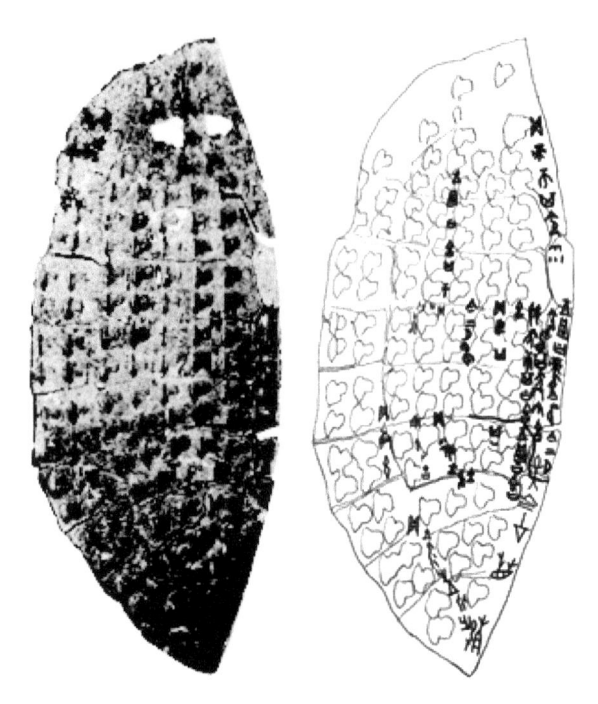

图4-8　背甲刻辞①

这类刻辞数量不多，辞例为"干支某示若干屯"，如"戊寅，出示□"（《合集》17582反）。此处"屯"读为"纯"，《仪礼·乡射礼》云："二算为一纯。""纯"为量词，一对之意。一般而言，含有"入""来""乞"等的刻辞位于背甲右侧，而含有"示"的刻辞则一般为商王近臣对这批甲骨中的一部分进行加工和整治，刻在左侧。

3. 甲尾刻辞：指刻在龟腹甲正面右尾甲之处的刻辞。这类刻辞数量不多，辞例通常情况为"某入""某来"。"入""来"是动词，意为"贡纳"或"征取"。

4. 骨臼刻辞：指刻在牛肩胛骨骨臼处的记事文字。

---

①　图片来源：蔡哲茂《甲骨缀合汇编（图版篇）》586。

5. 骨面刻辞：这种刻辞也较为常见，是与骨臼刻辞相类似的刻辞。如刻于正面，则刻在牛胛骨骨面宽薄的一端下方；如刻于反面，则常靠近边缘。如著名的小臣墙刻辞（如图4-9）。

小臣墙刻辞，为殷墟出土，属帝乙、帝辛时期，现藏中国国家博物馆。残长6.7厘米，残宽3.9厘米。[1] 刻辞5行，存56字，直书左行，收录于《合集》36481正。该辞记录了墙随商王征伐危方，俘获危方首领、战俘及车马兵器数量，并用人牲物品献祭祖先，以旌功庆典，并感谢祖先神对战争获胜的庇佑。刻辞如下：

……小臣墙从伐，擒危美，人二十四……人五百七十，🯄百……车二丙，🯄百八十三，函五十、矢……伯🯄于大□……用叀伯印……于祖乙，用美于祖丁，🯄。曰京赐……[2]

36481正　　　　　36481反

图4-9　小臣墙刻辞（《合集》36481正、反）

---

[1] 王巍：《中国考古学大辞典》，上海辞书出版社2014年版，第55页。
[2] 王宇信、杨升南：《甲骨学一百年》，社会科学文献出版社1999年版，第505页。

除了龟甲和牛骨外，还有上文提到的少量鹿头、虎骨、人头骨等刻辞也属于记事刻辞。其中，所用兽骨应该来自当时的田猎活动。狩猎后，商王和贵族间往往有赏赐、祭祀等活动，被赏赐者在猎物遗骨上刻写署辞以为纪念；而人骨则多为敌对方国的君长，即战争被俘后作为人牲而致祭先王者。这类记事刻辞多出现在殷商晚期，部分字数较多，与殷商晚期铜器上的铭文已经比较接近。如：

鹿头刻辞：目前发现两件，分别于1929年和1931年第三次与第四次殷墟发掘时所获，内容残缺不全，大意是记录商王田猎时射猎野鹿之事（如图4-10）。

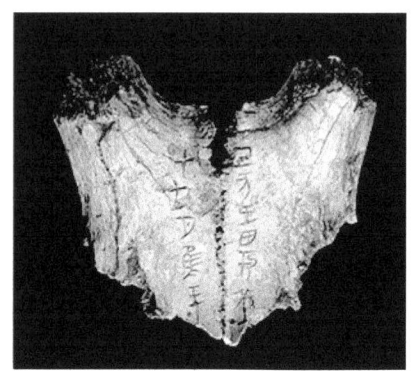

图4-10 鹿头刻辞①

虎骨刻辞：目前发现1件，刻于老虎前腿骨制成的雕花骨柶上。全辞共两行20字，字体粗大清晰，刻口内镶有绿松石，主要记述了商王擒获猛虎之事。现藏于加拿大多伦多皇家安大略博物馆（如图4-11）。

兕骨②刻辞：目前存有1件兕头骨刻辞和3件兕骨刻辞。其中，兕头骨刻辞发现于1929年的第三次殷墟发掘，主要记录了商王捕获白兕的事情。兕骨刻辞则是刻在用兕骨制作的雕花骨柶上，字数较多，其中一件有28字，记述商王获兕后赏赐给了近臣宰丰，因此此骨又称"宰丰骨"（如图4-12）。

---

① 图片来源：中国国家博物馆官网。
② 兕，甲骨文写作"🦬"，传说是一种上古瑞兽，其形状像一般的水牛，通身是长着黑色的毛，头上长着一只角。

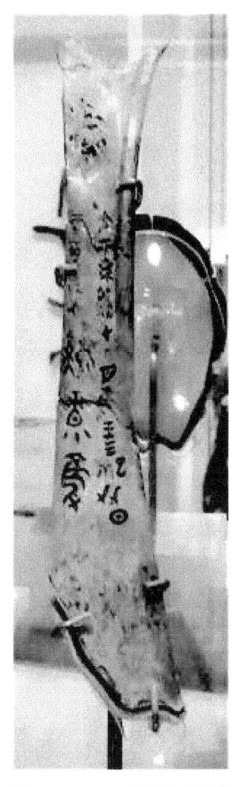

图4-11　虎骨刻辞①　　　　图4-12　兕骨刻辞(宰丰骨)②

"宰丰骨",为兕肋骨,殷墟出土,属帝乙、帝辛时期,现藏中国国家博物馆。其制作精美,长约28厘米,正面镂兽面及龙纹图案,镶嵌绿松石。背面刻辞2行27字,直书左行。主要记录了商王于麦麓田猎而获大兕,并以此赏赐宾客,宰丰得赐,故刻辞以为纪念。③ 刻辞如下:

> 壬午,王田于麦麓,获商戠兕,王锡宰丰、寝小㫃兄,在五月,惟王六祀肜彡日。④

---

① 图片来源:仇利萍拍摄。
② 图片来源:《中国国家博物馆馆藏文物研究丛书·甲骨卷》。
③ 王巍:《中国考古学大辞典》,上海辞书出版社2014年版,第55页。
④ 王晖:《宰丰骨柶刻辞与功能考释》,《中国国家博物馆馆刊》2011年第12期。

· 75 ·

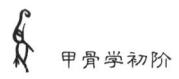

人头骨刻辞：目前发现 15 片，是殷人将俘虏的敌方首领的头骨献祭祖先并在其上刻辞纪念。此类刻辞字体一般比较粗大。

第三类　表谱刻辞

主要有"干支表"和"家谱刻辞"。

干支表：天干和地支是殷墟甲骨文中出现频率极高的词语。由十天干和十二地支相互搭配构成的干支纪日法，是殷商时期主要的纪日方法。甲骨卜辞中，频繁出现的"甲子卜""癸酉贞"便是例证。图 4-13 选自《合集》37986，是一篇完整的干支表。此表契刻在牛胛骨上，自上而下、自右至左纵向排列，每一列十日，共六列，计六十日。除此之外，甲骨文里更多的是一些纪日不完整的干支表，如《合集》第五册 11730—11738、第六册 17849—17863 等。

(1) 甲子、乙丑、丙寅、丁卯、戊辰、己巳、庚午、辛未、壬申、癸酉

(2) 甲戌、乙亥、丙子、丁丑、戊寅、己卯、庚辰、辛巳、壬午、癸未

(3) 甲申、乙酉、丙戌、丁亥、戊子、己丑、庚寅、辛卯、壬辰、癸巳

(4) 甲午、乙未、丙申、丁酉、戊戌、己亥、庚子、辛丑、壬寅、癸卯

(5) 甲辰、乙巳、丙午、丁未、戊申、己酉、庚戌、辛亥、壬子、癸丑

(6) 甲寅、乙卯、丙辰、丁巳、戊午、己未、庚申、辛酉、壬戌、癸亥

图 4-13　干支刻辞（《合集》37986）

家谱刻辞：比较完整的家谱刻辞在甲骨文中并不多见，殷墟出土的最为著名的一版就是"兒氏家谱刻辞"，是一篇关于商代兒氏家族世系的记录，即图4-14（选自《库方》1506，又见录于《英藏》2674），该辞刻在牛肩胛骨上，今已残缺。原由美国传教士方法敛收藏，后转卖给大英博物馆，现藏于大英博物馆。此骨得名的原因是上面记载了兒氏家族自先祖吹以下11代13人的名字。

《库方》1506　　　　　　《英藏》2674正

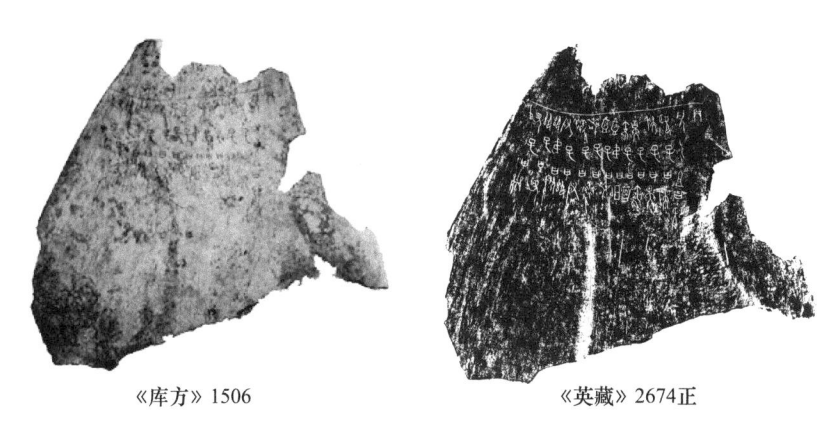

图4-14　家谱刻辞

第四类　习刻文字

习刻文字，是商代的初学者练习或仿刻的作品。据统计，殷墟甲骨中所见干支表刻辞及习刻总数达600片。其中干支表辞例约320片，习刻辞例约270片。

从殷墟出土甲骨数量上看，在这四类中，卜辞是殷墟甲骨文的主体，约占99%，后三类合起来约占1%。

第二节　甲骨的整治与占卜

殷人迷信，崇尚"卜以决疑"，所以我们今天发现的甲骨中99%都是当时的卜辞，内容涉及商代社会生活的方方面面，是我们得以了解商代历史的"活化石"。下面将通过甲骨的整治与钻凿、卜法与契刻、卜辞辞例三个方面来介绍甲骨文中的"重头戏"。

· 77 ·

一 甲骨的整治与钻凿

龟甲与兽骨在用于占卜前,需要进行一定的整治。整治包括取材、削锯、刮磨及钻凿等工序。

所谓取材,即将收取、贡纳而来的龟、骨进行初加工。占卜用的牛骨多在当地祭祀后筹集。这里的"取材",主要是对南方进贡而来的龟进行攻杀。《周礼·春官》龟人职:"凡取龟用秋时,攻龟用春时",[①] 即取用秋天长成的龟,在春天时将其杀死,剔除血肉、内脏,使之成为龟甲空壳(如图4-15),以备进行下一步的削锯、刮磨等工序。在殷墟的科学发掘过程中,发现有专门储藏龟料和牛骨原料的场所。如1973年小屯南地窖穴H99中曾出土未经加工的牛胛骨31片。

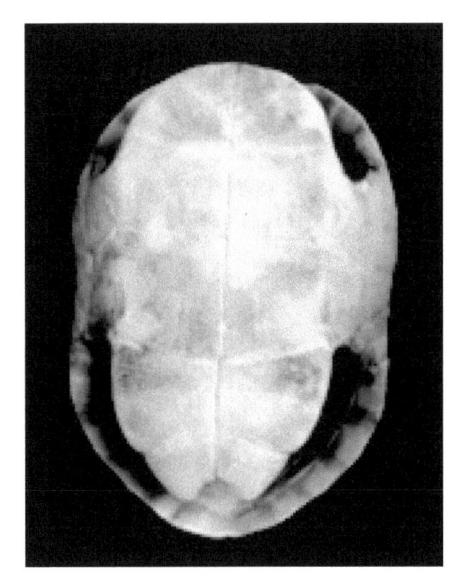

图4-15 龟骨取材[②]

削锯与刮磨,是甲骨的加工手续。对于龟壳,主要是将其从背甲与腹甲的连接处("甲桥")锯开,并使一部分"甲桥"连在腹甲上。然后锯去

---

① 徐正英、常佩雨译注:《周礼》,中华书局2014年版,第519页。
② 图片来源:刘玉双拍摄。

甲桥边缘凸起部分，并刮磨成整齐的弧形，使腹甲较为平直（如图4-2）。背甲较大的则从中间剖开，再去首尾两端，呈鞋底形，称为"改制背甲"，并将其内刮磨平整。

对于牛胛骨有左、右之分。肩胛骨的上端有骨臼（关节窝），骨臼的一边有凸起的臼角，其背面向下有一条突出的骨脊。在整治时，其骨臼部分从长的一面切去一半或三分之一，呈月牙形。然后切除臼角一部分形成近乎直角的缺口，削去骨板背面的骨脊。通常将无骨脊的一面称为正面，用于刻辞；有骨脊的一面称为反面，进行钻、凿。并规定，凡骨板平置，右边切去臼角者，称之右胛骨（如图4-16），反之则称为左胛骨。之后，将正、反面削锯处及不平处进行刮磨，使之平滑。

图4-16　牛骨整治①

钻凿，即在甲骨的背面进行挖、凿、刻、钻等，形成长形的凿和椭圆形的钻（如图4-17），目的是灼烧甲骨时在其正面形成直裂或横裂的坼文，即所谓的卜兆。之后，占卜者据此以判断卦象吉凶。

---

① 图片来源：《中国国家博物馆馆藏文物研究丛书·甲骨卷》。

甲骨学初阶

商代占卜频繁，所以要有充足的骨料准备。我们要明确的一点是，经过整治的甲骨不一定全用于占卜，即不一定在背面施灼而正面呈兆。所以，占卜使用过的甲骨，才是我们通常所说的卜骨。而未经施灼的甲骨，虽然经过整治，但也只能称为骨料。

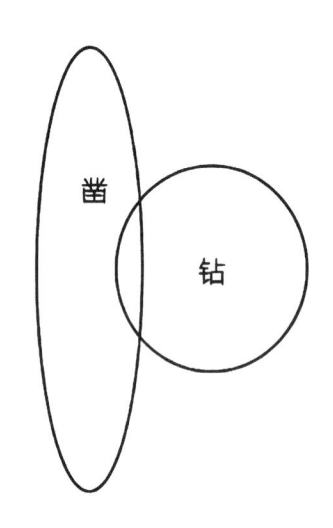

图 4-17　钻凿①

二　甲骨灼烧与占卜

经过整治钻凿后的甲骨才可备占卜之用。占卜时，先将整治好且凿钻过的骨料拿来，在凿钻处用烧红的木枝灼烧，同时祝祷并述说所卜之事。

因为经过钻凿处的甲骨已经比较薄了，所以在受热后比较容易爆裂，从而在甲骨钻凿处的正面形成竖行的兆干和横行的兆枝（如图 4-18）。兆干和兆枝看起来很像汉字的"卜"字，因而又被称为"卜兆"。而占卜者正是根据兆干与兆枝的走向来判断所占卜事项的吉凶祸福。

一般来讲，龟甲的兆枝都朝向中间的千里路，且左右对称；牛肩胛骨的兆枝则均朝向臼角的缺口方向，也就是右胛骨兆枝向右，左胛骨兆枝向左。此外，也有牛胛骨在正面施凿钻而灼烧的，不过为数不多。

商代占卜往往有专人（即贞人）负责，但从甲骨刻辞来看，商王亲自占卜的情况也有不少。

---

① 图片来源：《中国国家博物馆馆藏文物研究丛书·甲骨卷》。

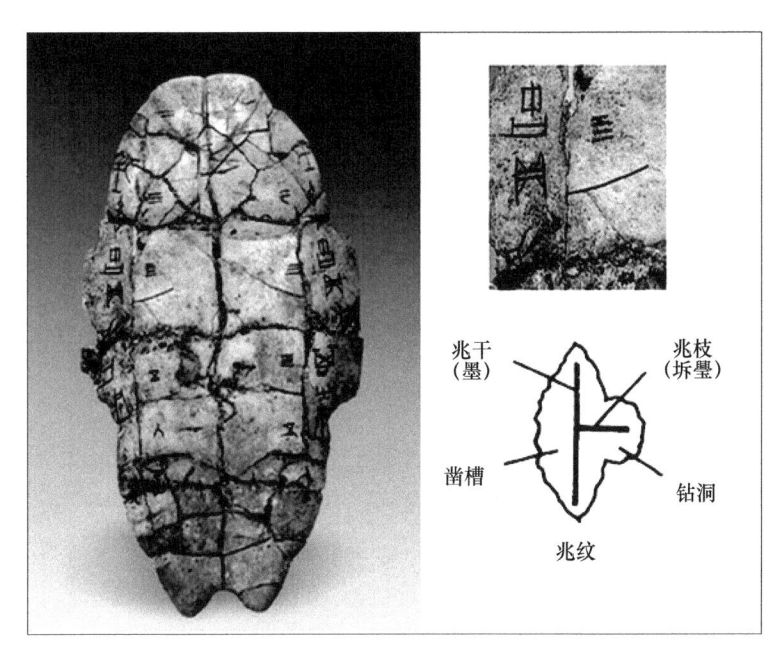

图 4-18　龟腹甲正面卜辞及卜兆示意图①

第三节　甲骨卜辞的契刻

一　甲骨卜辞的契刻术语

依兆判断后，还要将有关占卜事项及兆辞、兆序契刻在甲骨上。凡刻卜辞都是在相关兆纹的附近，并且以刻于正面为多，也有少量刻于背面的，这就是我们所谓的"卜辞"。一条完整的卜辞，包括序（叙）辞、命辞、占辞、验辞四部分。

序辞，又称叙辞、前辞，指整条卜辞前面记卜日和贞人名的文辞；

命辞，又称贞辞，常以贞字开头，是占卜的主要内容，也是卜辞的中心内容，记录此次占卜所问之事和期限；

占辞，记根据卜兆所下的吉凶判断；

验辞，记事实与占卜结果是否应验和应验情况。这一部分为事后补刻，与占卜活动不是同时。辞例如下：

---

① 图片来源：《中国国家博物馆馆藏文物研究丛书·甲骨卷》。

癸巳卜，□贞(1) 旬亡祸？(2) 王占(3) 曰：有祟，其有来艰（艰、灾害、险恶）(4) 乞（迄）至五日丁酉，允有来艰自西。沚馘告曰：土方征于我东鄙、搏二邑，邛方亦侵我西鄙田。(5)

《合集》6057 正

注：(1) 贞，卜问吉凶。以上在卜辞中称为"序（叙）辞"，记录卜问鬼神的日期和占卜官的名字。

(2) 旬，十天为一旬。亡，音 wú，通"无"。谓以后十天有没有灾祸？以上称为"命辞"。

(3) 占，视兆而问吉凶。谓商王观察卜兆来判断吉凶。

(4) 祟，神祸，谓鬼神要降祸。以上称为"占辞"。

(5) 沚，商都西北的方国。土方，商都西北的方国，其西边与沚国相邻。以上称为"验辞"。

从目前所见的甲骨文来看，完整具备序辞、命辞、占辞、验辞的卜辞并不多见。一般而言，多不见验辞部分，有的还省略了占辞，或只有命辞。最为常见的是，具有序辞和命辞的卜辞。

除了以上四部分外，通常还附有兆序和兆辞。

占卜的时候，往往需要一连串灼烧多个钻凿，而每灼烧一次，就要在正面卜兆之上刻记上占卜的序数，以标明灼烧见兆的次序，这即是"兆序"或"卜序"，即我们在甲骨正面常见的一、二、三、四……常见兆序的数字只到十，到十之后又从一开始，而卜辞中不乏兆序有超过十的。兆序一般是先于卜辞契刻的，甲骨上常发现有的序数刻后，因占了卜辞位置而被刮去，有的还重刻于他处，就是兆序先刻于卜辞的证明。

兆旁还记有"兆辞"，常写作不玄、不玄冥、一告、二告、三告以及小告等；也有记吉辞的，如吉、大吉、弘吉；或记用辞，如用、兹用、兹毋用、兹不用、兹御（御也是用的意思）等。"兹用"，意为执行此占卜。在晚期的卜辞中，吉辞、用辞出现较多。

刻辞之后，有时还会对所刻文字进行装饰，以求美观或某种特定宗教需要。这种情况，在商王武丁时期较为常见。装饰的主要方式，就是我们前面提到的对刻字进行涂朱或涂墨，也有涂饰其他颜色者，如涂黄、涂紫、涂赭等。

据考古发掘材料所见，一般占卜完成后，对用过的甲骨进行处理，大致有四种方式：一是存储，即把使用过的甲骨作为档案保存起来，这在殷墟考古发掘中多有所见。二是埋藏，即把集中存储的甲骨有意挖坑埋藏起来，最为典型的就是殷墟第十三次发掘的著名的YH127坑（如图4-19）。此坑出土甲骨17906片，均为武丁时期。并且除8片卜骨外，其余全为龟板。三是零星散佚，即由于不慎散落在殷墟灰坑、灰沟或夯土层内的甲骨。四是废物丢弃。

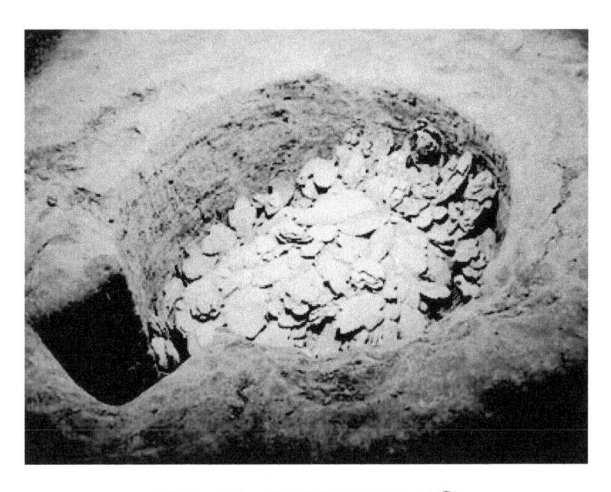

图4-19　殷墟仿YH127坑①

二　甲骨卜辞的辞例

根据卜辞内容，卜辞辞例包括正反对贞、同事异问、选贞、同文、成套几种。

对贞卜辞

对于一件事，殷人往往在同版上同时从正反两个方面进行卜问，这就是在龟甲相应位置上的左右"对贞"，称为正反对贞卜辞。辞例如：

1. 贞：翌庚子其雨？
   贞：翌庚子不雨？　　　　　　　　　　　　　　　　　（《合集》12430）
2. 甲午卜，㱿贞：西土受年？

---

①　图片来源：仇利萍拍摄。

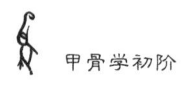

贞：西土不其受年？ （《合集》9742 正）

这两组卜辞中，前组是从正反两方面卜问第二天庚子日是否下雨，另一组卜辞则是从正反两方面卜问西部的土地是否会得到好年成。

还有的卜辞是针对同一件事在不同时间进行多次卜问的，如：

辛亥卜，翌日壬，旦至食日不雨？大吉
壬，旦至食日其雨？吉
食日至中日不雨？吉
食日至中日其雨？
中日至郭兮，不雨？
中日至［郭］兮［其雨］？ （《屯南》624）

图 4-20 《屯南》624

其中，旦指天亮时，食日、中日、郭兮指一天内不同时间的特定称法。这几条卜辞问的都是辛亥日的第二天壬子日是否会下雨这件事，时间分别是旦、食日、中日、郭兮，是壬子日的不同时刻。这是典型的一事多卜型，或称同事异问卜辞。其中，一二、三四、五六，构成三组对贞卜辞。

凡对贞的卜辞，往往是第一次贞问用辞较全，之后则逐渐省略，有的最后甚至省略至一两个字。

选贞卜辞

在甲骨卜辞中，选贞卜辞也是一种常见的形式，即对一件事从几方面举行选择性的卜问。如：

癸卯卜：今日雨？
其自东来雨？
其自南来雨？
其自西来雨？
其自北来雨？　　　　　　　　　　　　　　　（《合集》12870甲）

这组卜辞反复卜问今天是否会下雨，并从来雨的方向进行了预测，需要从东、南、西、北四个方向中选择一个方向。这就是选贞卜辞。

同文卜辞（成套卜辞）

同文卜辞指由数条内容相同的卜辞组成的一套卜辞，也称成套卜辞。这些卜辞可以是在同版甲骨上，也可以分布在多版甲骨上，可通过占卜序数得以联系起来。虽然有的卜辞在形式上有重复或省略，但卜辞主题内容不变。如《合集》6482—6486五版龟腹甲的占卜日期、贞人、辞例相同，占卜内容也都是商王率领哪位将领征伐敌国的事情。

"同文卜辞"之间往往可以实现"残辞互补"，因为有的辞句完整，有的则残缺或省略，这种互相参照的研究对于甲骨缀合工作有着极大帮助。

第四节　甲骨文例与阅读

刻辞在甲骨上的刻写部位（即分布情况）及行款（即左行、右行，或向左、向右转行）是有一定规律的，这就是甲骨文例。一般来说，首先讲究"迎兆刻辞"（如图4-18），而刻辞迎兆与一定的卜兆有关。即龟腹甲右半卜兆往往向左，则契刻文字则从左向右行；龟腹甲的左半卜兆向右，契刻文字就从右向左行。背甲刻写与其相同。但要注意的是，甲首、甲尾及接近甲桥的边缘部分，文辞刻写则是由外向内进行的。认识和掌握甲骨文的这些规律,有助于我们正确快速地识读甲骨文。

严格意义的甲骨文例,是1928年殷墟科学发掘以后,董作宾等学者在爬梳大量甲骨实物的基础上整理而得的。1929年,董作宾《商代龟卜之推测》一文,载于《安阳发掘报告》第1期,其中有专论《骨文例》一节,主要是将"龟版分为九部分",并进一步"取其同部位者排比之,其结果则同部者其刻辞之例皆同",即依据甲骨所在部位判断其文例("定位法"),基本论定了甲骨上下辞的文例。[①] 后有胡厚宣的《卜辞杂例》和《卜辞同文例》等文,对甲骨文例多有补充和深入。

针对龟甲而言,依据龟腹甲上卜辞的位置与分布,甲骨文例大体可概括为五类:[②]

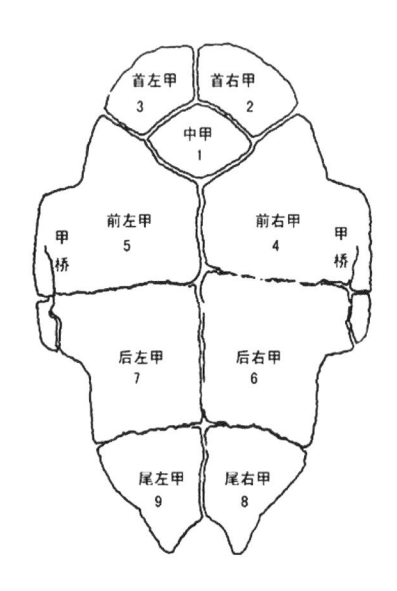

图4-21 龟腹甲部位分区[③]

1. 中甲刻辞自中缝起,在右者右行,在左者左行。

右辞下行而右,从中间千里路向右转外行,释为"辛亥卜,王贞:

---

① 董作宾:《骨文例》,《中央研究院历史语言研究所集刊》七本一分册,1936年。
② 以下文例参考王宇信《甲骨学通论》,中国社会科学出版社2015年版。
③ 图片来源:《甲骨学通论》。

[乎］弜［狩］擒?"

左辞下行而左，从中间千里路向左转外行，释为"辛亥卜，王贞：［乎］弜弗［狩擒］?"（如图4-23）

图4-22 《合集》10374（中甲）

2. 首右甲刻辞，由右边始，左行。首左甲刻辞，由左边始，右行。如图4-23：

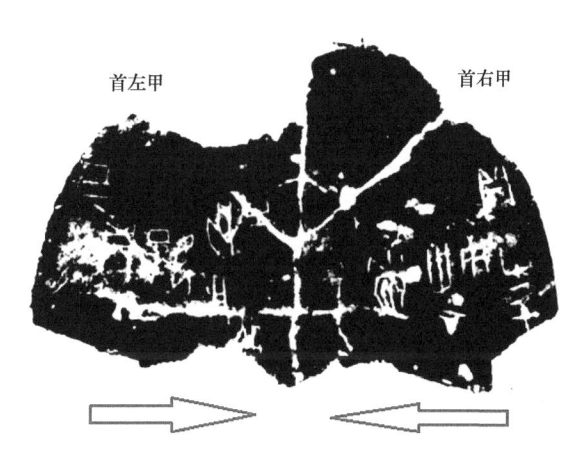

首左甲　　　首右甲

图4-23 《合集》13865（左右首甲）

首右甲卜辞下行向左,读为"贞:侑于庚三十小宰?"首左甲卜辞下行向右,读为"己巳卜,□贞:好祸凡有[疾]?"

3. 前右甲刻辞,除前足叉之上由右边起者左行外,其余各辞一律右行。前左甲刻辞与之相反。如图4-24:

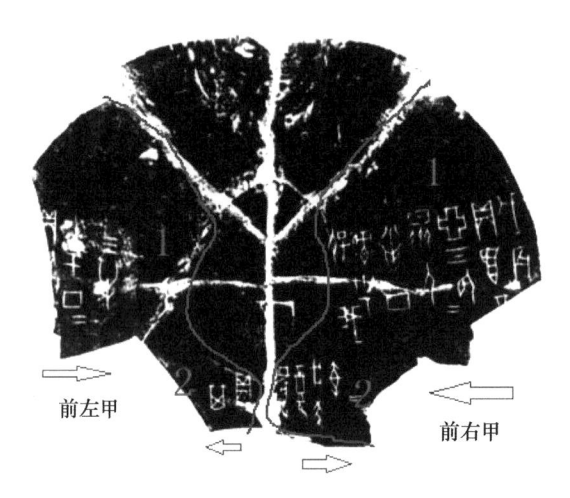

图4-24 《合集》43(左右前甲)

左、右前甲各有两条卜辞。前右甲二辞中,第1辞近外边缘,自上而下,自外向内左行,读为"戊辰【卜】,□贞:翌【辛】□亚乞氏众人舀丁录乎保我?"第2辞近千里路,自上而下向外右行,读为"丁亥卜……复……片祟……幸?"前左甲亦有二辞,第1辞近外缘,自上而下,自外向内右行,读为"贞……于丁三牛?"第2辞近千里路,自上而下,自内而外左行,读为"贞……其……"

4. 后右甲刻辞,除后足叉之下由右边起者左行外,其余各辞一律右行。后左甲刻辞与之相反。如图4-25:

本片共三条卜辞。第1辞近中间,自上而下,自左向右行,读为"乙未卜,宾贞:今日其延雨?"第2辞自上而下,自左向右行,读为"乙巳卜,争贞:燎于河五牛沉十牛?十月"。第3辞近外缘,自上而下,自外内左行,读为" 贞:……臣在斗?"

·88·

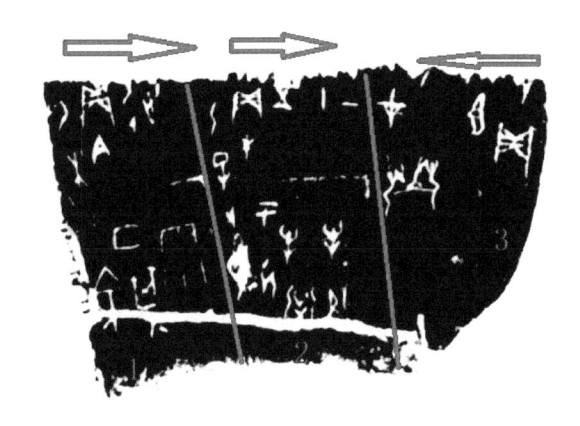

图 4-25 《合集》14553（后右甲）

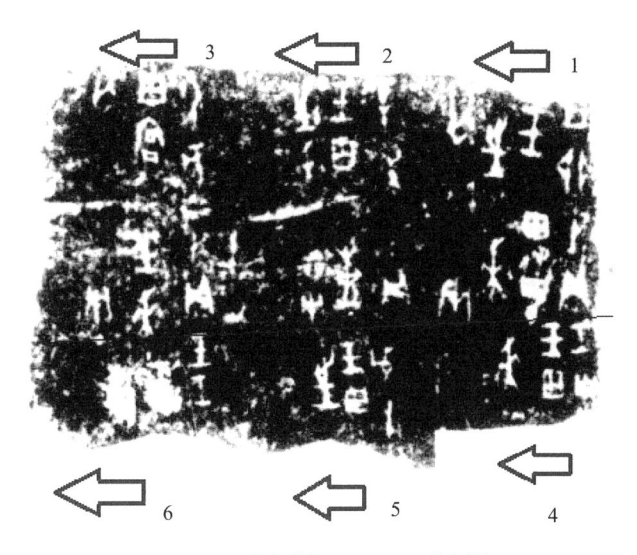

图 4-26 《合集》37618（后左甲）

本片上有三辞，下有三辞，共六辞，各辞皆自上而下，自内向外左行。第 1 辞读为"丁卯卜，贞：王田酉往来亡灾？"；第 2 辞为"辛未卜，贞：王田酉往来亡灾？"；第 3 辞为"乙亥卜，贞：王田宫往来亡灾？"；第 4 辞为"壬子【卜】，【贞】：王田□【往】来【亡灾】？"；第 5 辞为"戊午【卜】，【贞】：王田□往【来亡灾】？"；第 6 辞为"壬□【卜】，【贞】：王【田】□【往】来【亡灾】？"

5. 尾甲刻辞例与首甲同。尾右甲刻辞，自右边起，左行；尾左甲刻辞,与右甲相反。但是,尾甲不刻辞者为多。

总而言之,龟甲上卜辞的契刻并非随意而为,多遵循严格的刻写体例,其行款走向一般表现为两种形式:其一,沿龟腹甲的中缝向两边刻,由内向外,在右右行,在左左行,皆是迎兆而刻;其二,从左右边缘部分由外向内刻,在右左行,在左右行,皆是顺兆而刻。卜辞之文例,以下行为主,因分节段而有所左右,故而有下行向右、下行向左之分。其中,亦有单行直书(横书)而完全向左或向右者,则属变例。应对变例,阅读时一定要参考贞卜日期,选定干支日,再判断卜辞走向。

牛肩胛骨上的卜辞,大多数刻在靠近卜骨的边沿部分,由外向内刻。这是因为牛胛骨的边沿(外缘)部分较其余部分为厚,且较为坚韧。一条以上的卜辞,一般是由下向上排列(如图4-27《合集》5175),排列有序。有时是一事多卜,由下向上连续依次卜问。所以,阅读时也一定要参考贞卜日期。

董作宾先生总结487例兽骨刻辞后,依照刻辞在兽骨上的部位,定其文例为:

> 凡完全之胛骨,无论左右,缘近边两行之刻辞,在左方,皆为下行而左,间有下行及左行者。在右方,皆为下行而右,亦间有下行及右行者。左胛骨中部如有刻辞,则下行而右;右胛骨中部反是,但亦有下行而右者。①

图4-27 《合集》5175

除了规范的骨例外,在早期的一事多卜辞例中,还出现过另一种现象,即内容完全不同的卜辞交错刻在一起,有时第一、第三条卜辞言一件事,第二、第四条卜辞言另一件事,也是由下而

---

① 董作宾:《骨文例》,《中央研究院史语所集刊》七本一分,1936年。

上连续卜问，这种特例被学者称为"相间卜辞"。如《合集》9465，为一期甲骨，共有六条卜辞，卜问三种不同内容。

卜辞读为：

(1) 乙卯卜，亘，贞：勿锡牛？
(2) 贞：锡牛？
(3) 贞：锡牛？
(4) 贞：翌丙辰不雨？
(5) 贞：翌丙辰其雨？
(6) ……【我】史步【伐】工方【受有祐】？　　　　（《合集》9465）

在龟甲和兽骨上，还有一种正反相接的辞例，即在龟甲与兽骨的正反两面都有刻辞，并且两面的卜辞还有一定的联系。从内容上来说，前辞和占辞多刻于反面，其他刻于正面。因此，研读这样的辞例时，需要将两面卜辞连接起来，辞义才能完整。

除了上面所说的卜辞文例外，甲骨文中还有一些较为特殊的情况，其行款杂乱、非左非右，也并非严格的自下而上。遇到这种辞例时，需要认真分析，根据贞卜日、卜辞字词结构去尝试研读。

图 4-28　《合集》9465

第五章　甲骨文与中国文字

文字的发明，是人类历史上的大事，而中国文字的创造，尤其惊天地而泣鬼神。《淮南子》云："昔仓颉作书，而天雨粟、鬼夜哭。"中国最早的成文文献，是用刀契刻在龟甲或兽骨上的甲骨文。

中国是一个历史悠久的国家，有着光辉灿烂的古代文明，文字是文明发展的标志之一，也是民族语言的符号表达，远在五六千年前，汉民族的文字就已经萌芽。

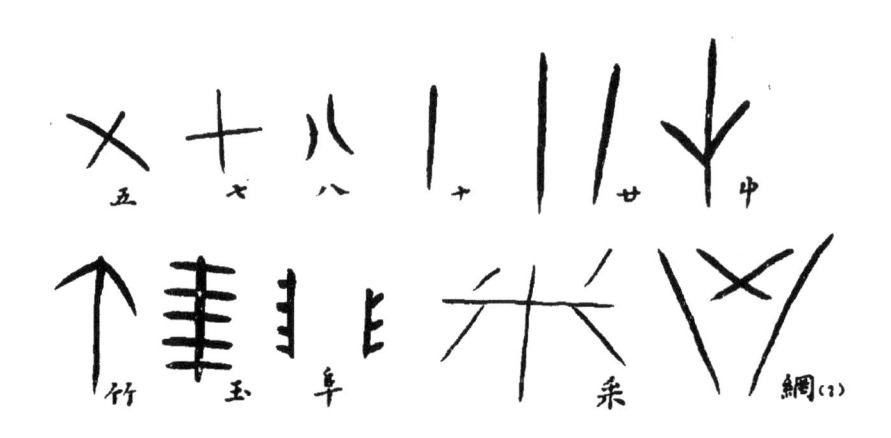

图 5-1　西安半坡遗址出土的文字符号[①]

西安半坡陶器刻画符号的出土意义重大，引起学者广泛讨论和关注。他们或认为这些刻画符号是文字，如于省吾认为是"文字起源阶段产生的

[①] 陈炜湛：《汉字起源试论》，《中山大学学报》1978 年第 1 期。

一些简单文字"①，但也有学者提出半坡刻符"还不是文字。除了有少量符号（主要是记数符号）为汉字所吸收外，它们跟汉字的形成大概就没有什么直接关系了"。② 我们倾向于认为，这些早期陶器上的刻画符号因为其中没有图画性强的象形字，也看不到与后世文字的联系，所以只能说是记事符号。或者说是具有文字性质的符号，还未形成广为流传的文字。但大汶口陶器上的象形文字，应是原始时代人们的辛勤劳动生活在意识观念上的反映，已能起到记录和传达语言的交际功用了。

经过漫长的岁月，远古的汉字发展演变成为商代的甲骨文和金文。甲骨文因为把字刻写在龟甲或兽骨上而得名。甲骨文从形体结构到对于语言的记录，都已经发展得相当完备。它是我国目前能见到的、最早的成文文献。甲骨文记录的是殷商时代的实际语言，这是文字系统发展成熟的标志。而甲骨文到1899年才被发现，之前成书于1716年的《康熙字典》，比甲骨文出土时间还早了183年。

图 5-2 大汶口文化陶尊上的刻画符号③

---

① 于省吾：《关于古文字研究的若干问题》，《文物》1973 年第 2 期。
② 裘锡圭：《文字学概要》，商务印书馆 1988 年版，第 24 页。
③ 李学勤：《论新出大汶口文化陶器符号》，《文物》1987 年第 12 期。

殷墟出土的甲骨刻辞，大多数是晚商武丁时期到商末帝辛时期的占卜记录，武丁之前的甲骨发现较少。甲骨记录上的文字形体以及所记录的内容，没有经过后人的篡改和加工，保留了殷商时代的本来面目，是研究殷商社会的最为可靠的资料，同时也是进行语言文字研究的宝藏。殷墟前后出土甲骨共计15万片以上，整理出不重复的单字计4500多字，能够用楷书形式确定下来的计1700多字，而目前能够比较清楚地明了其形音义的，则仅1000余字。

汉字是中国人的智慧之源，懂得汉字才能明了中国文化。本章讲述甲骨文字的基本知识，展示中国最古老系统文字的精妙所在，提供进入甲骨文字殿堂的基本门径，让我们一起感受甲骨文字的魅力。

第一节 汉字与甲骨文字的构形特点

要学习甲骨文，首先需要从认识甲骨片上的文字开始。甲骨文已经是一种比较成熟的文字，基本已趋向定型化，尽管还存在字形书写不规范等文字发展早期的现象，但已经不妨碍我们对其进行认识并释读了。

一 前贤学者的文字研究

甲骨文被发现以后，很多人想知道它能不能解决中国文字的起源问题，它是不是中国最早的象形文字。

东汉许慎所著的《说文解字》完成于121年，它是分析中国文字字形的最早的一部字典。许慎把中国文字的创造归纳为象形、指事、会意、形声、转注和假借六个原则，之后历代的文字学家都据此对文字的字形、字音和字义努力作出解释。

许慎对中国文字学的发展贡献巨大，但许慎在《说文解字》序中留下了两个遗患无穷的错误说法：一是他认为文字是仓颉所造；二是他认为文字之先经历了八卦和结绳两个阶段。在民间有仓颉造字的传说，仓颉还被尊为"汉字始祖""造字圣人"，其传说和遗迹遍布黄河中下游许多地方。

第五章　甲骨文与中国文字

图 5-3　（汉）许慎《说文解字》书影①

图 5-4　2009 年陕西省洛南县公祭仓颉典礼全景②

---

① （汉）许慎：《说文解字》，中华书局 2013 年版。
② 摄影：商洛市仓颉艺术研究会。

· 95 ·

在人类社会的发展上，语言和文字是不可分离的。语言是我们的感官对于客观世界的反映，当我们把它描绘并作为一种交际工具时，文字就出现了，文字是事物图像的符号，同时也是语言的符号。

就文字的发展来说，"盖书契权舆，本于图像"。然而，图像还不是文字，因为文字是代表事物和语言的符号，所以它是为记录而生的，并不是为了美观，因而也是简略概括的。而作为语言的符号，还必须要求能读出来。

考古所见器物上的图像与刻画记号尽管接近于文字，但陶器上的文字还不能帮助我们寻求最早的文字源头。

安阳殷墟卜辞可以帮助我们推求最古老文字的发展史。殷墟出土的甲骨，基本上都是商代第二十代商王盘庚到末代商王帝辛时期的遗物，甲骨所记事项，上至天文星象，下至人间琐事，记录内容极为丰富。它们埋藏在地下三千多年，没有经过后人的任何篡改和加工。所以，无论文字形体抑或内容，均保留着殷商时期的本来面目，反映了公元前1300—前1028年之间的文字发展实况。

对甲骨文进行考释释读研究的第一人是清末大儒孙诒让。

图 5-5 《朴学大师——孙诒让传》书影①

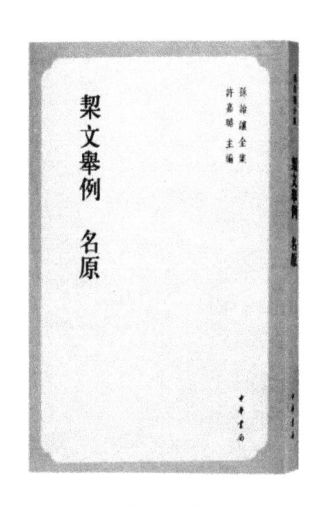

图 5-6 《契文举例 名原》书影②

---

① 李海英：《朴学大师：孙诒让传》，浙江人民出版社2007年版。
② （清）孙诒让撰，程邦雄、戴家祥点校：《契文举例名原》，中华书局2016年版。

孙诒让（1848—1908）是晚清著名的经学家和古文字学家，一生著作达35种，在经学、史学、诸子学、文字学、考据学、校勘学等方面都有卓越的成就。光绪二十九年（1903），刘鹗在他所收藏的5000余片甲骨中精选出1058片，印成《铁云藏龟》六册，孙诒让对刘鹗的《铁云藏龟》进行了专门的研究，考释其形义，用分类法把甲骨文字的内容作了区分，并对大部分单字逐个进行了辨析。1904年，孙诒让出版了他对甲骨文进行研究的专书《契文举例二卷》，这也是学界第一部对甲骨文字进行释读的著作。全书考释出文字共计180余字。孙诒让的研究，为甲骨学的发展开辟了道路，成为甲骨学的开山之祖。尽管从后来的文字研究发展来看，其中有不少释读是存在问题的，但孙诒让的开创之功不可磨灭。

图5-7 《罗振玉自述》书影①

图5-8 王国维

图5-9 唐兰《古文字学导论》书影②

其后对甲骨文的研究和释读成为学界的关注点。如罗振玉先后著有《殷虚书契》《殷虚书契菁华》《三代吉金文存》《殷虚书契考释》《增订殷虚书契考释》《殷墟书契前编》《殷墟书契后编》等。叶玉森著有《说契》《研契枝谭》。较为著名的研究成果还有王国维的《戬寿堂所藏殷虚文字考释》，郭沫若的《卜辞通纂》《殷契粹编考释》《甲骨文字研究》，以及唐兰

---

① 罗振玉：《罗振玉自述》，安徽文艺出版社2013年版。
② 唐兰：《古文字学导论》，上海古籍出版社2016年版。

的《殷虚文字记》《古文字学导论》《天壤阁甲骨文存考释》，杨树达的《耐林廎甲文说》《积微居甲文说》，于省吾的《殷契骈枝》初、二、三编，以及《甲骨文字释林》等。

伴随着先贤学者筚路蓝缕的开创性研究，自孙诒让《契文举例》以来，经过学者的辛苦工作，殷墟出土的15万片甲骨上的4500多个单字，我们能够释读的已经接近2000字，常用而且学界意见较为统一者也达到1000多字。

其余很多尚未释读的字，大部分为人名、地名、国族名以及专有名词，其词义可知，唯不能获其音读罢了。一者考释难度较大，加之材料不够，长期下来，即成为难点。

我们现在认识甲骨文字，是为了能通读甲骨卜辞，以便于能够利用好甲骨文所提供的历史资料，对殷商社会的语言文字及历史文化进行研究。殷墟甲骨文多是殷商王室占卜后的记录，内容多有关占卜，而其规则也基本程式化。

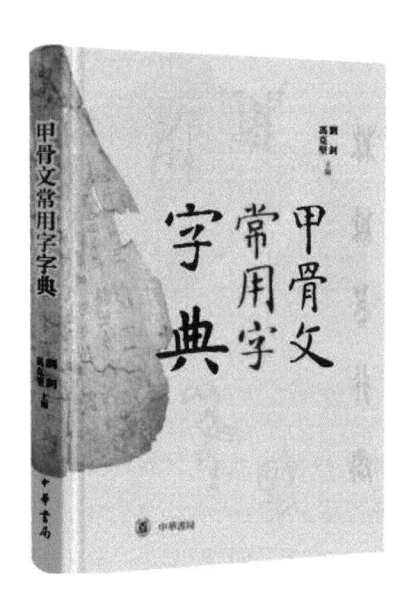

图 5-10 《甲骨文常用字字典》①

---

① 刘钊、冯克坚：《甲骨文常用字字典》，中华书局2019年版。

对于甲骨文，一般的学者将其分为三类：已识、仅能隶定、不能隶定。并把后两者统称为未识字。那么什么是已识字呢？一个字认识到什么程度才算是已识字？对于这个问题，研究者并没有一个统一的标准。但每个研究者心中却又有自己关于已识字的尺度和标准，因而对于已识字的数目的确定，就存在差别。

但是，对于已识字的释读，实际上不外乎这样的情况，也就是对于一个字，我们对其形体、意义和读音都有了比较符合实际的解释，并于甲骨卜辞可以通读，在甲骨卜辞中可以得到证明，这就是已识字了。当然，因为甲骨文字本身正处于发展的过程中，形音义三者有时并不固定，因此已识字的确定标准也不是始终一贯的。

二　中国文字的发展特点

事实上，我们尚不能确定盘庚以后武丁之前的卜辞情况，所以卜辞包含的实际上只有二百多年的文字。但借助这二百多年间文字的演变，也使得我们可以了解中国文字的发展特色。

曾有人主张文字的演进，是由图画文字发展为表意文字，再由表意文字发展为表音文字。这种文字起于图画、终于表音的主张，可以解释某些拼音文字的演进历程。不过，从承载信息方面来说，这样的拼音文字除了音之外，很少包含有其他的信息，一旦发展到极致，就成了绝对的符号，成为纯粹理性的编码系统。这样的文字，消解了文化发展过程中一切积淀痕迹，也同时丧失了文明创造中的最为宝贵的精华——人文性，而人文性，即文字中所蕴含的中国古代社会的历史文化基因，是中国文字的第一个特色。

古人造字没有留下说明书，今人认字即需要看字溯源。数千年来，中国文字一直处在不断的孳乳与生长中，这种文字的增长和发展，源于中国文字的另一个最重要的特点，那就是中国文字的"方块化"。中国文字是方块字，从半坡时的文字雏形，到大汶口等地的刻画符号，就体现为纵横有序、大小略等的方块字，方块字的特色使得中国文字从一开始就走上了与其他地区的图画文字不同的演化道路。如埃及文字，它是"成幅"表现的，"幅"中组成图画的各个部件，没有明确的独立地位，文字只是零件的堆砌拼合。于是到发展最后，古代埃及文字中的零件，多半成了无意义的音符。而中国文字中的每个"方块"，则将原始图像中的部件日渐抽象化，逐渐成了一个个独立自主的文字，一个方块字，就是一个自成体系的概念，一个表述语言的基本单位，也因而具有了自身的生命与历史演变。所以"方块化"是将"图画"进一步抽象的结果，从而也使文字的文明性和人文性得以进一步展现。有多少中国文字，就有多少最基本的概念，而每个文字，都有自己的演变史。

汉字是中华文化的基因，而甲骨文作为中国最早的成文文献，便是中华文化的基因库。所以陈寅恪说："凡解释一字，即是作一部文化史。"

世界上各民族的语言经常处在缓慢的变化之中，使用拼音系统的文字，经常因为要反映语言的变化而改变其拼写方式，这慢慢就使得一种语言的古今不同阶段，看起来是完全没有关系的异质语文。且音读的变化不仅表现在个别的词汇发展上，有时也会改变语法的结构，使得同一种语言系统的各种方言，有时会差异到完全不能交流。

西方各国之所以走上了拼音文字的途径，应该是受到了其语言性质的影响。西方的语言属于多音节的体系，用几个简单音节的组合就可以造出许多不同意义的词汇，音节既多，可能的组合也就多样，也就能够使用多变化的音节来表达精确的语意而不会产生误会，这是拼音语言的优势与便利之处。但汉语偏重单音节词汇，嘴巴所能发声的音节是有限的，大量单音节的使用就不免遇到词不达意、意义混淆的情况，所以就会想尽办法通过图像表达抽象的概念，也多利用生活经验和联想来创造文字，结果自然发展成今日表意的文字。

于是，由于汉字不是用音标表达意义，所以字的形体变化不与语言的演变发生直接关系，无论一个字读作什么，它的字形结构的演变依然有迹可循，稍加训练即可辨识。汉字发展一脉相承，使我们不难读懂几千年以前的文献，可称之为"融通性与共时性"，这是汉字的最大特点。

一个汉字既包含了几千年来字形的种种变化，也同时包含了几千年来不同时代、不同地域的种种语音的内涵。不同地区的方言尽管不能相互交谈，却因文字形象的一致而可以通过书写的方式相互沟通，这是中国如此一个地域广大、种群复杂的地域却能够融合成一个具有共同民族情感与共同民族认同的统一而团结的国家的重要原因。

世界各古老文明的表意文字，都可以让我们了解那个时代的社会面貌。因为这些文字的图画性很强，不但告诉我们那时的自然环境与社会制度，往往也可以使我们进一步了解古人造字时的思想观念以及文化习尚等。于是，对于表意文字，我们一旦懂得了一个文字的创意，也就在某种程度上对文字造字当时的社会与文化生活会有初步的了解。

三　甲骨文构形特点

文字学不好懂，看甲骨文却很有趣。人会长大，字也会长大，我们现在看到的字是长大成熟后的文字，而长大后的字与童年时候的文字经常会大有不同。所以学习甲骨文即是了解文字诞生之初情况的过程。许多甲骨文都充满趣味性，单是看着这些甲骨文便是一种奇特的欣赏体验。而学习甲骨文，也是学习文字之初创时代的历史和文化。

目前留存的商代甲骨文，其重要性在于其时代早而数量又多，是探索汉字创意不可或缺的材料。同时，这些文字是商王与贵族的占卜记录，是研究商代历史和文化的第一手珍贵资料。从文字形体结构上讲，作为早期文字的甲骨文所具有的一些显著特点如下：

象形与图画写实性

每一种文字都是一种记录特定语言的符号体系。那么，我们首先来看甲骨文字是如何造字的。

商代时期的甲骨文，文字的形体结构尚未定型，字形的结构着重于意义的表达，并不拘泥于图画的繁简、笔画的多寡或文字部件的安置等细节，于是同一个字的笔画部件在契刻时即存在笔画多少、位置朝向等诸方面的差异。于是字形的异体很多。

但异体字多并不妨碍我们认识文字，因为一旦了解到文字的创意，也就同时认识了相关的异体字。

甲骨文存在异体繁多的原因是由造字之初象形字的本质特征决定的。象形文字以形表意，只要大体相像即可，细节可以忽略不计。所以没有固定的笔画、笔顺、部件、朝向等。典型的如"车"字：

▽（《合集》11449）、▽（《合集》13624 正）、▽（《合集》11442）、▽（《合集》11451）、▽（《合集》11446）等。

同时，象形的特点也体现了古人造字时所遵循的"近取诸身，远取诸物"的原则。甲骨文作为文字的早期形式，因而极具象形性，多和现实事物相似，故而这些文字也是一幅幅简单的图画，使实物与文字的吻合度很高，文字常如简笔画一般抓住了物象的基本特征，使人见而可识，印象深刻。举例如下：

山：▲（《合集》20975）、▲（《合集》20980 正）、▲（《合集》96）、▲（《合集》16205）、▲（《合集》31984）、▲（《合集》33233 正）。

水：〜（《合集》10152）、〜（《合集》5810）、〜（《合集》24439）、〜（《合集》33349）、〜（《屯南》3212）、〜（《合集》33355）。

田：田（《合集》9）、田（《合集》199）、田（《合补》11300 反）、田（《合集》32992 反）、田（《合集》32700）、田（《屯南》102）。

鸟：鸟（《合集》2119）、鸟（《合集》21297）、鸟（《合集》20912）、鸟（《合集》1633）、鸟（《合集》93 正）、鸟（《合集》17055）。

龟：龟（《合集》7076 正）、龟（《合集》9184）、龟（《合集》6480）、龟（《合集》18366）、龟（《合集》7859）、龟（《合集》18363）。

鱼：鱼（《合集》12921 正）、鱼（《屯南》1054）、鱼（《合集》10491）、鱼（《屯南》2342）、鱼（《合集》19759）、鱼（《花东》236）。

目：目（《合集》6194）、目（《合集》6195）、目（《合集》4091）、目（《合集》20173）、目（《合集》456 正）、目（《合集》21828）。

这种文字与图像的结合，生动地诠释了"书画同源"。不必进一步解释即可明了其所等同的文字或表意的对象，这也揭示了甲骨文字象形性的存在根源。

甲骨文字的基本构形多取象于与人们现实生活密切相关的事物。这些文字所表现出来的，正是当时的社会实际存在。造字者往往根据自身对生活的实际体验进行描摹，或注重形状轮廓，或注重姿态特征，抓住对象的基本特征随物赋形。人身的肢体器官、草木的枝芽果实、动物的鳞毛爪牙、器具的方圆曲折等都可以通过写意的手法裁写出来。这样的字是以形表意的，它不是绘画的写实，但是我们观之即可明了其所要表达的意思。

正是从这些象形表意的基本字体出发，甲骨文奠定了文字发展的最初基础。据统计，商代文字的以形表意字达到了65.5%，另外32%左右是形声字。

变通性与谨严性并存

变通性是指一个字有多种写法，也就是异体字多。殷墟文字在二百余年之间，形体前后发展演进的变化很大。当然，构形不同的字有些是同期存在的，有些则是随着时间的变化而产生异形的，举例如下：

先看羊字，字形作 ✡ （《合集》19921）、✡ （《合集》20241）、✡ （《合集》20354）等，字与字之间笔画多少以及如何运笔均有不同。又如牛字，作 ✡ （《合集》1027 正）、✡ （《合集》19908）、✡ （《合集》19890）等形，笔画曲直也各有不同变化。再看鹿字，作 ✡ （《合集》10263）、✡ （《英藏》1825）、✡ （《合集》10950）、✡ （《北大》2625）等形，笔画多少更是有着明显区别。

以上诸例，要之以不失动物特征为主。另外有一点需要注意，古人在动物文字的书写上往往是区分雌雄的，方法就是在牛、羊、豕、鹿等原来文字的旁边各加一个义符，写作如 ✡ （《合集》3140）、✡ （《合集》14271）、✡ （《合集》22073）等，以之表示这类动物的雄性，这便是"牡"字。同样，如果加上 ✡ （匕）形义符，则成为甲骨文的"牝"字，用以表示该类雌性动物，如 ✡ （《合集》11149）、✡ （《合集》34081）等。另外匕字在甲骨文中亦用作"妣"字，用来称呼两代以上的女性祖先。

又如衣字，作 ✡ （《合集》35428）、✡ （《合集》20611）等形，左衽右衽不分，均是衣字。朕字作 ✡ （《合集》152 正）、✡ （《合集》148）、✡ （《合集》1196）等，受字作 ✡ （《合集》19946 正）、✡ （《合集》6719）、✡ （《合集》8008）等，写法各有不同。

以上这种左右不拘、繁简各别的例子在甲骨文中是很多的，这可以说是一种变通性，初学者应记住文字的基本特征，分析偏旁，从总体上把握。

甲骨文还具有谨严性。文字是语言的书写符号，人们为了更好地进行交际，更精密、准确地表达思想与进行交流，必然要求书写符号尽可能地和语言的音读及意义相统一，这样就要求文字在演变的过程中保持其谨严性。甲骨文的谨严性表现在某些字的结构虽然十分相似，但在某些部件处却不能有分毫之差，否则就会变成另一个字，这一点与上面所谈到的变通性正好相反。如下面一些例子：☁是"云"字，如上面稍出头，就成 ☁（旬）字了。☆是"豕"字，如尾部稍向上卷，就成为 ☆（犬）字了。⊥是省简的"土"字，如果一竖破横画，就成十（七或甲）字了。☆是"如"字，但如果把女作 ☆，☐字移到 ☆之后做 ☆，则就成为审讯的讯字了。

甲骨文的谨严性还表现在文字笔画不能任意增减。如：☆是"冬"（终）字，如缺少终端两点，就成∧（人）字。☆是"木"字，如两旁加上两点，写成☆，就成燎字。☆是"大"字，如两边加上两点，则成（亦）字，而如下面加一横，则成☆（立）字。☆是"朕"字，如少写丫（右手），则成☆（般）字。☆是"力"字，如加上一横，则成☆（尤）字。☆是"父"字，如直画往下移，则成☆（尹）字。☆是"巫"字，如旋转45度，则成☆（癸）字。这样的写法非常严谨的甲骨文字还有很多，在此不再举例。

变通性和谨严性看似矛盾，但它们在甲骨文中的客观存在，说明甲骨文在发展过程中正逐步趋向规范化。甲骨文是晚商200多年的历史阶段的产物，这200余年中，文字一直处在不断的发展演变中。

异字同形

异字同形即是一个字形可以代表两个乃至三个音义全然不同的字。遇到这种情况我们要从全辞的文意贯通上来进行区别。例如：

1. 甲骨文女作"㖾""㖾"，母字作"㖾"，加两点以像双乳之形。但在卜辞中，很多情况下是母字不加两点，与女相混作"㖾"。

2. 甲骨文征伐之征和正月之正，均作"㖾"，然"㖾"字有时亦读为"足"，作丰足之意。这样征、正、足三字同形，这就需要从文义上加以分辨。

3. 武丁时工字作"㖾"，祖庚、祖甲之后作"工"，与干支壬字相同。

4. 甲骨文丙字作"㖾"，与内字作"㖾"相同。

但这种现象在甲骨文中不是多数，因为这对文字的使用带来诸多不便，它是文字发展过程中的一个小支流，也是文字发展过程中的必然沉积物。初学者需要记住相关的特例即可。

合文与倒书

在甲骨文中，经常有一些名词、成语、数量词合写在一起的情况，这一点我们称为合书，合书后的两字或三字，称为合文。

1. 专用名词的合文：如对先公先王的称谓：㖾（王亥）、㖾（高祖亥）、㖾（大乙）、㖾（大丁）、㖾（大戊）、㖾（大庚）、㖾（大壬）、㖾（小甲）、㖾（小乙）、㖾（小丁）、㖾（中丁）、㖾（文武丁）、㖾（武乙）、㖾（武丁）、㖾（祖乙）等；

一些月份干支：㖾（正月）、㖾（一月）、㖾（二月）、㖾（三月）、㖾（四月）、㖾（五月）、㖾（六月）、㖾（七月）、㖾（八月）、㖾（九月）、㖾（十月）、㖾（十一月）、㖾（十二月）、㖾（十三月），武丁时于年终置闰，故称十三月。干支：㖾（甲寅）、㖾（乙丑）、㖾（乙亥）、㖾（乙未）、㖾（乙巳）、㖾（丙寅）、㖾（丁巳）、㖾（戊辰）、㖾（戊申）、

☽(戊午)、☽(辛亥)、☽(壬午)等。

2. 数量词合文，如：☽(十一)、☽(十三)、☽(十五)、☽(五十)、☽(六十)、☽(七十)、☽(八十)、☽(二百)、☽(三百)、☽(五百)、☽(六百)、☽(八百)、☽(九百)、☽(二千)、☽(三千)、☽(五千)、☽(六千)、☽(三万)、☽(六人)、☽(十人)、☽(廿人)、☽(卅人)、☽(一羌)、☽(二羌)、☽(三羌)、☽(十羌)、☽(卅羌)、☽(二伐)等。

甲骨卜辞的辞例大多是反复出现的，有时两字刻得很近，但在没有任何其他辞例可以佐证的情况下，均不宜任意作为合文对待，也不得任意把两字组合起来识为某一个字。

关于倒书的情况，甲骨文中并不太多，典型文字如：

至的正书为"☽"，箭头向下，但卜辞也多见至写作"☽"，这即是倒书。又如，自字"☽"倒书为"☽"；在字"☽"，倒书为"☽"；以及王字"☽"倒书为"☽"；祖字"☽"倒书为"☽"等这样的例子。

文字书写笔画细劲方折

严格说来，这一点并不是甲骨文构形的特点，但在形体表现上，笔画的细劲方折也是甲骨文的形体特点。

从字形产生的角度来看，文字源于对现实的描摹，象形字往往像某种实物，许慎对于象形字的定义是"画成其物，随体诘诎"，但文字本身是一种符号，无论如何象形也是一种近似于对象的素描。加之在坚硬的龟甲和兽骨上契刻的不便，也造成了契刻中对于字形的改易，所以"甲骨文多是细线条的、方的、不实体的"[①]。但"金文在毛笔书写线条的圆转、粗细等

---

① 陈梦家：《中国文字学》，中华书局2006年版，第124页。

方面都被忠实地描绘下来……"①

因为甲骨卜辞绝大部分是用刀契刻的，笔画受刀势操作的影响，圆形的笔画往往被契刻成四角或多角的形状，不如铜器上的铭文有很多图画的趣味性。例如鱼字，早期金文的字形就比甲骨文的字形逼真许多。而且甲骨文文字书写多为单刀直进。下刀较轻，中间较重，起刀轻快，笔画细瘦而尾端带锋，转折处用方笔，从而显得细劲有力。所以在形体表现上，甲骨文笔画多细劲方折，这是甲骨文的书写特点决定的。而我们学习和书写甲骨文时也需加以注意。

当然，商代时期的甲骨文字，由于是商王两百多年间的占卜记录，使用的时机和地点是在限定范围内，而且有专职的机构，所以每一时期的书体特征也比较容易把握，早期研究者已经对其建立起较为严谨的断代标准，不难确定每一片甲骨上的卜辞的年代。

第二节　甲骨文与"六书"

作为汉字最早的符号系统，甲骨文已经发展得相当成熟了。约有4000多个单字的甲骨文，已经具备了汉字构形的各种类型。我们通过对殷商文字资料的分析考察，吸取"六书说"的合理成分，可以在总体上把商代的甲骨文归纳为表意字、假借字和形声字三种构形方式以及四种补充类型。

一　表意字

即以形表意。包括"六书"中的象形、指事和会意字。这些字大都产生较早，流传范围也比较广，一些字直接脱胎于早期的象形符号或记事符号。因此保留有较多的文字演化的痕迹。而在形体结构上，这些字的共同特点是从所记录字与词的外在形体出发来选择文字符号的形状，受语言中一定词义所代表的物象的制约，字面上具有以形表意的特点，字形和词义密切相关。

第一种是独体象形字

"六书"中的象形字是以写实性而得名的，即所谓"画成其物，随体诘诎"。在殷商甲骨文、金文和陶文中，这些字比较多见。在甲骨文可识字

---

① ［日］林巳奈夫：《殷西周间の青铜容器の编年》，《东方学报》1978年第50卷，第10页。

中，这类字占到了33%。在字形特征上，这些字主要是采用比较简约的线条来描述表现某种客观的物象，或是用象征、夸张的手法突出事物的某一特征。它又可以分为以下几种情况，例如：

A. 直接以形表意，字形即是具体的物象。如上文所述，这类文字属于对事物整体形象的描摹。字形各部分平等参与表义，字形与字义紧密结合。

B. 为了强调简单的图形符号所代表的语义，把某一部分有意突出和夸张，字形各部分在参与表达字义时不再平等，而是重心偏向于表现事物的显著特征。如：

、、![字形](《合集》10199 正)、。

《说文》："虎，山兽之君。从虍，虎足象人足。"从甲骨文字形上看，虎这一类的四足动物有着极强的相似性，在二维平面上想要区分它们是比较困难的。在长期的观察下，古代先民掌握了这些相似动物的外在的区别特征，并将这些特征在造字时表现出来。虎在甲骨文中有时也突出其身上的斑纹，但始终加以突出的特征是虎头和最富于攻击性的虎牙，因此，虎头和虎牙成为该字字形中最为核心的部分，其他特征则相对弱化。又如：

![字形](《合集》13625 正)、、![字形](《合集》1052 正)、。

大象的主要组成部分有象鼻、象耳、象牙和象尾，但在该字的甲骨文中，这四个特征并不处于同等重要的位置，居于最核心部分的是象鼻。这是该字最核心的造字特征。

、![字形](《合集》584 正)、、。

在甲骨文中，对于马字的构造，突出的特征有马鬃、马眼、马尾、马蹄，而马鬃始终处于核心部分，同时突出的还有马眼。

与上述虎、象、马不同，犬在甲骨文中突出其动态的特征，张口翘尾，呈警戒状，而其他特征则相对弱化。如：

（《合集》378 正）、 （《合集》492）、 （《合集》1045）、（《合集》2133）。

该类字在甲骨文中较多，在此不再举例。

C. 这类字用字形表示某种行为动作或抽象的观念，图形和所记录的语义之间是借喻、象征、暗示等间接的关系，需要识字者通过联想和判断加以辨识。这类字的各部分是一个不可分割的整体，也是独体象形字。

（《合集》3421）、 （《合集》7693）、 （《合集》673）、（《合集》4503）。

《说文》："眉，目上毛也。从目，象眉之形。"眉象形重点在目上眉状部分，虽然摹写出眉毛之形状，但是如果没有"目"提示出联想以及判断的依据，则很难判断出 为眉毛。因此，将 附于目上，通过目提供了联想与判断的依据。

（《合集》22215）、 （《合集》22216）、 （《合集》13619）、（《合集》18072）。

《说文》："页，头也。"甲骨文在写法上像人体而突出其头部。其表义的重点完全集中在附着于人体之上的头部，而人体部分并不是表义的重点，仅处于次要地位。因此，此字在后世的发展之中人体部分日渐讹变而为近似儿形。

（《合集》675 正）、 （《合集》816 反）、 （《合补》6167）、（《合集》35302 正）。

甲骨文中，此字为"须"字，表意重点在于突出根须，甲骨文中多用为等待，当为假借之义。

总的来看，这一类象形字表意的核心是突出显示具有物象特征的部分，而附带的其他部分一般只起到联想和提示的作用，字义的重点也落在了突出的特征部分。不过，商代之后的文字，在演变趋势上逐渐地线条化、记号化和抽象化了，日渐发展为不象形的象形字。

第二种是合体会意字

许慎所讲的会意字是指用两个或两个以上的象形字组合而成的字。即

"比类合谊，以见指㧑"。在甲骨文可识字中，约有32.5%的字是会意字。值得注意的是，这类字和我们今天所理解的会意字还是有所区别的，如甲骨文 ▨（监）、▨（采）、▨（饮）等，这类字形体较为简单，是通过象形字的比类组合，来表达出原来的独体字所不能表现出来的意义。而 ▨（毓）、▨（饗）、▨（射）、▨（解）、▨（典）、▨（省）等文字，则在组合上更为复杂，但我们仍然可以综合起来理解其所表达的意思。

上述这些会意字的组合都是有机的，每个象形部件在字的表现形式上都有其特定的位置，由此所构成的新字多是一个不可分割的整体。其主要表现方式是以形示意，其结构特征与象形字类似，文字造型生动具体，使人视之可识。另外还可以看到，同一个象形符号在不同的会意字里的意思是有所不同的，这是需要注意到的。

第三种是加注指事字。是在本来已有的一些象形符号上加注简单的指事符号来实现表意功能的一些字。这其实也是一种特殊的象形字，因为它是在象形字基础上来加注特定的指事符号来表意的文字，也是象某某之形，与象形字并无本质的区别。这类字大多不是合体字，而且数量不多，如：

亦：▨（《合集》137反）、▨（《合集》3201）、▨（《合集》6093）、▨（《合集》12724）。

立：▨（《合集》20332）、▨（《合集》811正）、▨（《合集》14254）、▨（《英藏》680）。

天：▨（《合集》36535）、▨（《屯南》22054）、▨（《合集》22093）、▨（《合集》20975）。

元：▨（《合集》4489）、▨（《合集》32193）、▨（《合集》5856）、▨（《屯南》130）。

臀：☐（《合集》376 正）、☐（《合集》7075 正）、☐（《合集》9947）、☐（《合集》3183）。

身：☐（《合集》822 正）、☐（《合集》6477 正）、☐（《合集》17978）、☐（《合集》13666）。

刃：☐（《合集》117）、☐（《合集》9154）、☐（《合集》5837）、☐（《合集》22388）。

至：☐（《合集》20582 正）、☐（《合集》20892）、☐（《合集》226 正）、☐（《屯南》643）。

之：☐（《合集》226）、☐（《合集》5760）、☐（《英藏》547 正）、☐（《合集》1253 正）。

以上部分字是加注指事字的代表。可以说，殷商甲骨文字大体上可以表示为独体的象形字和合体的会意字两类。它们的共同特点是通过整体的以形示意来表现字面意义，象形和会意是表现字意的两种形式，而会意字则可以说是复杂的象形字。

二 假借字

在商代甲骨文和金文中，许多字虽然在形体上与表意字及形声字并无大的区别，但它们在表现字意方面起的只是纯粹表音的作用，也即"本无其字，依声托事"。

中国汉语口语语言中的语词与书面文字常常是一对一的关系。殷商时期书面文字符号的数量已经达到了 4200 个之多，这样在客观上也为文字的假借提供了方便。充分利用有形可象的记词符号来表示那些无事可象、无物可形的同音字，便成为文字记录中的极为常见的现象。其实，这是对于

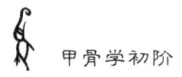

原有文字的一字多用。

甲骨文中的通假字，有的属于义近形符通用而造成的同一个字有不同的异体，有的则是属于音同假借。就目前殷商的文字资料来看，表意字的大部分都被借用过，文字假借的比率达到当时总字数的70%以上。其中有的字本义的使用频率甚至不及假借字，而有的字一经假借便永假不归，于是就成了永久性的记音符号。还有的一字多假，以至于出现词义上的混淆。

如：凶（自）（《合集》102）、弁（我）（《合集》644）、又（又）（《合集》24593）等字的本义已经较少使用，较多见的则是假借用法。当然，商代也有"本有其字"的假借字，即文字的通假。如东西的"西"：甘（《合集》7097正）。

为了达到用文字记录语言的目的，假借字的使用增进了语言和文字的联系与发展，促使文字系统向着意音化的方向又发展了一大步。

三　形声字

因为假借字的大量使用，商代文字中已经孕育出了一种比较优越的造字方式，那就是形声字。形声字结合了表意字与假借字的特点，兼有了表意和表音的功能，形声字在商代已经获得很大发展。

晚商时期，形声字在当时的可释字中占比已达32%，而且不少原来的表意字和假借字都逐渐被新起的形声字所取代。许慎对于形声字的解释是"以事为名，取譬相成"，"名"是指名称、名号，也就是字音，"以事为名"当指声符，而"取譬相成"则是指义符。[①] 但这只是针对"江""河"之类的字给予的解说。商代的形声字更多的是在原来表意字和假借字的基础上附加声符和形符改造而成的，也有后世常见的那种专门以一形一声的办法契合而成的字。综合看来，商代形声字的种类大致有四种：

会意兼形声字

会意字在造字之初，某一表意部件的发音正好是该会意字的发音，因此这个字即具有了表意兼形声的特征。如之"⊻"、受"髟"等。

[①] 富金壁：《何谓"以事为名，取譬相成"》，《北方论丛》1995年第3期。

另外还有在原来表意字的基础上追加意符，从而使新增意符与原字之间具有会意兼形声的关系。如：服的初文"🖼"（右半部分），肉旁"🖼"乃是后加的。

又如"得"字的初文"🖼"，从又持贝会意，行旁则为后加的。"祭""🖼"字的"示"也是后来加上的意符，同时也表示了原字的读音。

追加意符的情况还有一种情况，如🖼一字，由"正"到"征"，正、征大多通用，也属于字的分化情况。这是在原字的基础上产生了新的义项，就加上一个新的意符，这个意符成为统属此类字的部首。这其实是"建首一类，同意相授"的转注字，部首与新字在意义上属于同类，同时，新字与原字又存在着同源派分的关系。（注：许慎所举"考""老"是变体分化字）如果对转注下个定义的话，所谓"转注"，是由于文字同根派分而孳乳新字的一种方法，其所派分出来的新字与原字仍保持着密切的音义联系。则转注也属于形声字的范畴，是产生形声字的一种途径。

假借字加注形符

这是指文字的本义为假借义所夺，遂在被借字基础上加注形符。

分为两类：一是为被借字注形。是指本字被假借之后，再在原字基础上加注一个形符来表示原来的字义，而被借字则一去不返。如"其"与"箕"；"酉"与"酒"，甲骨文字形"其"作🖼（《合集》27931）；"酉"作🖼（《合集》6057正）。

二是为借字注形。本字被假借后，假借字再加注一个形符来表示这个后起的假借义，而被借字仍然表示原来的表意功能。在殷商时期，假借字出现很多，而很多假借现象就是靠后来这种追加形符的办法来加以遏制的。

表意字加注声符

它是在原来表意字的基础上再加注一个表音符号即声符，从而强化了该字与所记口语字词的声音关系，从而使一部分早期的表意字形声化。而在构形上，这部分字或者是为了使原来的表意字音义更加清晰而附加的声符，如：

甲骨文中从水的"灾"字，本为象形字，表示大水纵横导致的灾难之义，因与"川"字接近，为免于形误，故后来追加声符"才"，遂变为形声字。

试比较：灾："〰"（《合集》23797）、"〰"（《合集》18469）；川："〰"（《合集》3748）、"〰"（《合集》21734）等。灾加声符才为："〰"（《合集》28459）或"〰"（《屯南》2301等）。

甲骨文中的"鸡"字本为象形字，也是后来追加了声符"奚"而成为形声字的。其字形演变为："🐦"—"🐦"。

而大家比较熟悉的甲骨文"耤"字，从人持耒会意，有的省去人形，后加声符"昔"从了昔声。"🌾"—"🌾"

形声相合

为适应语言日益发展和记词的需要，形声组合创造新字的方法日渐发展起来。这首先表现为在象形字的基础上黏连另一个字或笔画从而成为新字，而所黏连的那一部分往往即成为这个新字的表音符号。这是文字发展早期比较典型的合体形声字，但其实也可以说是独体形声字。

如甲骨文中的"重"字"🔸"，从人东声，形符"人"与声符"东"叠合在一起。又如"眚"和"省"的初文，在甲骨文中写作"🔸"，字从目生声。

其次，用相对独立的形符和声符来搭配组合而成新字。这即是许慎所言的"以事为名，取譬相成"，也是后世形声字的典型造字方法。

殷商晚期，随着一批形符字和声符字的约定俗成，文字的偏旁部首日渐得以产生发展。

另外也要注意到，所谓的表意、假借和形声字是就商代大多数文字而言的，另外还有一些文字，在构形上并不太符合一般表意字、假借字和形声字的构型特征。特举例说明：

第一种同源（体）分化

在古文字时代，文字的一字多义也即一字记多词的现象仍比较多见，而构成文字的基本部件也不如后世那样齐全和规范。为了便于造字并有效控制文字的兼职，便在某一母字的基础上，加上简单的笔画以示区别，或者尝试着改变母字的局部结构而派生新字。也就是通过增损原字的笔画而分化派生出新字。如：

束"🔸"—东"🔸"　大"🔸"—夫"🔸"

口"〔〕"—曰"〔〕"　人"〔〕"—千"〔〕"

于是，通过借形变体这种方式，文字的发展进一步符号化和抽象化，字面上已经不再具有明确的表意成分，它们一般只是继承了母体的形和音而又有所区别，是文字本体的节外生枝，与原来字形保持着较为密切的读音关系，这一点与表意字指事字有所不同。因为指事字与原来象形字本体并没有读音上的内在联系。

第二种异体分化

因为古文字使用中存在的同一字形的不同写法，人们便自觉利用不同的异体来固定搭配一定的义项，这样约定俗成的结果就形成了异体字各守其职的局面。而这些因为异体关系而派生出的同源字，在文字的构形上仍然保有表意字或形声字的造字特征。

如：

蓐"〔〕"—晨"〔〕"、小"〔〕"—少"〔〕"（甲骨文中相同，小篆形体分化）、史"〔〕"—事"〔〕"、丞"〔〕"—承"〔〕"等。

然而也有异体分化字不符合表意字或形声字的构形特征的，如：须"〔〕"—颜"〔〕"、虎"〔〕"—虍"〔〕"等，这些字的后一个皆为截取前一字的局部而成，而在失去了部分表意功能的基础上，它们后来分化成与母字相区别的另一个字。

而对于封"〔〕"—丰"〔〕"、单"〔〕"—干"〔〕"、辛"〔〕"—辛"〔〕"、益"〔〕"—易"〔〕"等字来讲，字形来源皆比较特殊，须特别加以注意。

第三种合文

甲骨文中有不少把两个字或三个字合在一起书写的文字，它们组合起来共同表达一个概念或名称。这些文字目前计200余字，详见前述。

如：五百"〔〕"（《合集》559正）、三万"〔〕"（《合集》10471）、五千"〔〕"（《合集》7315）、十朋"〔〕"（《合集》11443）、六月"〔〕"（《合集》26643）、上甲"〔〕"（《合集》34169）、小祖乙"〔〕"（《合集》32599）。

合文在构形上是一个字，实际上却代表了两个或两个以上字的读音。这样的字一直沿用到周代，后世则很少出现。另外也有个别合文文字演变为后世约定俗成的单字，如四十的合文"卌"，后演化成"卌"，"勿牛"的合文，本为杂色牛之专名，后演变为"物"字。

第四种族徽文字

从殷商到西周中期，带有族徽的铜器铭文达到70%以上，数量极为可观，族徽文字是独具特色的一类图像符号，既有一般表意字以形示意的特征，又有浓郁的图案装饰风格。但与一般的表意文字相比，这些文字的主要功能在于其社会功能。它是一种权势的象征，是用来别贵贱，正名分的。

图 5-11　族徽文字①

第三节　甲骨文字形结构演变及规律

首先需要纠正一个观念，即汉字形体差别的大小不是判断两种形体是否为同一字或同一偏旁的依据。那么我们要回答的问题是：字与字之间，究竟什么样的形体差异可以视为同一字或同一偏旁历史演变的结果，而什么样的形体差异是不同字和不同偏旁相区别的标志。

---

① 《考古与文物》2012年第2期。

每个汉字都有其来源和发展的历史。从理论上说，汉字字形演变分连续渐变和跳跃性突变两种。但无论是渐变还是突变，其演变原因都是有规律可循的。在汉字脱胎于图像而成为记录语言的符号体系的过程中，持续作用于字形演变的因素有四个：

一是为了使用上的便利。由此导致的是字形的日渐"简化"。

二是为了使语言的记录更为精确。于是在使用的过程中，不断增加用以区别的标志符号使文字在形体上日渐"分化"。

三是借助声音来表现语言，也即"声化"。

四是针对前两者的发展，为了保证文字的统一使用，必须限制异体字的使用，由此导致的结果就是字形的"规范化"。其中，"简化"和"规范化"是文字发展过程中主要的发展规律，也是汉文字发展的必然趋势。

一 简化

简化是汉字字形演变中最基本的规律。从先秦文字发展到小篆，简化主要表现为从原始图像演变为易于书写的符号。但并不仅仅是笔画的减少。而在讲汉字形体演变的时候，需要注意到的是甲骨文是一种日常使用的比较简便的字体，也即俗体。

简化的手段是多种多样的，从形体着眼，主要有以下几方面：

1. 把图画简化为符号——使之线条化、笔画化

这是一种整体性的简化（也有截除性简化）。文字是由原始图画发展而来的，早期的文字往往具有图画性，基本上是依照物体的基本形状来创造字体，与绘画比较接近。而人们为了书写实用上的需要，便设法省去可以省略的部分，用线条形式去代替图画形式。在整个古文字阶段，汉字的象形程度在不断降低，线条化和笔画化是基本的简化手段。

甲骨文的线条化首先为书写纵向上的线条化，这是适应汉字由上到下的书写习惯的，商代后期，一般文字的字形，已经跟图画有了很大距离。

同类图形在简化的过程中往往具有相似性，所以在利用简化字的规律来判定不同的文字形体是否为同一独体字或同一基本偏旁时，最好能有已知的同类实例文字作为旁证。下面两字的形体演变可以作为很好的例证：

🚗→🚗→🚗→車（车）　　🐟→🐟→🐟→魚（渔）

2. 减少偏旁数量，删去字中重复的或不重要的部分

早期文字的图绘性特别强，近于写实，而字形结构便容易造成繁复，不利于书写。而如果抓住最能表现事物特征的部分予以保留，将重复的或不重要的部分省去，这样在书写上就方便多了。

而早期会意字是由两个以上的偏旁符号组合而成的复体字，有的偏旁符号庞杂，而部分文字偏旁数量的减少，并不会影响文字以形表意的目的。这种简化最常用的办法是删除重复的偏旁。如：

星："✶"（《合集》11501）— "✶"（《英藏》887）

采："✶"（《合集》11726）— "✶"（《合集》20957）

既："✶"（《合集》16052）— "✶"（《合集》6568 反）

朝："✶"（《合集》33130）— "✶"（《合集》23148）

3. 替换偏旁或改变构字方式

替换偏旁指的是用形体简单的偏旁替换形体复杂的偏旁。古文字中的很多汉字，有不少偏旁是异常繁复的，如形声字是由形符和声符组合而成的复体字，为使字体简化，在不影响字义表达的前提下，用笔画较为简单的偏旁去替换笔画繁复的偏旁（但有时不一定走向简化，也可能出现繁化现象）。在这种异构的取代过程中，一部分旧有的图形符号被淘汰了。如由庙到庙，由犧到牺等。又如：鸡"✶"、甗"✶"、风"✶"、裘"✶"等字。所以，找出异构取代的中间环节，是研究这类字字形演变的关键问题。

古文字简化中还有一种起源很早的现象，可称之为"并划性简化"。即把原来分开的两个偏旁中的某些线条重合起来，即字内共用笔画。这种现象还可以扩大到把两个字的某些笔画重合而形成简化的合文，而且一般在旁边加注一个重文符号"="加以识别，如子子孙孙。

简化的一个消极后果，可能使原来不同的偏旁或文字在形体上变得非常相似，这叫作"形混"，如"月"旁与"肉"旁，以及造成了字和字的形混。

二 分化

把汉字发展的历史单看成简化过程是很不全面的。只要汉字还是音意文字，简化受到的最重大的制约，就是不能使原先分别承担不同音、义的

字在字形上发生混淆。当不同的字在形体演进中发生形混或有形混趋势时，进一步的发展趋向往往是使相近字形更易于区别，"月"与"肉"，"十"与"七"的发展演变即是这样。

在现实实践中，单是为了使原有的不同字在字形上易于区别，也会出现与简化背道而驰的字形变化。而在汉字发展的早期阶段，原有文字的数量并不能满足日益增长的精确记录语言的要求。于是出现了一字多用的情况，如女"𤕫"字，在商代甲骨文中至少承担"妻子""女人""母亲"以及否定词"毋"等语义，而在周代金文中，研究证明它还承担着代名词"你""你的"以及介词"如同"等语义。当类似这样的字越来越多的情况下，就容易造成阅读理解上的障碍和困惑。因此，人们就在原来字形的基础上赋予文字各种区别性的标志，从一个字派生出几个不同的字，以分别承担原有音义的某一部分，这被称为文字的分化。

分化的方式分为两种，一种是利用原有字的异体，这种方式产生的新字可以称为分形法，如女"𤕫"与母"𤕫"，晶"✧✧"与星"✧"，吏"𢎨"与事"𢎨"字等。另一种是增加偏旁。增加偏旁的分化方法，无论是加音符还是加义符，都可以认为是"形声"即"兼表音义"的造字法。

文字的发展不是一脉单传的，文字分化是一种普遍的规律，古文字分化的结果是文字数量的增加。所以，有相当数量的文字，原先都拥有一个共同的祖先：

如生、姓本来都写成生"𤯓"，工、贡、功、攻本来都写成工"𢀖"，正、征、政本来都写成正"𤴓"等。文字形体在未确定地分化为两个各有专用的字以前，音义是互通的。

三 声化

文字由表意走向表音，是文字自身的发展规律。假如造字不借助声音，一事一形地造下去，将是永无休止的事情，而且语言中很多无形可象、无意可会的词，也无法加以记录。所以，为了有效地记录语言，文字借助声音是势在必行的。这也是世界上许多国家的表意文字被淘汰，而以拼音文字取而代之的原因。

1. 声化的第一个表现是假借的普遍使用

假借虽然起初只是偶然的同音顶替，但它的出现，使表意文字的形体摆脱了字义的束缚而作为一种纯粹的音符来被使用，在文字记录语言方面迈出了关键的一步。假借字的产生，使得语言中那些无形可象、无意可会的词，有了依托，文字记录语言的能力于是迅速提高。

在殷商甲骨文中，干支字全是假借字，其他如否定词、代词以及人名、地名、国名等专有名词也属于假借字。姚孝遂曾统计，在甲骨文中，假借字所占的比例是在70%左右，这充分体现了汉字的声化趋势。

2. 声化的第二个表现是形声字的创造和大量增加

这是在假借基础上，文字的声化趋势进一步发展的高级形式。其最简便的途径是在假借字的基础上增加义符，以区别同音字。

3. 声化的第三个表现是纯表意字向形声的转化

方法一是在表意字的基础上加注声符，如：

鸡（"🐓"—"🐓"）　　风（"🦜"—"🦜"）

齿（"🦷"—"🦷"）　　星（"⋯"—"🌟"）

有的甚至直接将表意字废掉，另造新的形声字。如：薶与埋（"🐗"）、沈与沉（"🐂"）、晕"☉"、簸"🗑"、裘"🐑"、虹"🌈"等。

形声字既可表音，又能区别字义，颇能与汉语的特点相适应，符合汉语记录语言的需要。

四　规范化

同一个字在演变过程中产生的种种不同字形，我们习惯上称之为"异体字"。"异体字"的产生是文字使用者的群众性行为，历史上有互相取代关系的"异体字"，又称为"古今字"，同时，异构也是"异体字"中特别重要的一种现象。

文字中最初的异体现象，是文字尚未脱离图像这一母胎的反映。而对物象的简化，也可以采取不同的方式，异体现象在古文字阶段比较多见，但是，对于某一些字来说是可以允许的变异，并不适用于另一些字。"异体字"对于高效地发挥文字在社会交际中的作用非常不利。因此，在文字逐渐脱离原始图像而成为抽象符号的过程中，汉字规范化的要求日益突出，每一个字都趋向于只有一种固定的写法，这种淘汰异体而使文字都趋向于只有一种固定的写法，就是"规范化"。

在秦始皇以小篆统一全国文字以前，"规范化"是一种自然淘汰的缓慢过程。战国时期就是一个"异体字"很繁盛的时期。过多的异体，已经影响到文字在全社会的流通。而当我们以小篆为基点用历史比较法去追溯每个字的前身时，就必须对每个字的形体所可能有的异体现象有个比较全面的了解。

字形在发展中之所以有种种变异，简化和分化固然起着最主要的作用，但并不能把这一切都归之于这两种原因。就识读古文字而言，重要的问题不是每一个字"规范化"的具体过程，而是认识一个字在未"规范化"之前可能有的异体形式，认识这种异体形式之间的内在规律性。

总的来讲，规范化是从以下几个方面进行的：

第一，固定各种偏旁符号的形体，使偏旁形体统一。

因为汉字的偏旁多为象形字。其对于物象的描述角度多种多样，结果就造成了异体繁多，而规范下来则无疑是一种趋势，如"车""马"等字。

第二，使偏旁构成统一，使每字的形旁固定下来，以及确定下来形旁在字体中的位置。如"灾"，有"≋""≊""⫴""⩕""⩏"等异体字。

除上述文字正常发展演变的"简化"以及"规范化"情况之外，汉字还有一种特殊的演变情况，那就是讹变。它是文字在人们使用的过程中，由于对某些字的字形和字义的误解而导致的对于这些字的字形结构的误读误写。因此，这是一种发生了讹误变化的异体字，而约定俗成的多次重复后，便积非成是。

讹变发生的具体原因如下：

其一人们在书写过程中对文字笔画的省减，如员"🝉"（省鼎为贝）、贞"🝉"（省鼎为贝）等。

其二文字偏旁的同化，如军、匀和询三字，它们原来皆从"旬"为声符（甲骨文中的"旬"），结果在使用过程中，此声符讹变为"包"。

其三文字受汉字表音化趋势的影响而发生的讹变以及因为割裂了文字

的图画式结构而造成的讹变等。典型的如若"❁"字。还有的文字因为相邻部件的笔画相连接而造成与别的偏旁混淆,如丞"❁"字等。

第四节 甲骨文字的考释

汉字从古至今因袭千年,一直处于不断的演变中。古今异世,很多字的字音、字义和字形都发生了很大变化,因此对于许多的古文字,今天的人们必须经过科学的考释才能认识。

古文字是客观存在的,是有形可识、有音可读、有义可循的。就甲骨文而言,其中的未识字数量很多,目前所见的4500多字,能识者仅三分之一。因此,考释不识之字,仍然是研究古文字的一项非常重要的课题。历代古文字学家根据自己的经验和体会,进行了较全面的整理,无论对于分析字形,考释字义,均有很大帮助。在甲骨文文字的考释上,学者们积累了丰富的经验,也创立了一套科学的研究方法。严一萍在《甲骨学》一书中,总结前人经验,把考释甲骨文字的方法归纳为八条:

一、考释文字本身的演变,此即由许书以溯金文,由金文以窥书契之意,这是最主要的方法。

二、由甲骨文本身字形比较而得之。

三、分析偏旁点画,以求文字之构成,合以声韵训诂,推测其含义而得之。

四、由卜辞辞例之比较而得之。

五、由甲骨之缀合以证明而得之。

六、由地下遗象之印证而得之。

七、由辨析合文而得之。

八、由辨认析书及一字重形而得之。[①]

于省吾在传统考释文字的基础上,还提出要结合民族学、世界古代史知识进行研究,认为要研究"世界古代史和少数民族志所保存的原始社会

[①] 严一萍:《甲骨学》,艺文印书馆1991年版,第790页。

人类的生产和生活的实际情况，以追溯古文字的起源"①。

综观以往学者们的论述和近年来的讨论，关于古文字的考释方法，可以归纳为六个字：分析、比较、综合。

分析主要着眼于文字的内部联系，亦即形、音、义三要素，具体言之，就是从字形着眼的形体分析法，从字音着眼的假借读破法，从字义着眼的辞例推勘法。比较主要着眼于文字的外部联系，有历史比较法和文献比较法。综合乃是在分析、比较的基础上所作的通盘考察，也就是察形、辨音、明义、通读的辨证过程。

一 形体分析法

过去也称为"偏旁分析法"。古文字是表意文字体系，它的结构方式主要是象形、会意、形声，抓住这个特点，因形求义，就可以考释出不少古文字。

古文字由偏旁部件组成的固然是多数，但也有不少是无所谓偏旁的独体字，所以称"形体分析法"。这种方法是从许慎以来就被研究者一直自觉使用的古老而有效的方法。象形表意性极强的独体字，只要将形体与客观事物相联系即可得其大要，如 ψ（牛）、ψ（羊）、象（象）、☉（日）、☾（月）等。会意、形声一类合体字则要先将字分为若干偏旁部件，然后研究部件之间的关系，从而认识全字。

如唐兰由 ᄀ（斤）入手而认识了甲骨文 ᄁ（新）、兵（兵）等二十多个字。② 分析合体字不仅要认清组成该字的偏旁部件，而且要辨别其组合方式。一般说来，甲骨文以来的文字偏旁结构尚不固定，可以上下变动，左右易位，但有时却也很严格。同样两个部件，组合方式不同往往会构成不同的字，如 ᢰ（降）与 ᢱ（陟）、ᢲ（好）与 ᢳ（毓）、ᢴ（出）与 ᢵ（各）等。这在上面也谈到过。有时相同的部件在不同的字中所表示的意义并不相同，如 天（天）与 正（正）所含的"口"意义不同，天（天）与

---

① 于省吾：《释羌、苟、敬、美》，《吉林大学社会科学学报》1963 年第 1 期。
② 唐兰：《古文字学导论》（增订本），齐鲁书社 1981 年版，第 189—192 页。

㸚（并）所含的"一"意亦迥异。表示点滴的"丶"在甲骨文中或表肉糜、米粒，或表血液、水滴，或表火焰上腾之状，均随字而异。①

形体分析是行之有效的方法，但必须结合其他方法，须力戒望文生义，穿凿附会。如甲骨文 ☲、∧、☲、⊗、⧖ 等字，如果单凭形体孤立分析就难免会弄错，只有结合辞例推勘才能正确地考释其分别为五十、六十、十五、午、河等。

汉字因为已经沿用了四千年之久，它的形体也发生过若干次的变化，古文字时代，文字的写法更是繁杂，字体结构多样。秦始皇虽然"书同文"，字体结构走向规范化，但秦朝寿命极短，当初并没有做到严格的统一。而由于历史上的种种原因，古今字体之间，无论在形体或音义方面，都存在着很大的差别，要辨识这些古文字还必须从各个时代字体的因袭关系中进行综合比较，从中找出共同的字源和特点，以达到辨认古文字的目的。

图 5-12　上博竹书《容成氏》记商三十一王世②　　图 5-13　《正始三体石经》局部③

---

① 商承祚：《殷虚文字用点之研究》，中山大学《语言历史学研究所周刊》十一集 125 至 128 期合刊《文字学专号》，1930 年。

② 图 5-12 采自宋镇豪《商代史论纲》中国社会科学出版社 2011 年版。

③ 图 5-13 采自衣雪峰《中兴与终结：8 世纪小篆的嬗变》，中央美术学院，2007 年。

《说文》以小篆为对象，参照古文和籀文，附以释形、说义和注音，为我们建构了一个比较完善的参照系统。而且这个系统本身以篆书为核心，下与隶书相对照，上与古籀相比较，运用的基本方法就是字形比较法。其后的魏三体石经，古文、篆文和隶书三种字体并存，《汉简》《古文四声韵》等古文字字书，也为进行甲骨文字的纵向字形比较研究提供了大量可资参照的材料。

近代以来，人们对于"字形比较法"的认识逐渐深入，罗振玉"由许书以溯金文，由金文以窥书契"，即是用的字形比较法。我们凡遇见一个新发现的古文字，首先要查阅《说文》，如果《说文》未收，再从旁考虑。

铜器铭文、石刻、简帛、盟书、陶文、玺印以及汉魏石刻、唐人书卷等，也皆为可供比较的材料。

运用这种方法考释古文字，首先要详尽占有字形资料。并在比较时将这些字形按照时代发展排成序列，清楚其逐步演变的轨迹。其次，还必须具备有关汉字发展变化的各种知识。

这种方法建立在对汉字内部结构正确认识的基础之上，方法是把已经认识的古文字，按照偏旁分析为一个个单体，然后把各个单体偏旁的不同形式收集起来，研究它们的发展变化。在认识偏旁的基础上，再来认识每个文字。

二 假借读破法（以声求义）

古人用假借字非常普遍。某些词有音无字，故可用同音字来表示，就是已有本字的，也常常在使用中借用音同或音近的字。

要通读卜辞还要注意经常了解某些甲骨文字使用时的通假规律，其中有的属于义近形符通用而造成的同一字有不同的异体，有的则属于音同假借。如形符中从"艸"从"木"可以互通，"母"又常通作"女"，而有时候从"女"从"人"可以通用；而"每"常假作"悔""晦""诲"；"又"常假作"侑""右"或"佑"，还有"人""尸""夷"相通，"兄""祝"相通，"易""锡"相通以及"帝"假作"禘"等众多的例子。以上这样的情况在甲骨文中是非常常见的。

这种破其假借之字而读以本字的破读法，在古文字考释中是必不可少的。如"癸酉贞：旬亡卜？癸酉贞：旬亡火？"郭沫若指出"火"与"卜"

同例，当破读为"祸"。《尚书·康诰》"殪戎殷"，《礼记·中庸》作"壹戎衣"，"衣"可借作"殷"，故天亡簋"不克乞衣王祀"的"衣王"就是"殷王"。

破读法固然常可收到意想不到的效果，但要注意绝不可把它当作灵丹妙药，无充分的证据而滥用通转的做法要坚决反对。

三　辞例推勘法

这种方法是将该字置于一定的语言环境中依靠上下文或在同类的文例中进行推勘以见其义。

甲骨文刚发现时，刘铁云、孙诒让认为干支字中唯"巳、午独未见"，罗振玉从干支表的内部比较确定 ♀ 即巳，⁸ 即午，并据干支搭配关系知甲作 十，与七同，壬作 工，与工同。

罗氏用辞例推勘法考释古文字取得很大成绩，但未能把它贯彻到底，所以仍有失误，如认为 ✠ 与 ✕| 都是"十五"。郭沫若通过有关辞例的推勘，确定 ✕| 是"十五"，而 ✠ 却是"五十"的合文。比如"狩获禽鹿 ✠ 业 ∩"，罗释"十五之六"，郭释"五十又六"。"八日辛亥允戈伐人 羊 自 ✠ ∩ 人"，罗释"二千六百十五、六人"，郭释"二千六百五十六人"。

令簋有"令敢厂長皇王宀互"句，郭沫若把它与同铭内的"令敢扬皇王宀互"相对勘，确认"厂長"就是"扬"的借字。令彝另有"扬王宀互"句，与金文"对扬王休"的常见语例比勘，可知"宀互"即"休"的借字，这点可由以下同类文例的对比得到证实：耳尊"耳日受休"，楷侯器盖作"方其日受宀互"；小臣鼎"休于小臣贝五朋，用作宝尊彝"，乃子克鼎作"宀互丝五十孚，用作父辛宝尊"。

可见，这种方法的具体做法可分为两种：一是依据文献中的成语进行推勘；二是依据文辞本身的内容进行推勘。

关于文献成语，两周时代的铜器铭文，多是当时的贵族为了歌颂或纪念自己的祖父母和本人的功绩而刻铸在铜器上的文辞，以便传与子孙后代永远称颂。由于他们的内容多为颂扬勋功美德，因而这些辞句也往往与当时流传下来的经书的用语相同或相近，从而为辨识古字提供了相互推勘的条件。

宋代的刘原父、杨南仲、薛尚功、王俅等人，即根据《诗经》中的辞例，利用推勘的方法释出许多难识的古字。但是，利用此法释出的字，往往同文献中所用字的音义相同而形体各异，难以确定是本义还是借字。

四 历史比较法

这种方法是将不同历史阶段的各类古文字材料如甲骨文、金文、战国文字乃至小篆等进行比较，亦即将该字置于历史发展的长河中进行考察。可以用由上而下的顺推法，也可以用由下而上的逆推法。逆推法就是前述罗振玉所提倡的"由许书以溯金文，由金文以窥书契"。王国维《释旬》（《观堂集林》卷六）可谓运用此方法的经典，全文不足二百字，兹摘录于下：

> 卜辞有 ʒ、⊖ 诸字，亦不下数百见。案使夷敦云金十匀，敖敦（今称"守簋"——引者按）盖云金十匀。考《说文》，钧之古文作銞，是匀、匀即銞字，ʒ 即旬字矣。卜辞又有 ʒ 之二日（实当读为"旬有二日"——引者按）语，皆以癸日卜，知殷人盖以自甲至癸为一旬，而于此旬之末卜下旬之吉凶。云旬亡卜者犹易言旬无咎矣。日自甲至癸而一遍，故旬之义引申为遍。《释诂》云：宣、旬，遍也。《说文》训裹之勹，实即此字，后世不识，乃读若包，殊不知勹乃旬之初字，旬之从日从勹，亦会意兼形声也。

除上文所举例证之外，还有几父壶"赐几父示𣫭八、仆四家、金十匀"的匀以及子禾子釜的钧字从旬作𨱥可为佐证。自王氏考订 ʒ、⊖ 为旬之后，甲骨文中数以千计的贞旬卜辞便得到了正确的解释，而 ʒ 卜三字既不是刘鹗所谓的"虺父卜"，也不是孙诒让所说的"它父卜"，而是问一旬之内是否有祸的"旬亡卜"。总之，甲骨文 ʒ 能考订为旬，乃是通过与《说文》、金文作比较，发现匀、旬通用，匀又可作勹而得到证明的。

五 据礼俗制度识字

文字的释读是一项复杂而艰巨的工作，往往要调动各种相关的知识和手段，以尽可能充分地收集材料，从不同角度和层次进行综合论证。所以从历史上的风俗、礼乐、法律等各种制度考释古文字，也是一种很好的方法。这种方法的运用，既要立足于文字和语言这一基点，又要求能够高屋建瓴，将要解决的问题置于人类社会历史文化的宏观背景中加以考察，以寻求切实的答案。

文字的构造和发展，与特定时代的社会历史和文化都有着密切的关系，古文字在一定程度上积淀了古代社会的物质文化和精神文化，从古代的语言文字，可以窥测古代人们的某些习俗、观念和心理。反过来也是如此，通过对古代历史、文化、习俗等方面的考察，有可能为释读疑难字、探求构字本义提供线索。

第五节　甲骨文可识字分类举例

汉字是表意文字体系，文字与社会文化之间存在着密切的联系。甲骨文文字本身与自然、社会的客观对象存在着密切的关系。

一　人体及相关造字（部分例）

 （人），象侧面直立人形，表示一般意义上的人。

 （从），前后行走之人，跟从之意。

 （壬），挺之初文，像人挺立于土上。

 （膝），突出人的膝盖之处。

 （尾），人有尾形。

 （企），突出脚部的人形，有企图之意。

 （身），突出躯干的人体之形。

（孕），腹中有子，孕育之状。

（及），用以手抓人之状，表抓住、触及之意。

（元），突出人的头部。

（冠），为人佩戴冠冕之状。

（亟），在人的上下分别画出短横指事符号，乃极之初文。

二　自然界与动植物（部分）

（日），象太阳之形，中部习加点或短横为饰。

（晕），象日晕（又称风圈）之状。

（易），阳字初文。

（夕），月之初文，引申为表月夜义之夕。

（月），）的同源分化字。

（火），如火焰之形。

（山），作山峦状，以三个山峰表示山的形状。

（晶），星星之象，为星字的初文。

（星），从义符晶，生表声符。

（申），如闪电形，电之本字。

（雨），天幕落雨之状，后又在字形上部添加了横的饰笔。

（水），为蜿蜒流水之形，作表意偏旁时，常省略两旁的点状指示符号。

（州），从水，中间加指示符号，象征陆地，为洲之初文。

（丘），两峰相并状，象征高丘。

（河），为古代黄河的专用字，从水，象黄河曲折之形，声，为柯字初文。

（屮），为草木初生之形。

（生），为草木初生于地表状。

（木），象树木枝干形。

（朱），从木，中加点状指示符号，为株字初文。

（未），从木，为树木之枝丫意。

（來），象麦棵之形，借用为来。

（禾），象禾稼之形。

（枼），为树枝着叶状，乃葉字初文。

（穆），表示禾穗丰硕状。

（隹），为鸟之侧视形，短尾鸟，字形线条趋于抽象，其义与鸟字相同。

（萑），猫头鹰的一种，字从隹。

（雀），从小、从隹会意。

（鸡），鸡字初文，象公鸡振翅形。

（燕），象飞燕形。

（牛），象牛首的形象符号。

（羊），象羊首的抽象化符号。

（犬），狗的纵向侧视形。

（豕），猪的纵向侧视形。

（馬），马的纵向侧视形，突出眼睛、尾巴与鬃毛。

(象)，象的纵向侧视形，突出鼻子。

(鼠)，鼠的纵向侧视形。

(虎)，虎的纵向侧视形，突出虎身纹理与虎口。

(鹿)，象鹿之形。

(鱼)，象鱼之形。

三 社会与生活（部分字例）

(老)，象人长发而倚仗之形，以年老象征权力与职位。

(长)，首部作长发飘逸状之人形。

(兄)，突出口形，代表掌握话语权、发言权的人。

(须)，为侧面人形。

(卩)，为人侧面踞跽之形。

(大)，端立的正面人形，习喻表大小之大。

(天)，正面人形，突出头部，大与天有时一样。

(门)，门的正面之形。

(宀)，为房屋之形。

(郭)，为郭和墉之初文。

(宫)，会意兼形声字，为多个房屋相连之形。

(曲)，象一组呈曲折状的区域外廓之形。

(行)，道路形，借十字路口表示，常作表意偏旁，省其一半作意符。

(田)，田地界划之形。

（辰），除草农具之形。

（蓐），以手持辰于草或丛林中作劳作状。

（戈），象兵器之形。

（弓），象张弦之弓形。

（引），弓背处一指事符号，表示牵引、引发之意，为指事字。

（弜），从二弓会意，为强字之初文，甲骨文中假借为否定词。

（射），从弓从矢，象箭在弦上。

（矢），箭矢之形。

（斤），斤斧的抽象化符号。

（刎），刀刃处作滴液状，为刎字初文。

（皿），器皿之形。

（壶），象壶之形。

（益），器皿之中水液盈满溢出之状。

（豆），高脚盘之形，上部中间加饰笔。

（酉），盛酒器，为酒之初文。

（酒），为酉字之分化字，从酉加水旁。

（食），象盛食之形，下簋上盖。

（爵），象爵之实物形。

（其），簸箕之形，箕字初文，假借为副词。

（网），为罗网之形，象实物。

第六章　甲骨文的分期与断代

第一节　分期断代研究的前提

早期收藏甲骨文的刘鹗，在《铁云藏龟》中，第一次提出甲骨文是"殷人刀笔文字"的论断。他认为"钟鼎之有象形者，世皆定为商器"，甲骨中象形之字很多，而且其中的"祖乙""祖辛""母庚"等字样"以天干为名，实为殷物之确据也"。[1] 认为甲骨文是殷人的遗物，是当时对甲骨文所属时代的笼统认识。之后，罗振玉曾考订殷墟甲骨文字所包含的时期为武乙、文丁、帝乙三世，谓殷墟建都："徙于武乙、去于帝乙"，[2] 认为甲骨文是武乙、文丁和帝乙三世之遗物。王国维后来又认为"盘庚以后，帝乙之前，皆宅殷虚"，罗王二人把殷墟的下限皆定在帝乙时期，这可能是因为罗王二人都相信"帝乙迁沫朝歌"之说。董作宾在殷墟科学发掘的过程中，根据"近年来因叠次的发掘，坑位的分布及出土情形的观察，随时给予吾人以新的启示，知殷虚非因水患而迁徙，实缘亡国而废弃；器用文物的窖藏，宗庙宫室的基址，都还有踪迹可寻；而许多晚期卜辞，亦决非仅止于帝乙之世；至此，《竹书纪年》所称'自盘庚迁殷，至纣之灭，二百七十三年，更不徙都'之语，及完全可以征信"[3]。后来，陈梦家根据武官村大墓所出方鼎以及清华大学所见甲骨，认为安阳出土甲骨确有属于帝乙、帝辛之世者。[4]

后来的考古发掘资料也表明，安阳小屯为西汉司马迁以来所明载于史

---

[1] 刘鹗辑：《铁云藏龟》自序，抱残守阙斋石印版1903年版。
[2] 罗振玉：《殷虚书契考释·自序》，《殷虚书契考释三种》，中华书局2006年版。
[3] 董作宾：《甲骨文断代研究例》，《董作宾先生全集》甲编第二册，台湾艺文印书馆1977年版。
[4] 陈梦家：《殷虚卜辞综述》，中华书局1988年版，第34页。

籍之洹水殷墟，也是《竹书纪年》所载盘庚至殷末纣所都之地。则殷墟出土的甲骨文，是晚商时期自盘庚迁殷至纣灭国期间的八世十二王273年间所留遗物，具体时间是公元前1300—前1028年，即盘庚迁殷至纣之末。

殷墟所在，是商代的最后一个国都，在这二百多年的时间内，经历了盘庚、小辛、小乙、武丁、祖庚、祖甲、廪辛、康丁、武乙、文丁和帝乙、帝辛共12位商王的统治。目前发现的最早甲骨是武丁时期的，最晚止于帝辛时期。

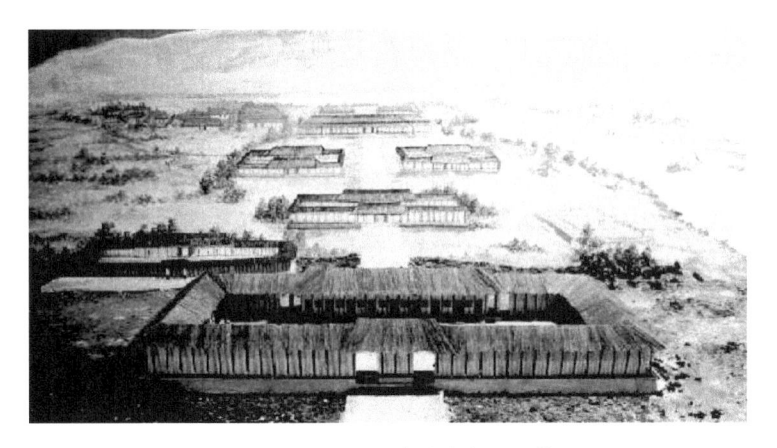

图6-1　安阳殷墟城市复原图①

所以甲骨文的时代为武丁至帝辛。不过，武丁之前的甲骨以及帝辛时期的甲骨是否存在，学界尚有争论。有人主张武丁之前也有刻辞，但只有属于以前地层的数片甲骨，还没有更为坚实的证据。

以上所说的殷墟甲骨所涵盖的时代，这是甲骨分期断代的前提，也是分期断代研究的出发点。

我们目前知道殷墟是从盘庚迁殷至帝辛亡国之前的王都，其间经历八世十二王，有273年之久。从那里出土了十五万余片的甲骨，它们反映着商代盘庚迁殷之后的殷商历史和文化，是研究殷商历史的第一手资料，具有极其重要的研究价值。而这273年中，甲骨文所记载的史实、礼制、祭典以及文字的文例、字体等方面都有着很大的发展变化。而要进行深入的

---

① 采自景泉《基于伦理审美的当代中国城市设计策略研究》，哈尔滨工业大学，2017年。

研究并发挥出甲骨文的巨大史料价值，进一步明了晚商社会的政治、经济、文化以及语言文字的发展，就必须确定每一片甲骨是哪一王世之物，这就需要断代的功夫。

总之，对商代甲骨文进行分期断代，是将甲骨学建立在科学研究基础上的必要条件，是进行甲骨学和商代历史研究的必要工作。

第二节 早期分期学说的提出

分期与断代工作是进行甲骨文研究的基础性工作。1917年，王国维发表《殷卜辞中所见先公先王考》一文，首开根据称谓和世系来确定甲骨时代的研究方法，由此开始了对甲骨时代的初步研究。如考证甲骨上有"兄己""兄庚""父丁"称谓的为祖甲时代的卜辞；而记录了"父甲一牡、父庚一牡、父辛一牡"的卜辞（如图6-2）则为武丁时期之物。

图6-2 《合集》2131

1928年之后，加拿大人明义士也开始以"称谓"来对甲骨进行分期研究，并敏锐地注意到了不同分类的卜辞之间存在着字体上的发展变化，他依此对甲骨进行了初步的分期。

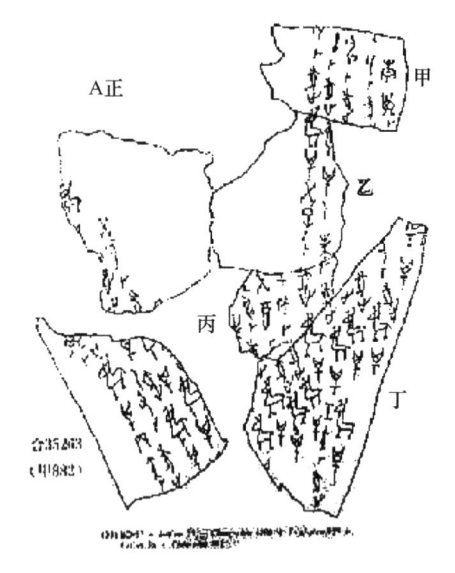

图6-3 加拿大传教士明义士像与明义士收藏甲骨例①

王国维和明义士的时代，殷墟科学考古的发掘工作还没有进行，但他们能够发现用"称谓"和"字体"对甲骨进行分期断代，是很有开创性的基础性工作。

伴随着1928年开始的对殷墟科学考古发掘的展开，较为系统缜密地对甲骨文进行分期断代的研究逐步展开。

图6-4 殷墟1928年10月第一次考古发掘时的全体工作人员

---

① 甲骨图采自胡辉平《国家图书馆藏甲骨缀合勘误二十一例》，《文献》2019年第4期。

第六章 甲骨文的分期与断代

比较系统的理论学说是由甲骨学大家董作宾创立的。1928年，在殷墟科学发掘的过程中，董作宾在小屯村北、村南和冈地三个不同地方出土的甲骨中发现有"字形之演变，契刻方法与材料之更易"的不同，这对董作宾有很大启发，由此他开始了对甲骨文分期断代的初步研究。

图6-5 1928年秋，殷墟第一次发掘，工作人员及军队共进午餐，左为董作宾①

1929年，在第三次殷墟发掘时，董作宾获得了较为完整的四版龟腹甲，此即所谓的"大龟四版"。在这四版龟腹甲上，董作宾发现了"贞人"的存在，"贞人"是卜问命龟之人，这为董作宾分期学说的提出奠定了基础。1931年，董作宾发表《大龟四版考释》，阐明了用"贞人"进行断代的方法，并初步提出了对甲骨文进行分期断代的八项标准。

1933年，殷墟发掘持续展开，董作宾在更多的出土甲骨材料的基础上，发表了著名的有关全面论述甲骨分期断代的论文《甲骨文断代研究例》，这篇文章在甲骨学研究历史上具有划时代的意义。

全文十余万字，在这篇文章中，他第一次比较系统地提出了甲骨文分

---

① 采自唐际根、巩文主编《殷墟：九十年考古人与事》，社会科学文献出版社2018年版。

期断代的十项标准,即一、世系;二、称谓;三、贞人;四、坑位;五、方国;六、人物;七、事类;八、文法;九、字形;十、书体。

图6-6 大龟四版之一《合集》11546

依据此十项标准,可以将殷墟甲骨文分为五期:第一期:盘庚、小辛、小乙、武丁时期(二世四王);第二期:祖庚、祖甲时期(一世二王);第三期:廪辛、康丁时期(一世二王);第四期:武乙、文丁时期(二世二王);第五期:帝乙、帝辛时期(二世二王)。

这样一来,甲骨文作为历史史料的研究价值更加突出,依据上述十项标准，所有出土甲骨就大致可以划归不同的时代与王世，这使得对甲骨的利用和研究跨上一个新台阶。

世系、称谓和贞人是进行甲骨分期、判定甲骨时代的最为重要的直接标准。世系是各王的位次，称谓是时王（即占卜时的王）对各位祖先的称呼（祖、父、兄、妣、母等），据此可以知道时王与其祖先和其他亲属之间的关系。贞人是代时王例行占卜的史官，他与占卜问疑的时王必定是同时代人。因此世系是个纲，根据时王对先王的不同称谓，就可以判断这片甲骨属于何时、何王。

同一版甲骨上出现的不同贞人，我们称"同版贞人"。同版贞人的时代必然同时，贞人集团由此浮出水面。各代贞人的组合排出后，就可以根据卜辞中出现的贞人来判定时代，所以，世系、称谓、贞人这三项标准最为重要。

而其他标准如方国、人物、文法、字形、书体等，是甲骨断代研究中的间接标准，因为只有在甲骨的时代大致确定之后，这些工作方可以展开。

但是也应该知道，字形、书体的变化，对于甲骨文中没有称谓或贞人的残辞，或者那些卜旬、卜夕甲骨的断代，起着重要作用。甲骨分期断代的研究常常综合运用多种手段。因而，对于各期不同特点的字形、书体的掌握，对甲骨文的分期断代也是极有帮助的。

综合过去的研究成果，我们在此把甲骨文断代的一些标准和以往研究简述如下：

世系

"世系"是殷商王室祖先的世次，也即先公、先王的先后排列次序，包括直系先王和旁系先王。世系是卜辞分期的重要依据。

王国维曾依据卜辞的世系材料作《殷卜辞中所见先公先王考》及《殷卜辞中所见先公先王续考》两篇文章，纠正了传世文献中的一些失误，可以参看。

董作宾认为商代先公先王依天干为谥号，是以死日而定的，并列出了殷商王室先公先王的世系图，把"世系"看作最为重要的标准。

称谓

"称谓"是商王祭祀祖先时对诸多祖先神灵的称呼，是时王对祖、父、兄、妣、母、子的称呼。

世系和称谓互为倚重。商王对自己的祖先称谓有一定的制度，凡长时王一辈者，皆称父；长两辈及两辈以上者，皆称祖；与时王同辈，而年龄较长者，则称兄，如称呼"祖某""父某""兄某"等。小乙是武丁之父，武丁祭祀小乙则称父乙，而阳甲、盘庚、小辛与小乙同辈，乃小乙之兄，武丁在祭祀他们时，也皆称父。又如祖丁是武丁的祖父，祖辛是武丁的曾祖，祖乙是武丁的高祖，但在祭祀时一律称祖，即称作祖乙、祖辛和祖丁。而对于辈分较远的先祖，则一律称名谥。对于先王的配偶，母辈称母某，祖辈者则统称作妣某。

因此，我们根据各种不同的称谓，可以初步判断甲骨卜辞属于哪一王世，以此作为判断卜辞时代的根据，是一种很有效的方法。

另外需要注意的是，在诸多称谓里面，称"祖某"的情况要复杂一些，分"高祖"和"祖某"的不同情况。还有称"父丁"的情况，因为以丁为日名的商王比较多，所以对于比如"父丁"这样的称呼需要多方参照来判定时代。日本学者岛邦男也曾做过一个五期称谓表，可以参考。①

贞人

"贞人"也称"卜人"，或称"贞卜人物"。在饶宗颐所著《殷代贞卜人物通考》中，经过对现存数万片甲骨刻辞的系统整理与研究，共发现贞人142位，仅武丁时期贞人"㱿"的卜辞就收辑有两千余条。② 贞人是问卜的人，在殷商时期，贞人专职主管卜龟筮卦，释兆问验，是代时王占卜的史官，也可以把他们视为神职官吏，其官职虽不甚高，然而权力却很大，甚至可以代王言事，还可以通过占卜等途径来预测吉凶，决定行止、嘉禾丰歉、渔猎获取以及军事征伐等事务，是一批具有较高文化和丰富知识的人。实际上商王也可以充任贞人，很多卜辞记有"王贞"，则王也是贞人。

一般来讲，甲骨卜辞中"卜"字之后，"贞"字之前的字就是"贞人"的名字。通常每一个王世都有其固定的贞人群，而占卜记录中也多记有贞卜的时间和贞人的名字。如《合集》10132 正："乙丑卜，古贞"，《合集》10172："辛卯卜，㱿贞"等。其中"古"和"㱿"都是贞人的名字，表示乙丑日的占卜是由贞人"古"贞卜的，辛卯日的占卜是由"㱿"贞卜的。

---

① ［日］岛邦男：《殷墟卜辞综类》，东京：汲古书院1977年版，第556页。
② 饶宗颐：《殷代贞卜人物通考》，香港大学出版社1959年版。

图 6-7 《合集》10132 正　　图 6-8 《合集》10172

由于每个贞人活动的时间基本是确定的，因而如果知道某一位贞人是哪一位商王执政时的，那么由他贞卜的卜辞，其时代也就大致可以确定，从而使贞人成为卜辞断代的标准。

在实际研究中，当我们根据称谓确定王世后，就可以根据已知时代的贞人推断出未知，如通过同版出现的关系来确定另外一些贞人的时代，这样相互系联，就可以得到同属一个时代的一批贞人群体。如在《合集》11546 这一版上，出现了至少 6 位贞人，他们在 9 个月之内，轮流贞旬。因此董作宾指出："他们的年龄，无论如何，必须在这九个月内是生存着的。最老的和最少的相差也不能过五十年。因此可由贞人以定时代。"[①]

在没有称谓的情况下，我们可以根据世系和贞人来判断，如果明确了王世，也可以由时王对所涉人物的称谓而判断甲骨的时代，而甲骨上出现的贞人时代也可以得到确定。根据同时期的贞人关系也可以判断甲骨的时代。

甲骨文中，尽管多寡不同，但从第一期到第五期都有贞人，尤其以第一、第二、第三期最为多见。在数量上，第一期的贞人多达 70 余人，而第四期仅有 1 个。在贞人出现较多的时代，有时在同一片甲骨上，我们甚至可以看到两个或两个以上的贞人，这称作"同版并卜"。如贞人"争"有

---

① 董作宾：《大龟四版考释》，《安阳发掘报告》1931 年第 3 期。

时和贞人"㱿"一块出现，而贞人"㱿"又有和贞人"内"同版的情况。通过这种"同版并卜"之间的关系，我们就可以把同一时期的贞人集合到一起。这即是某一时期的贞人集团，又称"贞人组"。

董作宾的早期研究中初步得到了各期的贞人团体，各期的主要贞人分别是：

第一期：宁、㱿、争、亘、古、品、韦、永、内、兂、吾、箙、妇、共、使。自、扶、勺。子、余、我。午、允。

第二期：大、旅、即、行、兄、先、出、喜、逐、尹、凸、洋、犬、涿。

第三期：何、宁、彭、㲋、壴、口、狄、徉、逆、卬、教、𧵢、専。

第四期：歷。

第五期：黄、派、𥸤、兮、立。

可以说，董作宾在《甲骨文断代研究例》中所收的贞人并不多，后来他在《殷墟文字乙编》中又有所补充。据学者统计，卜辞中出现的贞人达到128个。

形体（字形和书法）

甲骨文字的书写形体在二百多年间发生了很大的变化，不同王世表现出不同书体特征，时代性极强。这是因为，占卜不仅时期不同，记录者也不同，因此往往形成各不相同的书写风格。因而根据每一个时代的书法和笔迹的典型特征，找到能够代表某时代记录者的典型字体特征，就可以之作为甲骨断代的依据。根据字形和书法来判断甲骨文的时代是一种简便易行的方法，尤其当我们了解了一些常用字的形体变化和书法特点的时候。如凤与鸡的写法（见图6-9）。

又如甲骨文中的"災"字，字形像大水纵横泛滥之形，为水灾之意，是表示水灾的本字。武丁至康丁时代写作"≈"，或")))"，武乙时期字形演变为"𡿫"，加了一个声符，晚商帝乙、帝辛时期则写作"𡿨"。而王字，即戉的本字，早期卜辞中写作"大"，祖甲至武乙时期写作"王"，文丁之后又写作"大"，帝乙、帝辛时则为"王"。

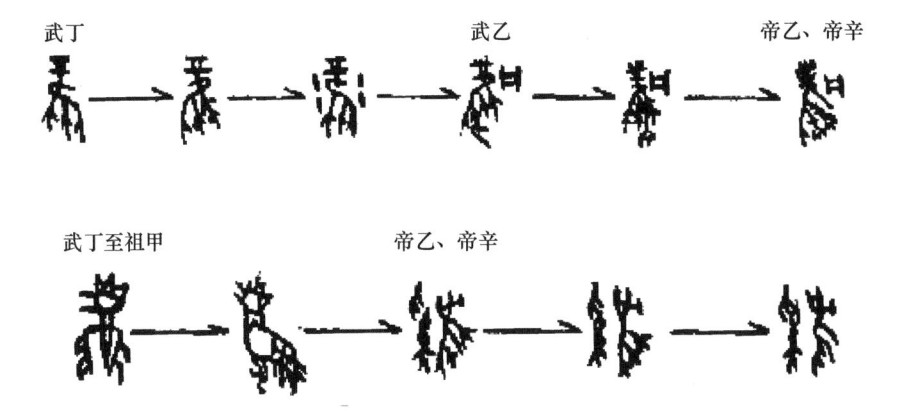

图6-9 字形与书法变化例①

商代的记日干支是卜辞最常见的文字，从最早到最晚始终连续不断，因而其字形的变化与承袭关系比较明显，因此，运用干支的字形特点来判断卜辞的时代，也是简便易行的。

文例

甲骨文刻写的文例变化，也可以作为断代的依据。因为卜辞的表达形式在发展的过程中出现了不同的特点。

比如卜辞刻写时前辞的变化，记事刻辞的出现以及一些固定用语的出现时代等，在甲骨研究的过程中，掌握了其固有的时代特点后，也可以作为甲骨断代的根据。比如学者们发现：第一、第二期的前辞完整，第三期的贞人名大多省略了，而第四期不仅常常省略贞人名，而且商王亲自占卜的次数增多，有时还将地点置于前辞位置等。另外，卜辞中的一些特殊词语如"受佑""不受佑"等，第一期常见的是"帝受我佑""帝不我其受佑"；第二、第三期则是称作"王受佑"；第四期写作了"受佑""不受佑"；第五期称作"余受佑"等，各有不同，也可作为断代的依据。

人物、方国与事件

殷商甲骨文记载了二百多年间的事情，在时代的变迁中，事物的发展不可能一成不变，这是根据已经确定年代的卜辞，去确定卜辞中出现的一些人物、方国与事件的时代，由此进一步去判定卜辞的时代。这也可以是

---

① 采自高明《中国古文字学通论》，北京大学出版社1996年版。

一种互证，如卜辞中的望乘、妇井、沚、戬等都是第一期的人物，当卜辞出现这些人物时，即可初步判断卜辞时代。当然，这是判断甲骨卜辞时代的一种辅助性的手段，应用时需要注意的是一些人物与方国的异代同名问题，而且不同时代或不同时期内也可能发生相同的事情。

地层与坑位

所有科学发掘的材料，大都有比较明确的地层与坑位关系，这对确定出土甲骨的年代有较为可靠的保证。尤其是出土于同一坑位的甲骨，其存留年代应该相对较为接近。如殷墟小屯出土的 YH127 坑的出土甲骨，这一万多片甲骨就都是第一期的。当然，也存在同坑甲骨包含较早时期的甲骨的情况。断代标准中的"坑位"，因为一开始的发掘缺乏对于相关地层和伴出物的记录，因而给依据"坑位"的分期断代带来了困难。早期未经科学发掘所得的甲骨，更无"坑位"可以参考，因而"坑位"断代的研究很受局限。

图 6 – 10　考古发掘坑位①

总之，董作宾《甲骨文断代研究例》的发表，使得甲骨的利用价值一下子发生了质变，过去混沌无序的大量甲骨，一变而为分属于五个不同时期、记录不同王世历史的最为可靠而真实的史料。学界对于殷商历史文化的研究由此步入较为科学的路途。这对于推动殷商史以及中国古代文明的研究都具有重大意义。

---

① 采自唐际根《殷墟——一个王朝的背影》，科学出版社 2009 年版。

第六章　甲骨文的分期与断代

图 6-11　考古地层

　　此后，他又进行分类研究，结果又称发现了殷代礼制有新、旧两派的不同。董作宾定武丁、祖庚、文丁为旧派，祖甲、廪辛、康丁、武乙、帝乙、帝辛为新派，打破了他自己原来的五期分法，进而提出了分派研究法。① 董先生对甲骨学和商代史研究都有着重大的贡献，在卜辞分期断代上的首创之功不可磨灭。但他的研究也存在不少问题。如在《甲骨文断代研究例》中，他认为的一部分第四期卜辞与第一期的卜辞在内容上多有重复和关联，为了解释这种让人难以理解的现象，他提出了"文武丁复古"的观点。但自50年代起，学者们就不断地对他的所谓"文武丁卜辞"提出辩难，并陆续证明了被他定为文武丁卜辞的自组、子组、午组等组卜辞实际上都是武丁卜辞。② 目前学界对这批甲骨分期的意见已渐趋一致，基本上认为，这一批所谓"文武

---

① 董作宾：《殷历谱》第一章绪言，上编卷一，1945年。
② 陈梦家：《殷虚卜辞综述》，中华书局1988年版，第154—165页；姚孝遂：《吉林大学所藏甲骨选释》，《吉林大学社会科学学报》1963年第3期；邹衡：《试论殷墟文化分期》，《北京大学学报》（人文社科）1964年第4、5期，又见《夏商周考古学论文集》，文物出版社1980年版；肖楠：《安阳小屯南地发现的自组卜甲》，《考古》1976年第4期；王宇信：《甲骨学通论》，中国社会科学出版社1989年版，第194页；郑振香、陈志达：《论妇好墓对殷墟文化和卜辞断代的意义》，《考古》1981年第6期。

丁时代卜辞""非王卜辞""王族卜辞""多子族卜辞"和"𠂤组、子组、午组"卜辞等名目繁多的甲骨，其时代不是第四期文武丁时期，而应提前到武丁时期，但对其究属武丁早、中、晚期的看法还有分歧。

70年代后期以来，学术界又对他的第四期卜辞即武乙、文丁卜辞，亦称为"历组"卜辞的时代问题提出了异议。李学勤首先提出历组卜辞不是武乙、文丁卜辞，而是武丁晚年至祖庚时期的卜辞。这一见解陆续得到了一些学者的赞同。从而否定了董作宾的"文武丁复古"和所谓存在新、旧派的说法。① 董作宾在分期中的另一个错误，"是把甲骨本身的分组和王世的推定混在一起了。单纯以王世来分期……认为一个王世只能有一种类型的卜辞"②。实际上一种类型的卜辞往往并不只属于一个王世，如宾组卜辞，就不只是武丁卜辞，它还包括祖庚卜辞。而历组卜辞也分属武丁和祖庚两朝。

总之，殷墟的科学发掘推动了甲骨文分期断代研究的发展，而甲骨文的分期断代研究又反过来对殷墟的科学发掘产生了积极的影响。

我们通过对甲骨的分期断代，进一步肯定殷墟所在是商代后期的都城，而不同时期的甲骨文是自盘庚迁殷后至殷纣灭国273年间的王室占卜记录，由此对殷墟出土文物的分期研究也提供了借鉴价值。而在之后的殷墟考古发掘中，就特别注意甲骨出土的地层关系及其伴生物，使历史研究与考古实践结合起来，如在1973年对小屯南地甲骨的发掘过程中，工作人员就特别注意甲骨出土的地层关系及其伴生物，因而这批甲骨的出土对于分期断代工作的展开具有重大意义。

附：董作宾甲骨文五期分法与对应年代

第一期：商王武丁及其以前诸王：104年。其中盘庚在位14年，小辛21年，小乙10年，武丁59年。

第二期：祖庚与祖甲：40年。其中祖庚在位7年，祖甲在位33年。

第三期：廪辛康丁时期：14年。其中廪辛在位6年，康丁在位8年。

---

① 李学勤：《论"妇好"墓的年代及有关问题》，《文物》1977年第11期；《小屯南地甲骨与甲骨分期》，《文物》1981年第5期；裘锡圭：《论"历组卜辞"的时代》，《古文字研究》第6辑，中华书局1982年版；林沄：《小屯南地发掘与殷墟甲骨断代》，中国古文字研究会第四届年会论文，1981年。

② 李学勤：《小屯南地甲骨与甲骨分期》，《文物》1981年第5期。

第四期：武乙文丁时期：17年。其中武乙在位4年，文丁在位13年。
第五期：帝乙帝辛时期：98年。其中帝乙在位35年，帝辛在位63年。

共计273年。子组、午组和自组卜辞，根据近年研究归入一期，即武丁时代。

第三节　分期断代理论的发展

20世纪70年代，许进雄在董作宾甲骨分期断代五期十项标准的应用基础上，提出了一个关于甲骨分期断代的新标准，即根据甲骨背面的钻凿形态来进行区分，以此作为董氏分期断代标准的补充。

许进雄在长期大量观察分析甲骨的基础上，发现了各期甲骨的钻凿形态存在很大不同，同一时期的甲骨，往往在钻凿形态上相对趋向一致，依此他开始对甲骨进行分期断代的研究，并取得了一些成果。但这种研究方法的局限性在于，很多甲骨的背面并没有钻凿。且过去的很多著录书也没有注意到这一点，因此要以此作为断代的标准，就需要去验看原甲骨，这是比较困难的，因为原甲骨流散于世界各地，一般研究者难于接触。

值得一提的是，1985年出版的《小屯南地甲骨》的释文中，对此已经加以关注，可以为研究者带来便利。

继董作宾之后，陈梦家也是系统研究甲骨文分期问题的学者。如陈梦家在50年代曾创立"某组"卜辞的分类法，提出了卜辞分组的概念。根据贞人系联和字形特征，他把甲骨中的一些卜辞分为自组、午组、子组等不同组别，并对这些不同组别的卜辞特征进行了系统研究，从卜辞的坑位和系联关系上论证它们应该为武丁时代的卜辞。而不是董作宾所认为的归属第四期即武乙文丁时代。伴随着新的甲骨材料的出土以及学界对此问题讨论的深入，证明陈梦家早期的判断是正确的。

日本的贝冢茂树在20世纪四五十年代提出了"王族"卜辞和"多子族"卜辞的不同，并将"文武丁卜辞"判断为武丁时代。

80年代以来，李学勤、裘锡圭和林沄等学者继续提出对甲骨进行"分组""分类"进行整理研究的方法。李学勤曾系统地提出过关于殷墟卜辞的全部分组名称。认为殷墟王卜辞主要可分为这样七组：陈梦家所划分的宾组、𠂤组、出组、何组、黄组，再加上他提出的历组、无名组。① 并且，在后来的研究中，李学勤等又提出了卜辞演进的"两系说"，新说强调把考古学的方法充分运用于甲骨卜辞的分期研究工作，首先将分类与断代区别开来。

李学勤强调把甲骨卜辞的分类与断代分开来做，也就是先根据卜辞的字体和字形等若干特征而把卜辞分为若干类，然后分别判定各类卜辞的时代。由此，他对殷墟出土的甲骨提出新的分类意见，认为不同组类甲骨的出土地点有所不同，分别是小屯村北和小屯村中、村南，并推断殷墟甲骨的发展可能同时存在村北和村南两个系统。这种卜辞新的分期断代"两系说"的提出，是用"分组"说取代董作宾分期断代方法的一个新的探索。②

表 6-1　　　　　　　董、陈甲骨分期分组对照表

今名	董	陈
宾组	一期	宾组，武丁卜辞
𠂤组		𠂤组，武丁晚期
子组	四期，文武丁卜辞	子组
兕组		午组
出组	二期	出组，庚甲卜辞
历组	四期	武文卜辞
无名组		康丁卜辞
何组	三期	何组，廪辛卜辞
黄组	五期	乙辛卜辞

（采自宋镇豪、刘源《甲骨学殷商史研究》，福建人民出版社 2006 年版）

黄天树在其所著《殷墟王卜辞的分类与断代》中也进一步阐述了"两系说"。他在将殷墟王卜辞分为七个大的组类后，各组的内部又分为若干小

---

① 李学勤：《小屯南地甲骨与甲骨分期》，《文物》1981 年第 5 期。
② 参阅李学勤《殷墟甲骨两系说与历组卜辞》，《李学勤集》，黑龙江教育出版社 1989 年版，第 98—99 页。李学勤《殷墟甲骨分期新论》，《中原文物》1990 年第 3 期。彭裕商《殷墟甲骨断代》，中国社会科学出版社 1994 年版。方述鑫《殷虚卜辞断代研究》，台北：文津出版社 1992 年版。李学勤、彭裕商《殷墟甲骨分期研究》，上海古籍出版社 1996 年版。

类进行研究。① 这些卜辞的分组 "都是甲骨组，不是卜人组，只是在命名上大多数的组借用了卜人集团中一个卜人的名字，如宾组、自组等。历组只有一个卜人历，所以称为历组，意即历所卜的一组甲骨，并不是一人成为一组。无名组和非王无名组则全无卜人"②。

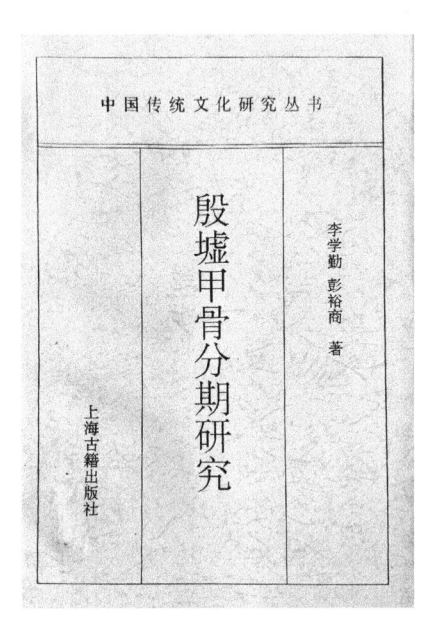

图 6-12 《殷墟甲骨分期研究》书影③

"两系说"是对董作宾以来殷墟甲骨分期与断代学说的发展与深化，无论在理论上还是实践上对甲骨分期的研究都有很大的推进，它有助于我们把数量众多的原始甲骨按照一定的标准进行分类，并依据出土情况进行有效的系联，从而有助于相关研究的顺利展开。

不过，"两系说"的研究只是刚刚起步，许多观点尚有待进一步具体完善，对于各类甲骨资料的严密分析和量化整理研究还需要加强，如对于甲骨依照地层关系的分类，对同一窖藏坑内出土甲骨的堆积、埋藏特点及伴生物之间的共出关系等的整理等。

---

① 黄天树：《殷墟王卜辞的分类与断代》，科学出版社 2007 年版。
② 李学勤、彭裕商：《殷墟甲骨分期研究》，上海古籍出版社 1996 年版，第 27 页。
③ 图片来源：李学勤、彭裕商：《殷墟甲骨分期研究》，上海古籍出版社 1996 年版。

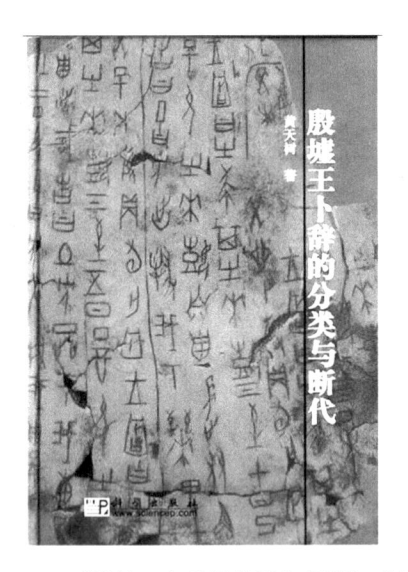

图6-13 《殷墟王卜辞的分类与断代》书影①

总的来看，自董氏五期十项标准的甲骨分期断代学说提出以来，尽管学者提出了不同的意见，也在个别地方对其理论进行了修正和补充，但截至目前，尚没有比之更加优越的途径和方法可以取代它，因而这套理论仍是目前我们在甲骨分期断代的研究工作中所普遍应用的方法。

第四节 卜辞分类与殷墟文化分期

在目前对甲骨文的分类研究中，根据甲骨占卜性质的差异，我们一般把殷墟甲骨划分为王卜辞和非王卜辞两大类。王卜辞乃是不同时期以商王为中心所进行的占卜活动的记录，占殷墟甲骨的大部。而非王卜辞则大多属于与商王室有着血缘关系的子姓贵族家族的占卜记录。

根据甲骨出土情况、卜法文例、书写风格以及占卜内容等特征，整个王卜辞从自组开始，又大致分为两条线索：一是出土于小屯村北的甲骨，由自组开始发展，经自宾间类、宾组、出组发展到何组、黄组；二是小屯村中村南出土的甲骨，它由自组的自历间类发展到历组、无名组。五期的黄组

---

① 黄天树：《殷墟王卜辞的分类与断代》，科学出版社2007年版。

卜辞是整个殷墟甲骨发展的共同归结。

王卜辞的两系甲骨在很多方面存在不同，首先是出土地点不同；其次是数量上存在极大差异，村北的甲骨在数量上是村南的四倍，仅宾组卜辞就占了整个殷墟甲骨的一半多。而结合出土甲骨的坑位情况来看，商王祭祀和占卜的重心应该在小屯村北的宫殿区和宗庙区一带。另外从占卜材料以及卜法习惯上看，村北龟骨并用，村南则是多用胛骨。村北所出土甲骨的前辞文例中多签署有贞人名，依据贞人的系联关系，我们由此把村北的甲骨划分为𠂤、宾、出、何、黄五类。村南的甲骨则根据字体、人物、称谓以及钻凿形态等划分为历组和无名组两大类。同时，研究者还发现，村北和村南的两系甲骨，彼此间在发展上存在相互叠合的情况，处于同一时期的不同组类的甲骨，在占卜文例和人物等方面都存在很大关联，这也为分析研究甲骨的时代和相关历史提供了进一步研究思考的基础。

非王卜辞时代大致属于武丁中晚期。从占卜主体和内容上看，非王卜辞大致可以划分为子组、非王无名组、午组、花东子卜辞以及刀卜辞、亚卜辞等主要类型。

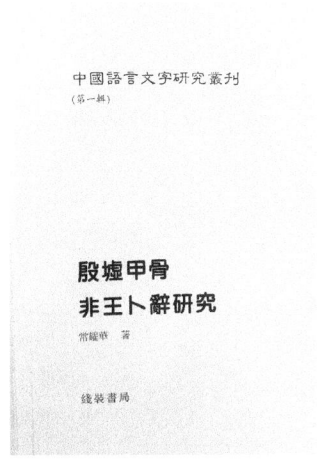

图6-14-1 《殷墟甲骨非王卜辞研究》书影[1]

图6-14-2 《非王卜辞》书影[2]

---

[1] 常耀华：《殷墟甲骨非王卜辞研究》，线装书局2006年版。
[2] 王蕴智主编：《非王卜辞》上册，河南美术出版社2017年版。

甲骨文分期断代学说的发展是与殷墟的科学考古工作同步发展起来的。20世纪60年代，依据殷墟发掘以来的探沟、探方、房基、窖穴与墓葬等考古资料，加之对殷墟出土的陶器和青铜器等形制的分析，在考古学上，人们把殷墟文化分为四期，而其年代的确定，则是以甲骨文的分期断代学说作为参照的。具体说来，殷墟文化的第一期处于甲骨文第一期之前，为盘庚、小辛、小乙时代；第二期约为甲骨文的第一、第二期，即武丁、祖庚、祖甲时代；殷墟文化的第三期为甲骨文的第三、第四期，即廪辛、康丁、武乙时代；殷墟文化第四期与甲骨文的第五期相当，为帝乙、帝辛时代。

后来，在对殷墟的考古实践与研究中，学者们对于殷墟文化分期的界定又有所调整，第一期为武丁时代或稍早；第二期为祖庚祖甲时期前后；第三期为康丁、武乙、文丁时代；第四期为帝乙、帝辛时代。20世纪五六十年代以来，伴随着殷墟考古的发展，人们对殷墟出土的陶器进行了系统的整理，排列出了比较完整的发展序列，这对于商代甲骨文的分期特别是从坑位和地层上的关联，也提供了一个可资参照的标准。总的看来，殷墟文化的分期与甲骨文分期研究密切相关，互相影响，共同推动着殷墟甲骨研究与科学考古研究走向深入。

第七章 甲骨文反映的殷商史

商代距今已有三千余年，自古以来其历史昏暗不明。早在春秋末年，"好古"的孔子在征集商代礼制史料时，就困难重重，由此他感叹商代文献不足征。之后汉代司马迁，虽然在《史记》中撰有《殷本纪》，但也只是个商史的简要纲略，或者说仅是商族世系表。到近代，疑古学派的层累学说，更是使仅有的一点有关商史文献记载似乎也成为不可相信的伪造，甚至有人提出了"东周以上无史"的极端论点，这一切都使三千年前的商代变得更加虚无缥缈，难以详知。

到了19世纪末20世纪初，随着殷墟甲骨文的发现以及近代考古学理论和方法的传入，上述情况得到了极大的改观。数十万片涉及商代社会诸多方面的甲骨的出土，4000多个单字的出现，以及难以数计的珍贵材料的发掘，都为专家学者多方面、多角度、多层次地研究商代历史创造了前所未有的良好条件。甲骨文经过百余年的研究，使殷商史的许多空白得到了极大的填补，数千年来一直干瘪羸弱的殷商历史得到了丰满，整个面貌渐渐清晰地呈现在世人面前。下文主要从以下几个方面展开论述甲骨文所反映的商代历史：国家与社会（政治、军事）、社会经济与科技、宗教信仰和祭祀。

第一节 国家与社会

一 上层结构

（一）商王

商代是继夏朝之后我国历史上第二个奴隶制王朝，商人子姓家族成为商王朝统治阶级的核心，控制着从中央到地方的一切权力。商王是最高统治者，是贵族奴隶主阶级的总代表。甲骨文中商王自称"余一人""一人",以此区别于其他人,表示自己高高在上,天下唯我独尊。① 见第一期至第五期卜辞。

第一期如:

贞其于一人祸。　　　　　　　　　　　　　　　　（《合集》557）②
乙亥卜,争,贞王束有祟,不于[一]人祸。　　　（《合集》4978）

图 7-1　《合集》557

图 7-2　《合集》4978

第二期如:

癸丑卜,王曰贞翌甲寅气祭自上甲衣至于毓,余一人无祸。兹一品祀,在九月遘示癸枫麂。　　　　　　　　　　　　　　（《英藏》③ 1923）

---

① 胡厚宣:《释"余一人"》,《历史研究》1957年第1期。
② 《甲骨文合集》简称《合集》。
③ 《英国所藏甲骨集》简称《英藏》。

· 154 ·

这是贞卜合祭自上甲以下诸先王，以乞求"余一人"或称"一人"，即商王无祸害。

第四期如：

  壬寅，贞夕有戠，王不于<u>一人</u>祸。　　　　　　　　（《屯南》① 726）

这是贞问晚上发生了天变，不会给"一人"，即商王带来灾祸吧。

图 7-3　《屯南》726

第五期如：

  甲戌卜王卜，贞［令］▨屯盂方，西戍典西田，□妥<u>余一人</u>，从多田甾正，又自上下于若。　　　　　　　　（《合集》36181）

---

①　《小屯南地甲骨》简称《屯南》。

此辞是卜问商王命令贵族名䊵者攻打盂方，商王——余一人率领多田（甸）等武官出征，会受到上、下祖先神的保佑。根据甲骨文"求其上自祖乙""求其下自小乙"（《合集》32616）判断，所谓"上、下于若"就是商王帝乙、帝辛先祖祖乙、小乙会保佑他。

图7-4 《合集》32616

第七章 甲骨文反映的殷商史

商王之所以至高无上唯我独尊,是因为他手中垄断着商王朝的军权和祭祀权等一切大权。商王不仅是商王朝最高的神职人员,而且还是子姓家族的宗族长,集军权、神权和族权于一身。

商王对军权的控制,在甲骨文中得到了全面反映。商晚期对外的战争,多是由商王亲自率军出征,以免"将在外,君命有所不受",军权旁落。如武丁征伐舌方、巴方:

贞勿佳王征舌方,上下弗若,不我其受佑。　　(《合集》6314)
贞我共人伐巴方。　　(《合集》6467)

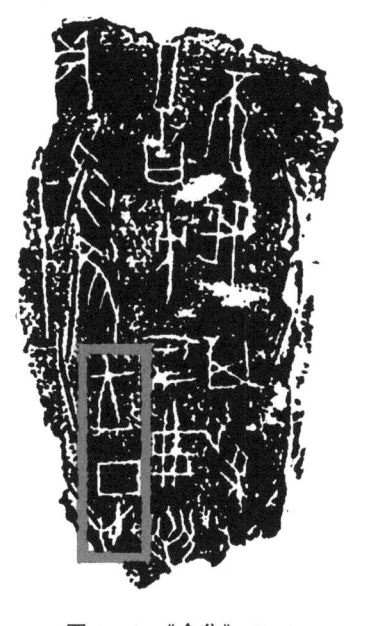

图7-5 《合集》6314　　　　　　图7-6 《合集》6467

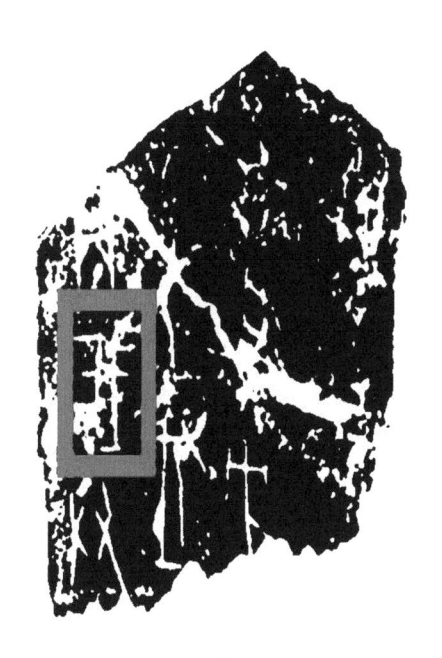

甲骨文第一期卜辞中关于武丁亲自带兵征伐的例子还有很多,如《合集》6476征龙方、《合集》6576征基方、《合集》6657征周方等。第二、第三期祖庚、祖甲、廪辛、康丁时期无大的战事,因此罕见商王亲自带兵出征。只有极少数卜辞有记载,虽所征之国不详,但也是在商王的率领下。第四期武乙、文丁亲自率兵征伐的方国有召方、刀方。

· 157 ·

此外，王还率将出征如《合集》6416 率名将沚㦤出征、《合集》6460 正率侯告出征等。命将出征如受商王命令，单独带兵出征讨伐的将领有戉（《合集》6379 正）、羽（《合集》564）、沚㦤（《合集》6060）等。关于这方面的卜辞记载从第一期到第五期都有，只是由于各种原因，辞例有多有少而已。商王对天神、地祇、人鬼祭祀权的把持，甲骨文也为我们提供了大量有关商王祭祀的材料。

商王作为商朝奴隶主阶级的总代表，同时也是全国土地的最高所有者。商王可以到全国各地圈占土地，建立田庄，经营农业。不仅王畿地区所辟农田上的收获归国王所有，就是商王在方国、诸侯领地上所开垦农田上的收获物，也归商王支配，因而他对每年收成的好坏极为关心。我们在卜辞中经常能见到商王为收成好坏占卜的例子。商王作为全国土地的所有者，还表现在"对诸侯、方国和贵族所占有的土地拥有支配权"①。甲骨文中有商王强行收取诸侯方国邑田之事：

贞呼从奠（郑）取坏㪿鄙三邑。　　　　　　　　　　（《合集》7074）

辞意是说，商王从郑侯国内取走了三个邑，实指三个邑所领有的土地。这三个邑所有的土地原来是郑侯的，商王则派人将其取走，以归王室。②

商王不仅可以随时强制征取诸侯、方国所垦成的邑田，对臣下贵族的田邑，更是随心所欲地剥夺其使用权，将其收归自己直接掌握，有时命贵族向他送田邑：

乙卯卜，宾，贞曰：以乃邑。　　　　　　　　　　（《合集》8986 反）

商朝的贵族和方国、诸侯首领对土地的使用权，是商王通过"分封"赐予他们的。文献中关于商朝分封诸侯，因书缺失，现难以详考，但甲骨文为我们保留了有关商代分封贵族和诸侯方国的有关材料。学者们据此恢复了商朝分封的具体步骤。首先，即商王以册封的形式，将土地授

---

① 杨升南：《商代经济史》，贵州人民出版社 1992 年版，第 59 页。
② 杨升南：《商代经济史》，贵州人民出版社 1992 年版，第 60 页。

第七章　甲骨文反映的殷商史

予各级贵族。其次，通过"奠置"的办法，除了分封受册封的诸侯和方国，还要为其"作邑"，并设有"封人"以管理其周围的封疆。①

商王对贵族和方国、诸侯的分封，不仅是他为全国土地最高所有者的体现，而且也是商王进一步加强与各地奴隶主统治阶级政治和经济联系的重要手段。受到商王分封土地的贵族和方国诸侯，虽然在军事和经济方面也有一定的独立性，但首先要承担对"共主"商王的种种义务。诸如"边防、征伐、进贡、纳税、服役"等政治、军事、经济、祭祀方面的沉重负担，②使其处在商中央王朝的绝对控制之下。

大量甲骨文材料表明，各代商王对全国的控制，是通过一大批王朝贵妇、王廷诸子、王廷贵族和地方诸侯、方伯实现的。这完整地体现了商代贵族统治阶级的构成。

（二）王朝贵妇

甲骨文中常见的有关"妇某"的占卜。据学者统计，在《甲骨文合集》《小屯南地甲骨》《英国所藏甲骨集》《怀特氏等收藏甲骨》《东京大学东洋文化研究所藏甲骨文字》等著录中，"除去重片，有妇卜辞930余版。妇刻辞的内容十分广泛，涉及

图7-7　《合集》7074

政治、经济、军事、宗教各个方面，许多刻辞的内容也十分重要"③。如此之多的有关"妇某"活动的占卜表明，妇某应是晚商政治舞台上较为活跃的力量。

商代诸妇，以武丁时期所见为最多，甲骨文中有关诸妇活动的记载，

---

① 李雪山：《商朝分封制度研究》，中国社会科学出版社2004年版，第36页。
② 胡厚宣：《殷代封建制度考》，《甲骨学商史论丛初集》，河北教育出版社2002年版；李雪山：《商朝分封制度研究》第三章，中国社会科学出版社2004年版。
③ 徐义华：《甲骨刻辞诸妇考》，《殷商文明暨纪念三星堆遗址发现七十周年国际学术研讨会论文集》，社会科学文献出版社2003年版。

图7-8 《合集》8986反

表明她们是活跃在商王武丁时的一支重要政治力量,其中与商王关系最为密切并深得武丁宠信者,在诸妇中的地位为最高。她们能参与商王朝的祭祀典礼,能统军出征,有的还接受商王封赏领地并向商王纳贡。如战争时,领有封地的贵妇为商王朝提供兵员,见《合集》7287正。之所以如此,是因为她们为商王繁衍子嗣,在武丁死后能继承王位。

    丙戌卜,㱿,贞勿乎妇好先共人于庞。   (《合集》7287正)

商代的诸妇,据甲骨文和金文统计,已逾200名。尽管"妇"作为一个群体和称号,是对拥有较高社会地位的女子的一种称呼,但在商王朝的国家社会生活中,其所处地位和发挥的作用是不大相同的。之所以如此,是由诸妇与商王关系的亲疏不同所决定的。甲骨文主要是王室卜辞,在商王的有关占卜中,与王关系近的,自然涉及的相对较多,与王关系疏远的,自然就很少涉及她们的活动。

图 7-9 《合集》7287 正

（三）王朝诸子

商朝晚期的甲骨文，尤其是武丁时期的甲骨文，记载了一批王廷诸子在国家政治生活中的活动。这里讨论的商朝诸子在国家统治机构中的作用，主要是甲骨文第一期武丁时期的诸子在王朝政治生活中的活动。因为甲骨文中的子名虽然很多，第二期、第三期、第四期都有，但有不少要想全面认识，着实困难。而且第一期出现的子名最多。诸子经常或参与商王朝的祭祀、或参与商王朝的战争，或经常完成各种王事活动，并承担向商王纳贡、受到商王的关切等。如卜辞：

贞叀吴令妾子画。（《合集》6053）

这里是商王武丁命令贵族名吴者屠惩子画。

（四）王朝贵族

在甲骨文中，除了大量有关商王诸妇、王廷诸子的占卜外，还有不少被称为"子某"的奴隶主贵族活动的占卜。这批不称为"子某"的商王同姓贵族活跃在当时的社会生活中，地位也非常重要，他们被称为王朝贵族。虽然他们也有地位高低之分，关于各王朝贵族活动的记载也是有多有少，但通过

图 7-10 《合集》6053

对资料齐备,亦比较重要的贵族,诸如吴、雀、豆、舌、戈等人的活动考察,我们认识到,商朝后期王朝贵族①参与"国之大事",即商王朝的祭祀战争等事和各项政务活动,实现了对广大自由民和奴隶的统治与镇压。因此,他们和诸妇、诸子一样,是商王朝统治阶级的重要成员。如卜辞:

己酉卜,贞令吴省在南廪。十月。(《合集》9638)

这是商王令吴去巡省南廪存贮收获谷物。

图 7-11 《合集》9638

二 官制体系

殷人的国家管理实行内外服制,即"王畿以内为内服,王畿以外为外服,内服为百官,外服为列国"②。商人的官制与政治地理构架是紧密相连的,商代的政治疆域总体可以分为王畿区和侯甸方国区两部分,与此相应,

---

① 朱凤瀚:《商周家族形态研究》,天津古籍出版社 1990 年版,第 68 页。
② 金景芳:《中国奴隶史》,上海人民出版社 1983 年版,第 58 页。

商王朝的职官也可以分为内服官和外服官两类。即商人在国家管理和职官设置上都实行内、外服制。商人官员的任命和所承担的义务在内外服是不一样的，内服、外服制度可被视作商朝国家结构特征中最突出的特点。

商代的这种内外服官制，在甲骨文出土以后，经过众多学者的研究已给予证实。最初，罗振玉、王国维就已经列举了一些甲骨文中的官制。到陈梦家时则给予了系统的研究，将殷王朝的内服官制分为臣正、武官、史官三类。日本的岛邦男则从"多某"入手，系统考察了殷的内服职官系统。

较为全面而准确地对此问题进行研究与分类的，是王宇信和杨升南主编的《甲骨学一百年》，在这部著作中，他们根据甲骨文的记载，把商代的内服职官进行了科学的分类，大体分为政务类职官、事务类职官、宗教文化类职官、武官和内廷官五种。

（一）内服职官

政务类职官是指负责处理日常政务的各级行政长官，包括商王的决策机构和各级官吏。《尚书·酒诰》曰："越在内服，百僚庶尹"，《大盂鼎》言："殷正百辟。"各级没有入选决策机构的尹官（右尹、小尹、族尹等），当是这些官吏的主体。政务类职官是王朝正常运转的主体，也是商王最为倚重的部分。商王对他们十分关心，经常卜问"多尹"是否有祸，如卜辞：

庚辰贞，不于多尹祸？（《合集》5612）

事务类职官指负责执行的官吏，主要是从事经济活动的人员，包括牧、犬、乌正、司工、小籍臣、小刈臣、多马、以小臣、多宁、多御正等，这些官员主要从事不需要研究决策的程序性的生产活动，属于王朝的技术性职官。比如：

图7-12 《合集》5612

己亥卜，贞，令吴小籍臣？（《合集》5603）籍，耕田也。

壬辰卜，□贞，惟□令司工？（《合集》5628正）司工，主管手工业。

图7-13 《合集》5603　　　　图7-14 《合集》5628正

宗教文化类职官指从事占卜和祭祀以及文化活动的职官，主要包括贞人、巫、作册等。宗教文化类职官在商代是一个比较特殊的群体，早商与晚商的宗教文化类职官有所不同，由于古代神权的独立性使之很容易成为王权的抗衡力量，所以王权总是努力限制和控制神权，与这一过程相应，商代前期宗教文化类职官具有相当强大的势力，不仅掌握神权同时还控制着政务职官团体，有种超越政务职官的地位，到后期宗教文化类职官虽然依然拥有十分强大的势力，但总体地位已经大大降低。商王通过对祭祀和占卜的制度化，使祭祀和占卜都成为程式化的活动，参与人员的自由发挥受到极大限制，神职人员逐渐向专业技术性官员转化，而不再是一种具有特殊权利的职官。有学者认为"政职系统有从神务与政务不分的状态中独立出来的倾向"[①]。

[①] 张荣明：《商周的国家结构与国家政教》，《社会科学战线》2000年第2期。

武官指商王朝的各级将领和其他侧重武职的官职，主要有师长、亚、射、卫、戍等。如卜辞：

甲申卜，争贞，亚亡不若？十二月。　　　　　　　　（《合集》5690）

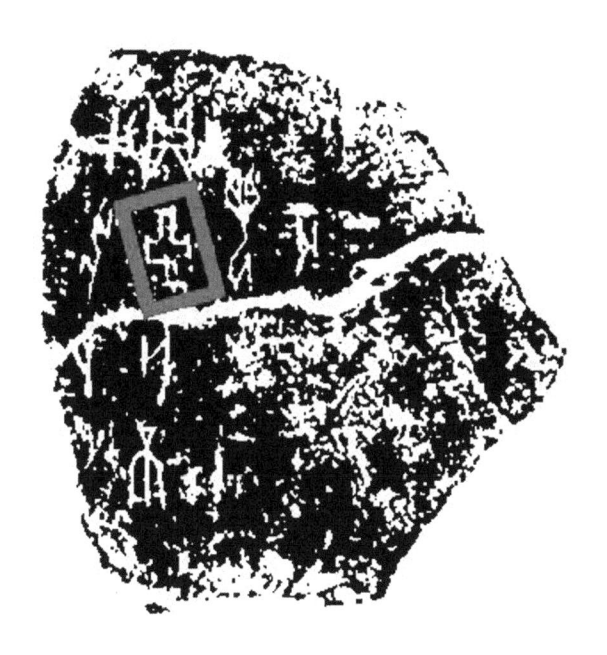

图 7-15　《合集》5690

上述政务类职官、事务类职官、宗教文化类职官、武官组成了商朝的外廷官系统。

内廷官则主要为商王的生活提供服务，由于古代社会国与家相表里，负责商王生活的人员，通常也被视作国家的职官，这些主要负责商王生活的官员称内廷官，包括宰、小臣、寝、小疾臣等。内廷官不仅与外廷官在事务上有重合部分，而且部分内廷官还处于向外廷官转化的过程之中。

商代虽然已经建立了一个相对较完备的职官系统，但由于职官分职不明确，造成职官与事务的错位，有常设职官所不能覆盖的事务，对此商王采取一些补充措施，临时委派某些人员处理，加上商王为了巩固其权力，对某些职官并不固定化，"不惟其官，惟其人"，临时性委任人员的现象很多，甲骨卜辞中有大量"令""呼"某人做某事的记录，有相当一部分是这种情况。与此相适应，经常参与其事的小臣、多臣、多子等也逐渐形成了相对固定的集团，成为商代官制中的补充部分。

(二) 外服职官

商代的外服职官系统，学者们认为是指受商王之封成为一地诸侯之人，他们有自己的爵称，有的是一方之雄的方国首领。① 《尚书·酒诰》："越在外服，侯、甸、男、卫、邦伯"，《大盂鼎》："惟殷边侯甸"，即由侯、甸、男、卫、伯组成外服系统，在甲骨文中这一系统包括侯、伯、子、男、田、任六种②，也有学者认为是八种③，还有学者认为是一个发展的过程，在发展过程中随着时代发展不断在变化。

侯，甲骨文中多见，据杨升南先生统计"侯某"有18位，称"侯某"者31位。④

丙戌卜，亘贞，蒙侯虎其御？

（《合集》3286 正）

甲骨文中称"伯某"者12位，称"某伯"者33位⑤，活动比较复杂。

图 7-16 《合集》3286 正

---

① 对于商代外服职官的范畴学界有不同观点，传统观念认为外服职官是指臣属于商朝的诸侯，其实具体人员的身份是有变动的。
② 杨升南：《卜辞中所见诸侯对商王室的臣属关系》，《甲骨文与殷商史》，上海古籍出版社1983年版。
③ 李雪山：《商代分封制度研究》，中国社会科学院出版社2004年版，第56页。
④ 王宇信、杨升南主编：《甲骨学一百年》，社会科学文献出版社1999年版，第463页。
⑤ 刘桓：《殷契新释》，河北教育出版社1989年版。

第七章 甲骨文反映的殷商史

　　甲申，贞其执三邦伯于父丁。　　　　　　　　　　（《合集》32287）

　　伯具有独立性和分裂性，综观卜辞，外服职官中明确与方连言以作称呼的只有伯，而方是商人对外族的称呼，可以肯定伯这一名称应该是归服方国的爵称。

　　甲骨文中关于男的资料很少，大多数残缺不全，不能成辞，较为完整的有：

　　庚辰卜，贞男苟亡祸。　　　　　　　　　　　　　（《合集》21954）

图7-17　《合集》32287　　　　　　　图7-18　《合集》21954

田在甲骨文中也多见，裘锡圭先生解释为甸。① 卜辞中有很多"在某田"：

贞在攸田武其来告。　　　　　　　　　　　　（《合集》10989 正）
乙未卜，晌，贞在宁田黄有赤马其剢。　　　　（《合集》28196）
……

图7-19　《合集》10989 正　　　　图7-20　《合集》28196

这里的"田"，裘锡圭先生认为"有些田的驻地在侯、伯封域之内，例如'在攸田武'的驻地，就应该在屡见于卜辞的攸侯的封地内"，"如果田是诸侯的话，卜辞就不会经常称他们为'在某田'，而应该把他们都称为'某田'了"。② 这种意见是正确的，但这只是田初见的情况，当田在一地生活长久之后，即可能发展为独立的诸侯。实际上，到了帝乙、帝辛时期，

---

① 裘锡圭：《甲骨卜辞所见的"田""牧""卫"等职官的研究》，《文史》1983年第19辑。
② 裘锡圭：《甲骨卜辞所见的"田""牧""卫"等职官的研究》，《文史》1983年第19辑。

田已经与侯、伯一样成为最重要的外服职官了：

> 甲戌王卜，贞［令］䧹屯孟方，西戍典西田、□妥余一人，从多田甾正，又自上下于若。 （《合集》36181）

图 7-21 《合集》36181

多甸随从商王征伐人方，这里的甸的领地在靠近人方的地方，即在王朝的边缘区，是商王朝的外服诸侯。

卫，也很难确定为诸侯。甲骨文有"某卫地"，学者认为此"卫"应是职官，如"演卫""穆卫"等，须进一步考证。

上述外服之官，他们驻守于王畿之外，为商王朝戍守边疆，并向商王室纳贡，如卜辞"雀入二百五十"（《合集》772反），这是诸侯雀向商王室纳贡了250个龟版的记录。战时他们还要跟随商王出讨敌国。另外，这些人还要听从商王调遣，为商王朝服各种杂役。商王朝通过分封这些同姓、异姓，大小宗子，使之为诸侯、臣、方伯、子、男等，最终目的，是让其藩屏于商王国周围，抵御外来侵略，统治地方。

三 下层结构

商代的被统治阶级有平民和奴隶。甲骨卜辞中称为"众""众人""臣""仆""羌""刍""工""妾""屯""奚"等。如

贞，并其丧众人？三月　　　　　　　　　　　　（《合集》51）
癸巳卜，宾贞，翌丙申用仆？　　　　　　　　　（《合集》561）

图7-22　《合集》51　　　　　图7-23　《合集》561

在这些名称中，"众"与"众人"身份问题在学术界曾经争论最大，迄今为止，仍未平息。一般来说，在甲骨文中，"众""众人"指的是同一类人群，并不是两种人群。① 至于他们的身份或地位，郭沫若先生最早提出，这些人属于奴隶。②

不过，另有些学者对"众""众人"有着自己的看法，认为他们是"家长制家庭公社成员"③。这些人是受到商王庇护和关心的人，并不是用作祭祀的人，因此不是奴隶，但身份上与自由人又存在不同。还有些学者，认为他们是自由民，是商代主要的生产者，且具有当兵的权利。④ 一般大部分学者还是认同"众"和"众人"是组织中的族众，有一定的私有经济，也参与一定的宗教活动，是商王国的主要军事力量。这些人有时也参加田

---

① 裘锡圭：《关于商代的宗族组织与贵族和平民两个阶级的初步研究》，《文史》1983年第17辑。
② 郭沫若：《古代研究的自我批判》，转引自王宇信、杨升南主编《甲骨学一百年》，社会科学文献出版社1999年版，第478页。
③ 赵锡元：《试论殷代的主要生产者"众"和"众人"的社会身份》，《东北人民大学文科学报》1956年第4期。
④ 斯维至：《关于殷周土地所有制问题》，《历史研究》1956年第4期。

猎活动，以及其他工作，应当是属于平民阶层。① 此外，有些人认为"众""众人"都属于奴隶主阶级②，或者说"众"是奴隶主，"众人"是"自由的公社成员"，但不是奴隶。

根据殷墟西区发现的族墓群的特点判断，"众"和"众人"他们应当不是奴隶主阶级，然亦不同于一无所有的奴隶，他们是具有一定政治地位的"平民"阶层。目前，这种看法越来越受到广大学者的赞同，殷墟的考古资料给这种观点提供了强有力的显示证据。

至于"臣""仆""羌""刍""奚""工"等，这些人的身份，都属于商代社会最底层的奴隶范畴。他们没有私有的生产生活资料，受到奴隶主的奴役，从事一切可能的生产劳动；而在祭祀之时，他们还要充作牺牲，受到无情的杀害。在甲骨文中，常见有以羌祭祀祖先的记载，这说明"羌"就是奴隶或者战俘，这一点并无疑问。"刍"应当是从事畜牧劳动的奴隶。③ 例如：

戊申卜，宾，令吴取析刍？
（《合集》118）

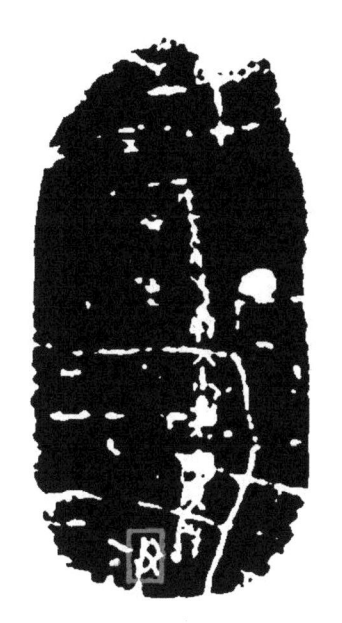

图 7-24 《合集》118

"工"，在甲骨文中另有"百工""多工"等称呼，这表明他们是在"司工"领导下的奴隶，在手工工场中从事劳作，有时他们也会遭到杀害，以"夕"的方式祭祀殷人的先公先王。

在殷墟内的苗圃北地、小屯西地和大司空遗址内，考古工作者发现了两百余座无墓圹墓，这类墓葬一般没有墓圹，因此得名。在这类墓葬中，人骨架被埋在灰坑或灰层中，绝大部分是没有葬具的；甚至有的骨

---

① 裘锡圭：《关于商代的宗族组织与贵族和平民两个阶级的初步研究》，《文史》1983 年第 17 辑。
② 陈福林：《试论殷代的众、众人与羌的社会地位》，《社会科学战线》1979 年第 3 期。
③ 胡厚宣：《甲骨文所见殷代奴隶的反压迫斗争》，《考古学报告》1976 年第 1 期。

架都残缺不全，一般也无随葬品。并且，这类墓葬均出于遗址中，没有特定的墓地。这些情况，说明这些墓葬的主人生前地位极其低下，甚至有的生前还遭受过酷刑的残害以致残疾，死后被随意地丢弃在灰坑或灰层中。他们一无所有，也失去了与族属的联系，死后的待遇极差。因此，可以说这类墓葬的主人，显然是那些没有身份地位的商代奴隶，是被压迫和被剥削者。

四　法律制度

法律是国家政治制度的重要方面，是维护国家正常秩序和运作的保障，商代已经建成了较为完备的法律。商人建国之初即已制定法律，《左传·昭公六年》："商有乱政，而作汤刑"，《吕氏春秋》《史记》都有记载。到殷商末期，商王朝对法律作了进一步修整，法律更加严酷。商代，神权神化王权是权力集中的重要形式之一，强制的法律更需要合理性，而神授是法律来源的基本依据。《尚书·召诰》载"有殷受天命"，《诗经》中也有这样的记载。另外，甲骨文中也有关于行使法律的记载：

丁酉卜，敵，贞□执屯。　　　　　　　　　　　　（《合集》826）
贞执屯，王占曰：执。　　　　　　　　　　　　（《合集》697反）

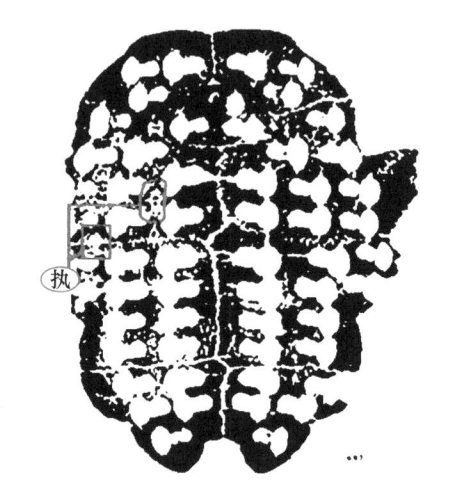

图 7-25　《合集》826　　　　　　　图 7-26　《合集》697反

执,"意为追捕之称"①,即在抓捕屯之前先占卜,确定神意之后再付诸行动。

在现实当中,商王朝也建立有效维护统治的法律实践体系。甲骨文中有许多与抓捕有关的记载,比如""""""等形,隶定为夲、幸、执等,学者对此多有考释②,大多认为其意思主要与抓捕有关。

甲骨文资料显示,商代已经出现梏、桎、枷等束缚手、足、颈的专门拘押刑具。"从甲骨文中'执'字的不同字形可以看到使用这种刑具的残酷性,奴隶的头被夹在项枷内,手被拳在手梏中,引颈躬身,受尽折磨。"③下图是1937年殷墟第十五次发掘出土的戴梏陶俑,可见商代有专门的拘押刑具是可信的。

图 7-27　商代戴梏奴隶陶俑

(左为男俑,双手铐在身后;右为女俑,双手铐在身前　1937年河南安阳殷墟出土)④

---

① 胡厚宣:《甲骨文所见殷代的反压迫斗争》,《考古学报》1966年第1期。
② 于省吾主编:《甲骨文字诂林》,中华书局1999年版,第2575—2599页。
③ 齐文心:《殷代的奴隶监狱和奴隶暴动——兼甲骨文"圉"、"戎"二字用法的分析》,《中国史研究》1979年第1期。
④ 中国历史博物馆编:《中国古代史参考图录·奴隶社会》,上海教育出版社1989年版,第27页。

除用专门刑具拘捕外,还有用通常的绳索捆绑的,甲骨文有係字,见《合集》1097。罪犯被抓捕后,进行审讯,甲骨卜辞中也有关于审讯的记录:

辛卯……妇无听。十一月。　　　　　　　　　　(《合集》18099)
□辰卜,王紖有听。　　　　　　　　　　　　　(《合集》20624)

图7-28　《合集》18099　　　　　　　　　　图7-29　《合集》20624

说明妇、王紖都可以参加听审与断狱。

另外,在商代已经初步出现了约束官吏的官刑、规范军队的军法和适用大多数社会成员的普通法律。如针对军队行为准则的法律:

师叀律用　　　　　　　　　　　　　　　　　　(《屯南》119)

据文献记载,三千年前的商代已有刑法,但具体内容不得而知,自甲骨文出土之后,经学者们研究,发现不少关于商代刑法的内容。商代对罪犯的处罚已经大体采取五刑之法,甲骨文中已经出现墨、劓、剕、宫、大辟五刑。[1] 就目前所见,甲骨文中所见的商代刑罚大致分为三类:

---

[1] 赵佩馨:《甲骨文中所见的商代五刑——刖、剢》,《考古》1973年第2期。宋镇豪:《甲骨文中所见商代的墨刑有关方面的考察》,《出土文献研究》第5辑,科学出版社1999年版。

图 7-30 《屯南》119

(一) 死刑

根据甲骨文和文献中的资料，普通死刑可以分为钺杀、戈杀、弓箭杀、醢刑、脯刑、族诛等多种形式。

1. 钺杀

甲骨文中用斧钺处死犯人的记录：

庚申卜，宾，贞❦。　　　　　　　　　　　　　　　（《合集》6011）

❦字，从🜚从戌，像以钺砍奚奴的人头①，
甲骨文中复有"🜚"字，像以钺斩人首刑：

□辰卜，王……🜚卬……
鼎侑……　　　　　　　　　　　　　　　　　　　（《合集》21138）

商代金文中也有大量用斧钺斩杀人的字形，用钺斩杀犯人是当时常用行刑方式之一。

---

① 胡厚宣：《中国奴隶社会的人殉和人祭》，《文物》1974 年第 8 期。

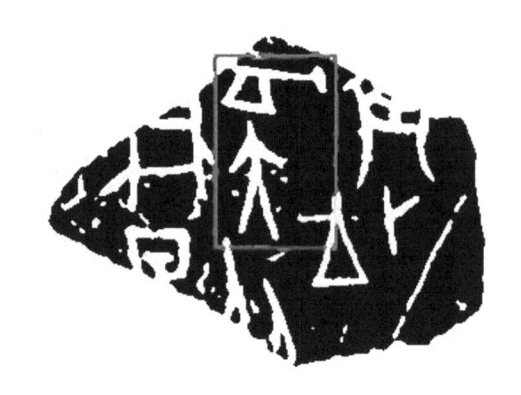

图 7-32 《合集》21138

2. 戈杀

甲骨文中以戈杀人的记录：

贞有伐妾媚。贞有伐妾媚。
(《合集》655 正甲)

己巳卜，有伐羌祖乙。 (《合集》32072)

图 7-31 《合集》6011

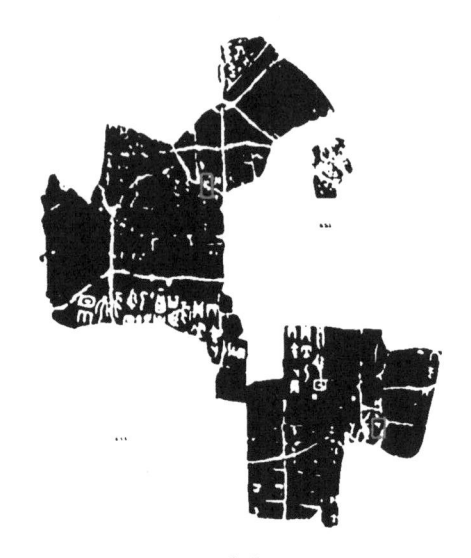

图 7-33 《合集》655 正甲

第七章 甲骨文反映的殷商史

图 7-34 《合集》32072

3. 弓箭杀

甲骨文中还有 ⿱、⿱ 字：

贞其⿱⿱。　　　　　　　　　　　　　　　（《合集》860 正甲）
贞其⿱⿱。　　　　　　　　　　　　　　　（《合集》860 正乙）

图 7-35 《合集》860 正甲　　　图 7-36 《合集》860 正乙

· 177 ·

这二辞中🏹、🏹当是以箭射杀逃亡者。

4. 醢刑①和脯刑

《史记·殷本纪》："九侯女不喜淫，纣怒，杀之，而醢九侯。鄂侯争之强，辨之疾，并脯鄂侯。"

5. 族诛

死刑的极端方式大约就是整族处死。殷墟后冈曾发现一个圆坑，坑内分三层埋73人，多数为成年男女，有的身首异分，有刀砍的痕迹，有的被捆绑，内还有十多个孩童及婴儿，另有其他铜器、武器、生产工具、生活用陶器、装饰品、谷物等。② 据其个体的年龄、性别组合、死状及有关"财产"等种种迹象分析，很可能属于惨遭族诛以祭祀鬼的某一支宗族或家族。③

在甲骨文中，除了上文介绍的处死方式之外，还有多种置人死地的方法。比如"凌迟""火刑""剖刑""活埋之刑""沉溺之刑"等。

(二) 伤人致残刑

包括面上刻画的"墨"刑，甲骨文中有辛字等形，郭沫若认为此即黥刑之会意也。④ 再有割人鼻子的"劓"刑，割人耳朵的"聝"刑，断人足或腿的"刖"刑，"✂""✂""✂""✂"，男子去势的"宫"刑✂等。

墨刑：

乙酉卜，王，贞余辛朕老工，延我☒。　　　　　(《合集》20613)

是商王对其"老工"施以"辛"（黥面）之刑。⑤

---

① 王宇信、杨升南主编：《甲骨学一百年》，社会科学文献出版社1999年版，第484页。
② 中国社会科学院考古研究所：《殷墟发掘报告（1958—1961）》，文物出版社1987年版，第267—278页。
③ 宋镇豪：《中国风俗通史·夏商卷》，上海文艺出版社2001年版，第7—8页。
④ 郭沫若：《甲骨文字研究·释支干》，大东书局1931年版。
⑤ 王宇信、杨升南主编：《甲骨学一百年》，社会科学文献出版社1999年版，第487页。

图 7-37 《合集》20613

(三) 拘役徒刑

商代的徒刑基本可以分为徒役、囚禁、流放三类。这三类徒刑虽然在形式上有所差别，但从本质上说，实际上都是商王朝的国家奴隶，需要从事极为繁重的劳动。

1. 徒役

徒役实际上是国家控制之下的奴隶。商代罪不至死的犯人，在受过刑后，仍不能恢复原先的自由身，其他族也不再接纳被罪罚过的人。这些人最终沦为国家的强制劳动者。

2. 囚禁

据文献记载，我国的夏代已经设置了监狱。如今本《竹书纪年》《释名·释宫室》《史记·夏本纪》中均有记载。商代也建有监狱，罪犯被抓捕之后，囚禁于监狱之中。《墨子·尚贤》下篇云："昔者傅说，居北海之州，圜土之上。"《礼记·月令》也注引郑记云："狱，周曰圜土。"甲骨文中有字作囚、囹、圄、圉等形，像人戴刑具在囚室之中，学者多释为

图 7-38 《合集》5976

圉，与囚系有关，系指商代的监狱①，齐文心先生谓："甲骨文中表示监狱的字作▨、▨、▨、▨等形……▨，叶玉森隶定▨，释作圉；王襄亦释圉。诸家从之。《说文》：'圉，囹圄所拘罪人'，作监狱解。"商代的监狱很多，在东对沝、夊、戈以及下面的疒、旁方等地都设有监狱。商代的监狱有两重功能，一是囚禁从外族抓获的俘虏；二是囚禁本国的罪犯。②

商代被囚禁的罪犯，不只是被限制自由，而且还要从事体力劳动。③

3. 流放

即将罪犯逐出本族，流放于异地是古代重要的刑罚方式。流放之刑出现很早，尧舜时期，"流共工于幽陵，以变北狄"④。商代也存在流放之刑，《尚书·盘庚》："承汝俾汝，惟喜康共，非汝有咎比于罚"，蔡沈注："凡

---

① 参见于省吾主编《甲骨文字诂林》，中华书局1996年版，第2594—2596页。
② 齐文心：《殷代的奴隶监狱和奴隶暴动——兼甲骨文"圉"、"戎"二字用法的分析》，《中国史研究》1979年第1期。
③ 王宇信、徐义华：《商代国家与社会》，中国社会科学出版社2011年版，第600页。
④ （汉）司马迁：《史记·五帝本纪》，中华书局2014年点校本，第34页。

我所以敬汝使汝者，惟喜与汝同安尔，非为汝有罪比罚而谪迁汝也"，可见强制离开原生活地及其所属的宗族已经成为一种惩罚。

五 军队

作为国家的重要组成部分的军队，殷商时期已有相当的规模。据研究，商代的军事力量是与商王朝的内外服国家体制相适应的，呈现出多层次结构，既有国家军队，也有诸侯军队，还有贵族武装。

商王朝的国家军队，在甲骨文中称为"王师"（《合集》36443）、"我师"（《合集》27882）、"王旅"（《合集》5823）、"王行""戍"等。

诸侯国军队有"犬师"（《合集》5672）、"雀师"（《合集》40864）等，都是在"师"前冠以某个诸侯国名称[①]，诸侯国的军队要受商王室的节制，如果有战争，听候商王调遣并随时随之出征。

图 7-39 《合集》36443　　图 7-40 《合集》27882

[①] 王贵民：《商周制度考信》，台湾明文书局 1989 年版，第 226—227 页。宋镇豪：《商代军事制度》，胡庆均主编《早期奴隶社会比较研究》第二编，中国社会科学出版社 1996 年版，第九章。陈恩林：《先秦军事制度研究》，吉林文史出版社 1991 年版，第 34—40 页。

甲骨学初阶

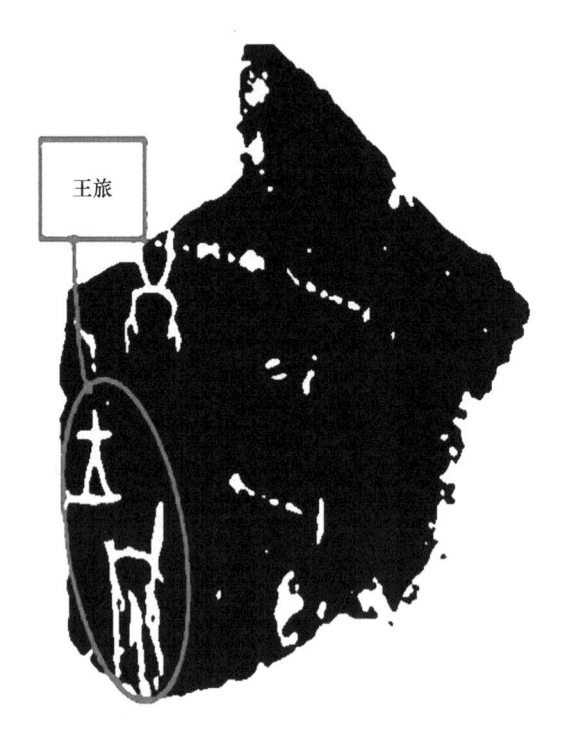

图 7-41 《合集》5823

图 7-42 《合集》5672

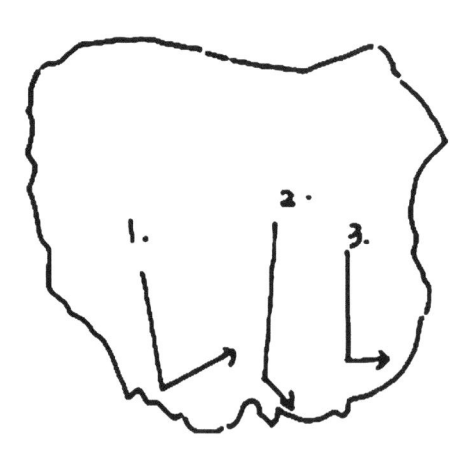

图 7-43 《合集》40864

· 182 ·

图 7-43 三条卜辞分别是：1. 于癸未有至雀师；2. 于甲申有至雀师；3. 甲午卜，雨今日……

在甲骨文中，贵族的武装表现得十分活跃，以至于有学者认为"商代的军事活动主要是贵族武装承担"①。贵族武装成员平日从事生产，战时应召出征。他们以族为单位，三族、五族组成一军事团体，亦兵亦农，兵农合一，如卜辞：

  庚辰卜，争，贞乎王族先。   （《合集》14919）
  □□卜，㱿，[贞] 乎子族先。   （《合集》14922）

这两条卜辞的"乎"某某"先"，在卜辞中往往与征伐有关，表示作先行、先导；这些卜辞中的"王族""子族"指的是王室贵族的族军。直到西周春秋这种族军都是师旅的中坚力量。

图 7-44 《合集》14919

---

① 刘钊：《卜辞所见殷代的军事活动》，《古文字研究》第 16 辑，中华书局 1989 年版。

子 族

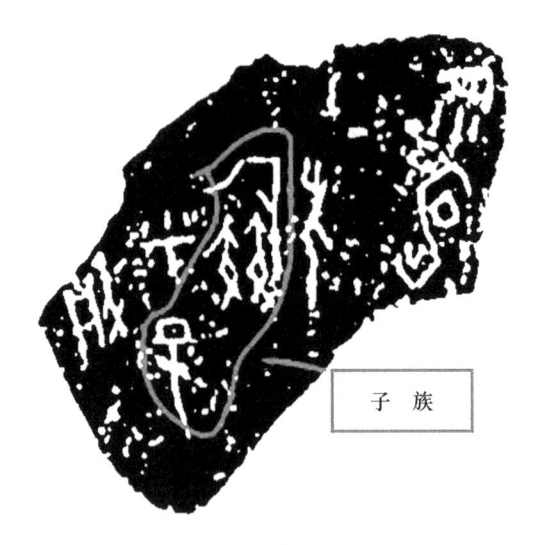

图 7-45 《合集》14922

商代的兵种主要有徒兵和车兵，有时徒兵单独作战，有时车徒配合。此外，还有一定数量的骑乘和舟兵。在商代，徒兵既用于一定规模的作战，也用作先遣部队。如卜辞：

己丑，[贞]子效㦰，在尤。一月。
癸巳，贞子效先步，在尤。一月。　　　　　　　　（《合集》32782）
甲申卜，令以示先步。
弜先，𢆶王步。　　　　　　　　　　　　　　　　（《屯南》29）

《合集》32782卜问是否以子效为步伐的先遣。《屯南》29是武乙文丁卜辞，其中的𢆶，即系，于省吾引述孙诒让、罗振玉的考订，并进一步指认出前人注"系，属也"，甲骨文祀典称𢆶为旧所不解，其实𢆶谓欲交接鬼神而以物品为系属也。① 因此，这版卜辞的意思是出征时所奉祖先的灵位是由先遣护送，还是和王师同行。

在商代遗存中多次发现战车，据统计殷墟发掘以来已经发现40多辆车

---

① 于省吾：《甲骨文字诂林·释𢆶》，中华书局1979年版。

子,其中部分带有武器,如小屯乙基址5个车坑出土6辆车,西北冈王陵东区出土5—6辆车。在族墓地,第三期开始出现车马坑,以后逐渐增多,如1953年在安阳大司空村发掘的车马坑M175,有一车二马一人,同时伴有随葬的兵器。① 不过,在田野发掘中,可以确认为战车的数量不多,据统计在已经发现的40辆车中,保存完整、未经扰动、车厢内存放了兵器,属于战车的仅有10辆。商代的乘车、田猎用车和战车没有明显区别,没有制作专为作战使用的战车。甲骨文中仅有一条记载用车作战的卜辞,甚至有学者认为其中"车"是人名。商代早期或整个商代都是以步兵为主的,战车主要用于指挥、通信、运输等方面,到殷墟时战车兵才被较多地利用②,但整体看还是处于次要地位,因而不能看作主要兵种。

商代除了步卒和战车甲士外,可能有骑兵,对此学界有争议,不过在1936年史语所第十三次殷墟发掘中,曾发现一个人马合葬墓M164,墓中除了埋有一人一马外,还有一犬和一套兵器,一件玉刺。发掘者认为这是一位骑士的墓葬。如果此说无误,那说明商代已有骑兵。

此外,有研究者提出商代还有舟兵,以舟为装备的水上作战或负责水上运输的军队。③ 如叀壬出舟。叀癸出舟。□□出舟。(《屯南》4547)

第二节 社会经济与科技

一 农业

在商代社会经济中,农业是一个决定性的生产部门,是商代社会中经济的主体。商代的农业生产技术已具备相当的水平。我国传统的农作物种类,即所称的"五谷",皆已具备。在农业生产工具、耕作技术、农业管理等方面,都有新的发明创造,并成为我国传统农业技术宝库中的精华。这一认识,无论是从无文献记载,还是甲骨卜辞的有关内容和地下考古出土的遗物所提供的资料,都得到证实。

《礼记·祭法》云:"殷人禘喾而郊冥。冥勤其官而水死。"冥为商人

---

① 马得志等:《一九五三年安阳大司空村发掘报告》,《考古学报》1955年第九册。
② 杨泓:《商代的兵器与战车》,中国社会科学院考古研究所编著《中国商文化国际学术讨论会论文集》,中国大百科全书出版社1998年版。
③ 宋镇豪:《商代军事制度研究》,《陕西博物馆刊》第2辑,三秦出版社1995年版。

首领，供职于夏王朝为水官，主管水利之事。掌管水、治理水的活动，都是农业民族所具有的。冥被夏王朝委任于治水之职，是冥必有治水的经验，善于治水。由此可知商人有发达的农业。《国语·鲁语》《孟子·滕文公下》等文献中均有相关记载。

从甲骨文可见作为祭神用的酒类名称就有多种，比如酒、醴、鬯等，且用量大，次数多。而酒无论什么名称，什么种类，其酿造材料主要是粮食。若没有充足的粮食作保证，商人上上下下嗜酒是不可能的。从商人嗜酒和大量用酒祭祀神上，也反映了商代农业的发达情况。

甲骨文中，有关商代农业生产的卜辞有上千条，其中，有很多卜辞是殷人向上帝和自然神以及自己的先公先祖"求禾""求年"的辞例，外加大量的"受年"卜辞，真实地反映了农业生产和收成在殷人心目中的重要性。因农业是关乎殷人国计民生的大事，是维持商王朝存在的基本要素，所以，他们时时刻刻地虔诚地祈求各方神灵保佑能有个好收成。

据甲骨学家多年考证，卜辞中农作物种类有如下一些：

禾（粟）秝（ 𣎳、𣎳 ）禾，本义是指谷子，即粟，去皮称其为小米。

图 7-46　《合集》28231　　　　图 7-47　《合集》19804

第七章 甲骨文反映的殷商史

裘锡圭说："谷子的穗是聚而下垂的，黍子的穗是散的，麦子的穗是直上的。要依靠穗形的不同来区别"，甲骨文中禾字的字形"酷肖成熟的谷子"①，此说甚是。

黍和穄（、）。黍字甲骨文中诸家认识均统一。即北方的黍子，叫作糜子，去皮后俗称大黄米。商代已有此物，在河北省邢台曹演庄和藁城台西遗址中有实物出土。②

图 7 - 48 《合集》13　　　图 7 - 49 《合集》547

麦。商代农作物的一种，考古发掘中也已经得到证实。在商代早期的都城河南偃师商城和晚期都城安阳殷墟，都发现了小麦的遗存。③ 甲骨文中麦字，作形。如午有告麦。（《合集》9624）

，一农作物名称，卜辞中常见"受年"，如《合集》10047，常以"受黍年"对贞卜问。此字是一作物名，学界已无异议，但是这个字具体指何种植物，则分歧很大，有释为稻的、有释为黑黍的，还有释为豆的等。④

---

① 裘锡圭：《甲骨文中所见的商代农业》，《农史研究》1989 年第 8 辑。
② 唐云明：《河北商代农业考古概述》，《农业考古》1982 年第 1 期。
③ 中国社会科学院考古研究所：《河南偃师商城商代早期王室祭祀遗址》，《考古》2002 年第 7 期。
④ 罗振玉：《殷虚书契考释》，东方学会石印 1927 年版。唐兰：《殷虚文字记》，上海古籍出版社 2016 年版。

甲骨学初阶

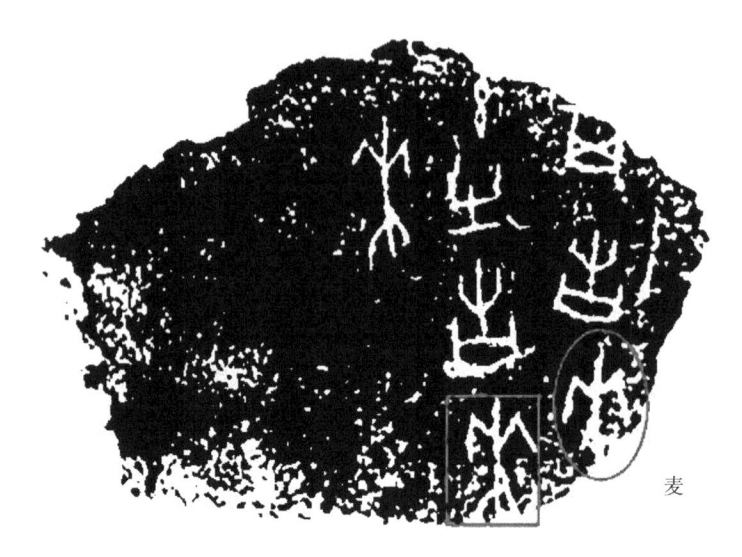

图 7-50 《合集》9624

稻，是我国一种传统农作物，距今一万多年前就发现有栽培水稻的遗存。

稻到商代已经比较普及，考古发掘中也发现不少稻谷遗存痕迹。比如在商代早期都城河南偃师商城内的一号宫城北部的祭祀区内，就发现了一处以稻谷等农作物为主的祭祀场。

高粱，武丁卜辞中有"受🌾年"的卜辞，且与"受黍年"同版，见(《合集》9946 正乙)：

己巳卜，㱿，贞我受黍年。
……受🌾年。
贞我受🌾年。
……弗其受🌾年。

由卜辞可知，🌾也是一种农作物。诸家对此字的隶定也是各种各样[①]，裘锡圭疑似为高粱，从字形看颇为合理。穗大而直的农作物，非高粱莫属。

---

① 陈梦家：《殷虚卜辞综述》，中华书局 2004 年版。温少峰、袁庭栋：《殷墟卜辞研究——科学技术篇》，四川社会科学出版社 1983 年版。

第七章 甲骨文反映的殷商史

在郑州铭功路西商代制陶遗址二里岗下层二期、编号为102号陶窑的窑算上，有"类似高粱秆的印痕"①。

图 7-51 《合集》9946 正乙

由上述可知，我国传统的农作物种类，即所谓的"五谷"商代已齐备。尽管在个别字上学术界还有分歧，但总体而言，农作物种类已经比较丰富。有的还出现了不同的品种。至于农作物的产量，目前尚无确知，但从殷人嗜酒成风的社会现象看，商代农作物产量除能满足他们食用外，还能拿出多余的酿造酒，因为酿酒所需主要原料便是谷物。在殷墟发掘中，考古工作者还发现不少窖穴，这类窖穴有的六七米深、有的七八米深。从坑内迹象看，不像是人居住的房屋，而像是用于贮藏粮食的地下仓库。从对坑的处理情况看，殷人十分注意对收获来的农作物的保管。

商代的生产工具质料大致有六类：青铜器、石器、骨器、蚌器、木器、陶器。青铜器数量极少，主要是木质和石质。工具种类有木耒、木锹、石铲、石镰、石刀蚌铲、蚌镰、骨铲等。其中石铲、石镰、石刀占有相当大的比重。

---

① 河南省文物考古研究所编著：《郑州商城》，文物出版社2001年版，第391页。

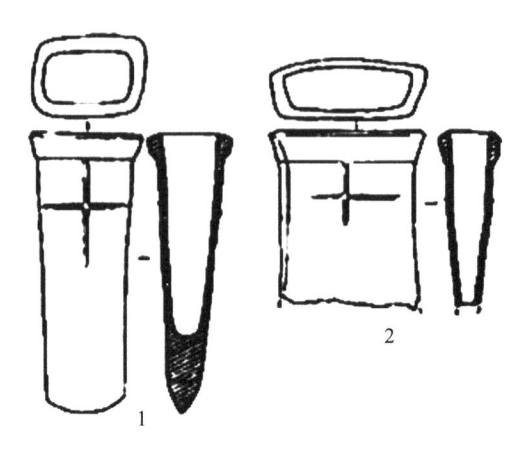

图 7-52　郑州南关外铸铜遗址出土的青铜钁①

耤。字形作"🧍"(《合集》8),其形像耕者脚踩"耒",奋力掘土的情景,颇为生动。甲骨文多用"耤"字来指耕种,说明"耒"是当时普遍使用的一种起土工具。在河北武安磁山遗址中,一部分灰坑的"坑壁上留有似斧和木耒之类工具的痕迹"②。

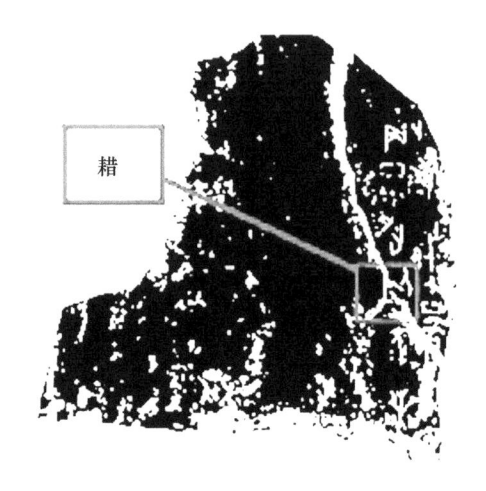

图 7-53　《合集》8

---

① 河南省文物考古研究所编著:《郑州商城》,文物出版社 2001 年版,第 366 页图 222:1、2,主要用于掘土。
② 河北省文物管理处邯郸市文物保管所:《河北武安磁山遗址》,《考古学报》1981 年第 3 期。

铲，锄草农具。商代遗址和墓葬中出土的铲相当多，其制造的原料有铜、石、骨等。

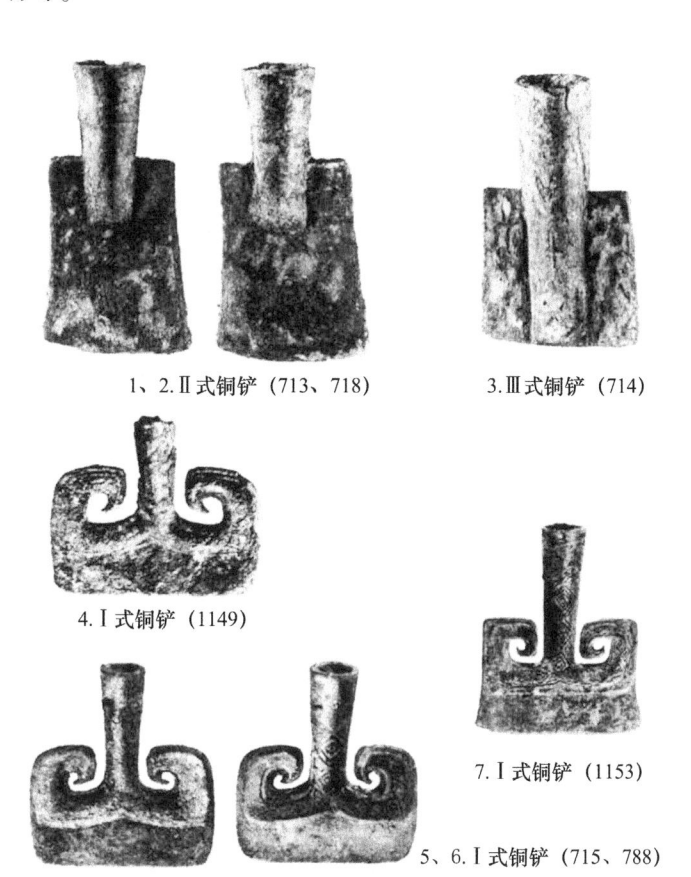

1、2.Ⅱ式铜铲（713、718）　　3.Ⅲ式铜铲（714）

4.Ⅰ式铜铲（1149）

7.Ⅰ式铜铲（1153）

5、6.Ⅰ式铜铲（715、788）

图7-54　妇好墓出土的青铜铲①

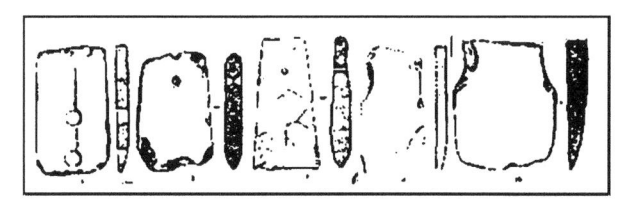

图7-55　郑州二里岗上层一期石铲②

---

① 《殷墟妇好墓》图六七。
② 《郑州商城》（中）第678页图470：1、3、7、12、14组合。

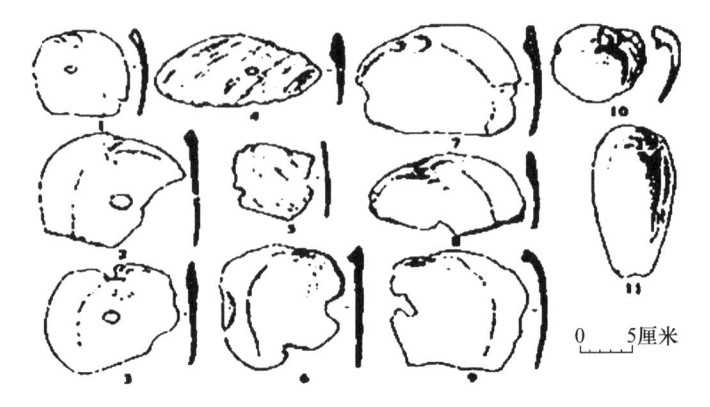

图 7-56　郑州二里岗时期出土的蚌铲①

刀。商代的刀类工具质料有铜、石、蚌、骨、陶等。

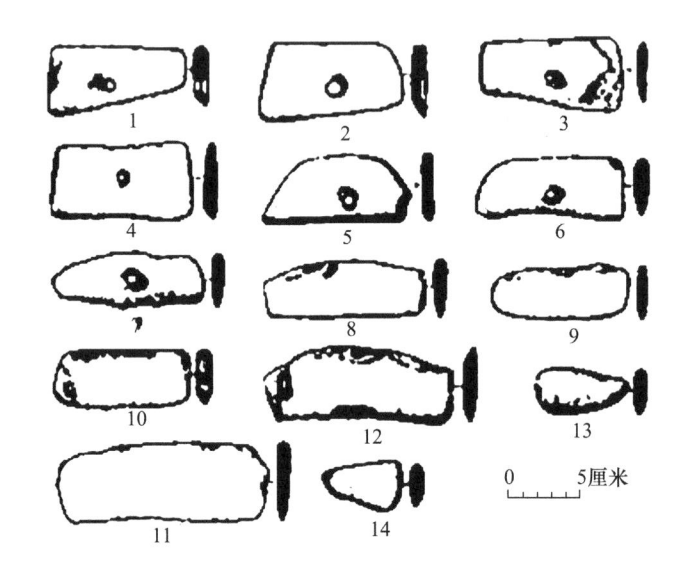

图 7-57　郑州二里岗下层二期出土的石刀②

镰。商代的收割工具，其质料有铜、石、蚌三种。

---

① 《郑州商城》（中）第 704 页图 480。
② 《郑州商城》（中）第 691 页图 472。

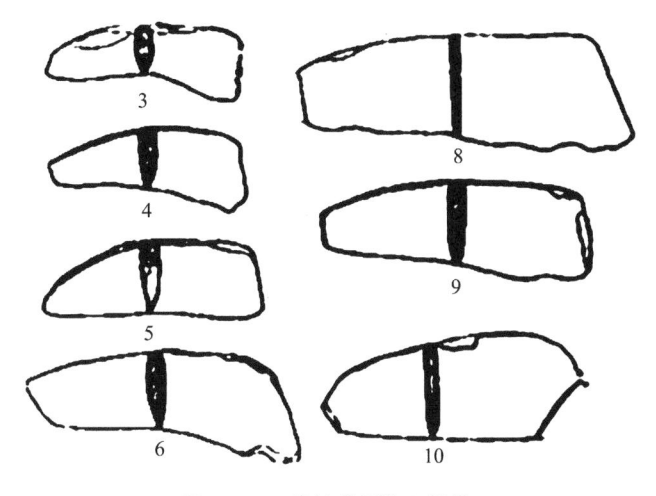

图 7-58 殷墟苗圃期石镰①

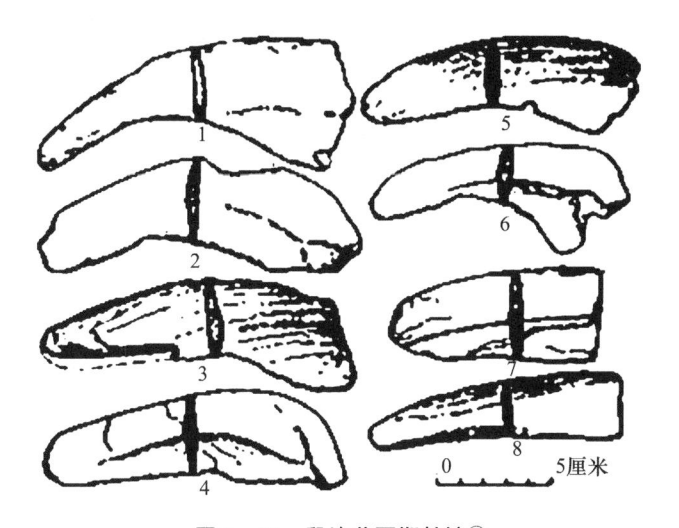

图 7-59 殷墟苗圃期蚌镰②

商代农业中的科技含量，已经有相当高的水平。这些科技，贯穿于整个农业生产的各个环节。首先会对耕地进行选择，通过"相""视"选择适宜耕种的土地，甲骨文中"省田"便是选择农耕地的一种活动，当然也

---

① 《殷墟发掘报告》1958—1961 图一三四。
② 《殷墟发掘报告》1958—1961 图一五一。

有持不同观点的学者。① 殷人也对土地进行测量，称为"土田"，即在开荒、翻耕之前，进行土地测量，以便"分农田而耕"②。

弜犬延土田。　　　　　　　　　　　　　　　　　　（《合集》33215）

图 7-60　《合集》33215

　　由上述可知，在商代开始农耕之前要"省田"，选择耕地。省田之后进行划分等级，并度量其面积的大小，以进行分配，或用以考其勤懒的工作量。
　　选好地丈量好之后，开始耕种，耕种前会先清除地面上的杂草。然后撒肥、翻耕，翻耕后，对土地进行整理，主要是打碎大的土块，去高填低，甚至开沟作垄，以便排灌。一切就绪后，播种。待禾苗出土后，还会除草、灌溉、治虫等，直到收割。粮食收到家后，殷人会建仓对粮食进行储藏，甲骨

---

① 闻一多：《古典新义·新省》，《闻一多全集》第3卷，生活·读书·新知三联书店1982年版。陈炜湛：《甲骨文田猎刻辞研究》，广西教育出版社1995年版，第36页。
② 裘锡圭：《甲骨文中所见的商代农业》，载《古文字论集》，中华书局1992年版。

· 194 ·

文字仓廪的"廪"字作 ◠ （《合集》583），像今日北方农村装谷物的粮仓。仓廪所建地，在王都之南，甲骨文中常称为"南廪"。如：

贞勿省在南廪。　　　　　　　　　　　　　　　（《合集》5708）

图 7-61　《合集》5708

从甲骨文中反映出，商代从事农业生产的劳动者主要是被称为"众""众人"的人。他们是集体劳作，劳动地点不固定，有专人管理。劳动时有机会就会逃跑。

商王室对农业管理很重视，商王朝不但设有专门主管农业的职官，而且从商王到各级贵族、官吏都亲自参与农业管理活动。甲骨文中常见有"耤臣"主管耕耤事务。[1]

---

[1]　杨升南、马季凡：《商代经济史与科技》，中国社会科学出版社2010年版，第170页。

甲骨学初阶

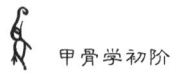

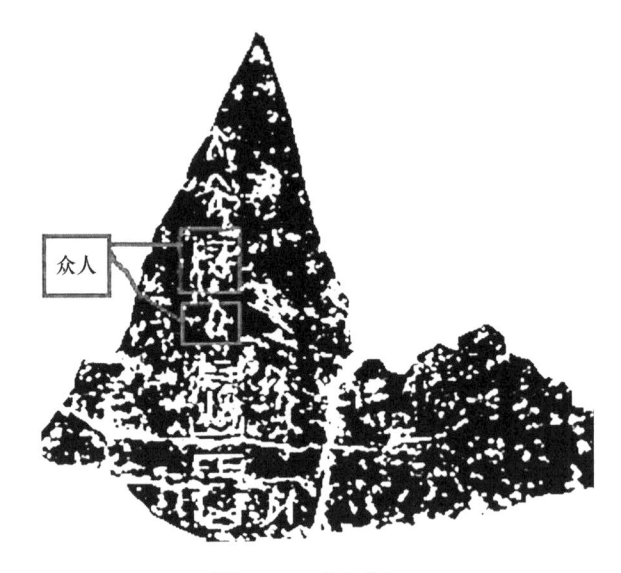

图 7-62 《合集》1

己亥卜，贞令吴小耤臣。　　　　　　　　　　　　　　　（《合集》5603）

图 7-63 《合集》5603

·196·

二 畜牧业

畜牧业是商代社会经济中的一个重要部门,从甲骨文和殷墟考古相关成果可以看出来。比如商人动辄用数十头,抑或数百头,甚至上千头牛、羊、豕等牲畜祭祀神。若无发达的畜牧业,这样大量用牲畜祭祀神是不可能的。商代的畜牧业,不但牲畜种类齐全(牛、马、猪、羊、犬、鸡六畜,均已被殷人豢养),而且还有一套独特的科学技术和生产管理方式。

牛　羊　猪　犬　马　鸡

在商代畜牧业生产中,对牲畜的饲养、管理,已经脱离了原始野放阶段而采用比较精细的人工管理形式,比如人工放牧,这从甲骨文字"牧"字字形中也有体现,牧从牛从攴作 (《合集》36969),攴表示赶牛用的鞭子。也有从羊从攴的,或从马从攴,意思基本一样,都是表示人持鞭赶牲畜。

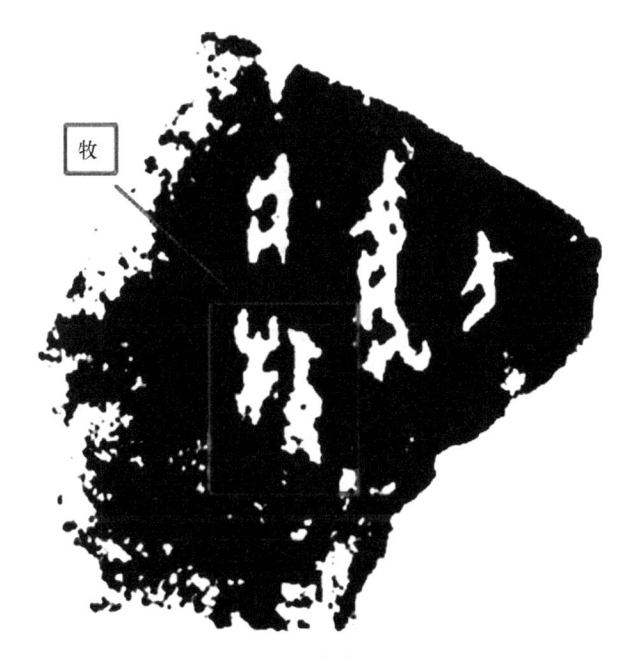

图 7-64 《合集》36969

殷人还有圈栏饲养，又称为舍饲。牲畜的舍饲栏圈，在甲骨文中称为牢，作"⌂"形，其形状好似养牲畜的栏圈的平视状，下方的缺口是圈栏的门。"‖"似牲畜进出的通道，这条通道，意为控制牲畜进出时乱窜乱撞，拥挤成一团，而使之进出有序，不至于将门撞坏。这样的圈栏主要圈养的牲畜是牛、羊、马三种。饲养猪的圈栏甲骨文字作"圂"（《合集》6505 臼）、圂（《合集》11280）等形，表示猪圈的平面或侧视形。猪在早期人类生活中，是财产的象征，在大汶口文化的墓葬中，死者以猪头随葬，以显示其富有的程度。①

图 7-65 《合集》6505 臼

在商代，对人有宫刑，对牲畜也有阉割。目的一是育肥；二是选种；三是改变牲畜性格，使其温顺，尤其是马。《铁云藏龟》卷八第 6 页第 3 片

---

① 山东省文物管理处　济南市博物馆：《大汶口》，文物出版社 1974 年版。

上有一条卜辞为"燎十豖羊",其中的"十豖羊"为"去势之羊"①。豖,去阴之称,通之于人,故男子宫刑亦谓豖。② 去势,阉割之意。可见,在商代人们对马、牛、羊、猪等畜牧业中的主要牲畜,皆施以阉割术,说明其运用之普遍。

中国自古是一个以农业为主体的社会,但同时也注意畜牧业的发展,在商代,已专设有牧场,甲骨文中有"牧鄙",就是牧地的边鄙,边沿地带。可知商代的牧地与耕地是分开的,且有一定的范围。如:

癸酉卜,㞢,贞伇取楲于牧鄙。　　　　　　　　(《合集》11003)

图 7-66 《合集》11003

商代国家体制是内外服制,商王室直接控制王畿和诸侯国地。商王室在王畿内外,皆设有牧场。牧场的管理者,即总管王室畜牧业的职官称为"牧",如卜辞《合集》493 正。牧场的劳动者称为"刍",卜辞中有刍和

---

① 郭沫若:《殷契粹编》,科学出版社 1954 年版。
② 闻一多:《释豖》,《闻一多全集》第二卷,生活·读书·新知三联书店 1982 年版,第 540 页。

牧直接相连构成一词，称为"牧刍"，如卜辞《合集》111，刍主要来源于羌人。

  戊戌卜，宾，贞牧刍［羌］，令遘致受。　　　　（《合集》493 正）
  呼取牧刍。　　　　　　　　　　　　　　　　　（《合集》111）

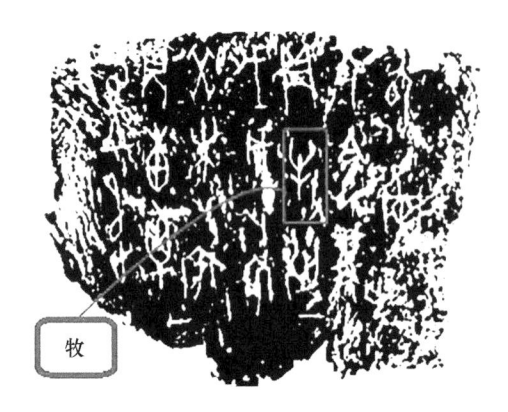

图 7-67　《合集》493 正　　　　　图 7-68　《合集》111

除了牲畜之外，殷人也驯养大象。甲骨文中常有记载殷人在田猎时捕获大象的记录，有时一次多达 7 头。如：

  乙亥王卜，贞，田桑，往来亡灾？王占曰：吉。获象七，雉三十。
　　　　　　　　　　　　　　　　　　　　　　　　　　（《合集》37365）

在殷墟发掘中，考古工作者发现过两座象坑。如 1935 年秋天在 1400 号大墓附近，发现一象坑，里面埋有一人一象，人应是饲养象者。[1] 1978 年在武官村北地的祭祀场，发现一象坑。[2] 殷代艺术品中就有不少以大象为造型的精美器物，妇好墓中也发掘出玉象以及珍贵的象牙制品。

---

[1]　胡厚宣：《殷墟发掘》，学习生活出版社 1955 年版，第 89 页。
[2]　王宇信、杨宝成：《殷墟象坑和殷人服象的再探讨》，《甲骨探史录》，生活·读书·新知三联书店 1982 年版。杨宝成：《殷墟文化研究》，武汉大学出版社 2002 年版，第 102—103 页。

第七章 甲骨文反映的殷商史

象

图 7-69 《合集》37365

到了商代，已进入文明社会，渔猎活动在经济生活中的地位已大为降低，不再是人们获取生活资料的主要手段，但仍占有一定的地位。对于商王和贵族们来说，狩猎既是游乐同时也带有军事训练的性质，还具有开发土地、垦殖农田、保护庄稼、补充生活资料和军事训练等多方面的性质和作用。对于普通劳动者来说，是作为肉食来源的一个重要手段，更多地具有经济方面的意义。

殷人，特别是商王经常出去狩猎，次数十分频繁，四季不断，渔猎的规模和收获也非常惊人。如《合集》10344 反，《合集》10197 等。

　　允获麋四百五十一。　　　　　　　　　　　　　（《合集》10344 反）
　　乙未卜，今日王狩，田率，擒？允获虎二，兕一、鹿十二、豕二、麑百廿七、□二、兔廿三、雉七。□月。　　　（《合集》10197）

· 201 ·

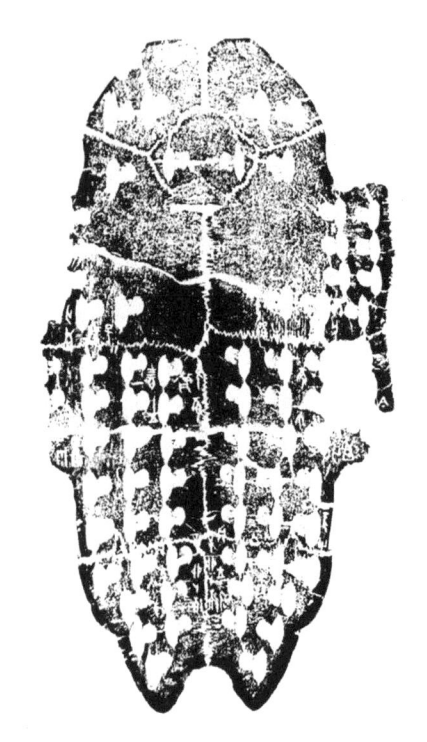

图 7-70 《合集》10344 反

图 7-71 《合集》10197

第七章　甲骨文反映的殷商史

三　手工业

商代的手工业十分发达，是商代社会中的一个独立经济部门。手工业不仅门类多，而且在同一个手工业部门内还出现了更为细致的分工。考古发掘出土及传世的各种商时期的手工业制品，如青铜器、玉器、象牙器、骨器、马车等，其制作技术复杂，工艺精湛，造型奇巧，反映了当时很高的技术水平。

商代青铜器的铸造工艺已经很发达，从制模、熔铜、浇铸成器、脱范、修整都比较先进，而且所铸青铜器种类繁多。下图为殷墟出土的青铜器：

图 7-72　殷墟出土的青铜器司母辛大方鼎；妇好铜甗；司母辛铜四足觥[1]

在甲骨文中，有学者还发现了关于冶炼铜器的卜辞，如：

---

[1]《殷墟妇好墓》图三：809、图一四（下体797；甑768）、图二五：1163。

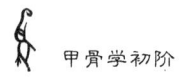

丁亥卜，大贞……其铸黄［吕］……作利盘，惟……？
(《合集》29687)

王其铸黄吕，奠血，惟今日乙未利？　　(《合集》41866)

辞中黄吕是指用矿石冶炼出来的铜料块，这是制作铜盘的原料。"奠血"即用动物之血祭奠。①

商代青铜器的制造，在吸收前代技术的基础上，将陶范铸造的工艺技术水平提高到顶峰：铸型工艺的规范化、分范形式的多样化、分铸法的大量应用、金属芯撑的使用、焊接技术，补铸技术的成熟以及铸造成器后的打磨工艺等技术，构成商代青铜铸造的特点。商代铸造的青铜器，特别是

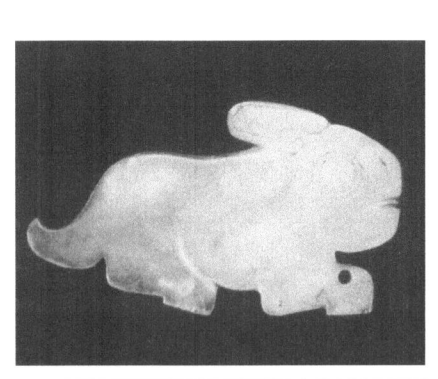

图 7-73　商代出土玉器
玉兔、玉凤、玉鹅②

---

① 燕耘（林沄）：《商代卜辞中的冶铸史料》，《考古》1973 年第 5 期。
② 《殷墟妇好墓》彩图三二：350、彩图三〇：412、彩图三三：386 517。

礼器，铸件厚实，器身布满了大量浮雕和平雕花纹，精美绝伦。还发明了青铜器上铸造文字的技术，为西周时期的长篇铭文开了先河。

殷人还十分喜欢玉器，多用于穿戴或祭祀。从考古发现的玉器看，不仅数量多，而且其精美程度已非一般，可见当时的玉器雕刻技术已极为高明。[1] 甲骨文中有"大玉"（《合集》9505），"珏"（《合集》5611反）等名称。在考古发掘中，还出土了几百件与琢制玉石器有关的工具，如磨石、铜刀等，还有少量残料和雕刻品。

骨器也是殷人生活中常用的工具，既可以用于农业生产，也可以用于占卜，但更多的是用于日常生活和装饰中。骨器的种类在殷墟发掘中也有很多，如骨铲、骨镞、骨笄、骨匕、骨勺、骨管、骨杯等。在殷墟发掘中，还发现了三处制骨作坊遗址，即北辛庄南地、大司空东南地和薛家庄南地。在这些作坊内，发现了大量的骨料，有经过加工的半成品以及制成品，另有不少废料。

我国先民使用陶器的历史，从考古发掘知可追溯到距今万年左右，到商代，陶器的使用，即使以中原地区论，也已经历了三千多年，因而商代的陶器制作技术，已具有相当的水平。商代陶器大致可分为普通日用泥质、夹砂陶、白陶、硬陶和原始瓷器（或称为釉陶）几类。商代陶器制造技术是继承前代的，主要是用轮制、模制、手制三种方法。商代出土的实用陶器表面，大多有一种或多种纹饰。

图 7-74　殷墟白陶[2]

---

[1] 杨升南、马季凡：《商代经济与科技》，中国社会科学出版社2010年版，第420—428页。
[2] 《殷墟的发现与研究》第233页图111∶1。

商代的纺织业技术已超出了人们的想象。在甲骨文中，与纺织业有关的字据胡厚宣先生统计，从衣的字有 21 个，从网的字 29 个，从束的字 46 个，从系的字 81 个，从丝（二系）的字 16 个，从丝（三系）的字 3 个。甲骨文中还有蚕字，作形，蚕神还备受重视，被殷人隆重祭祀。甲骨文里还有两个字，分别作""和""形，前者像在鬲中煮丝，此字应与缫丝有关；后者是用手从蚕茧上抽丝。这说明，商时期人们已经知道用蚕茧抽丝制作丝织品了。据观察，商代的织法至少有三种，普通平纹织法，畦纹的平纹织法和文绮——地纹是平纹，花纹是三上一下的斜纹织法。已有刺绣，其花纹为菱纹和折角波纹。在妇好墓中的 50 余件铜礼器表面，也黏附有纺织品残片，除麻织品外，还有不少丝织品，以平纹绢类居多，有些绢上还用朱砂涂染，有单经双纬和双经双纬的平纹变化织法，有回形纹绮，还有纱罗组织的大孔罗，专家认为，这是我国最早的纠经机织罗标本。

图 7-75　殷墟出土麻布残片①

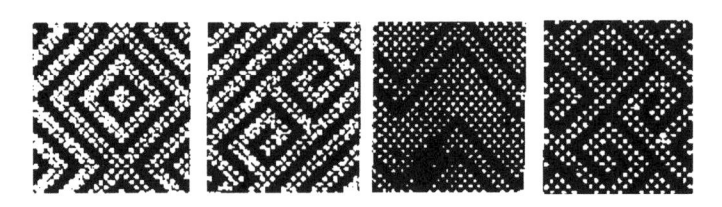

图 7-76　商代丝绸图案②

---

① 中国社会科学院考古研究所编著：《殷墟发掘报告》1958—1961，文物出版社 1987 年版，图版 80：3。

② 杨升南：《商代经济史》，贵州人民出版社 1992 年版，第 681—684 页，附图 42、44、45 组合。

第七章 甲骨文反映的殷商史

商代由于手工业发达，从而有了剩余产品，一些专业生产者为了生活，很自然地就要用自己的产品去交换生活必需品，从而出现了商品经济。在交换中，有些可能是物物交换，有些可能是货币交换，即用货币购买物品。从甲骨文材料和考古材料上看，货币已经在商代运用和流通了。商代的货币无疑是产自沿海地区或者更遥远地区的"贝"（☒），贝对中原地区的人来说，十分稀奇难得，又因其小巧玲珑，光洁可爱，故海贝成了当时一种十分珍贵的东西，加之小巧携带方便，易保存，逐渐成为一种财富而被人们储蓄。随着商业交换的广泛展开和深入，贝开始进入流通领域，成为特殊的商品——货币。

甲骨文中，许多字都和贝有关，比如"宝"（☒）字，就是把贝和玉藏于屋下形；"贮"（贾）（☒）字形作一器中藏有贝状，故有贮藏之意；"得"（☒）字作一人手抓贝形，意为得到贝。"买"（☒）字作网下一贝形，买字从贝，充分说明贝作为买卖中的货币而流通的情况，甲骨文有关于买卖的记录，"戊寅卜，内：呼雀买？勿呼雀买？"（《合集》10976正）

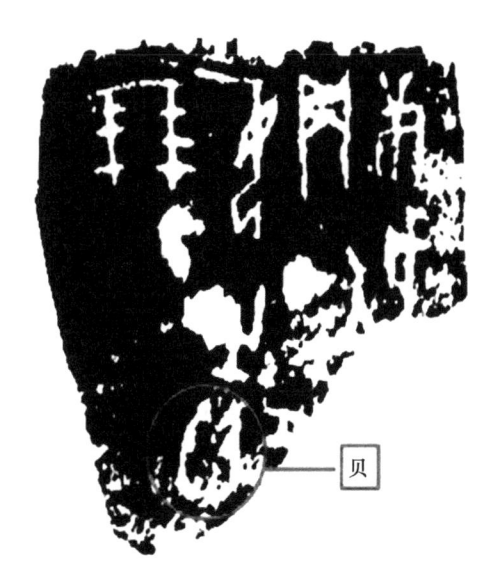

图 7-77 《合集》11438

在考古中有大量的贝被发现。商人常用贝作为随葬品，少者1枚，多者如殷墟的妇好墓，随葬贝多达6880余枚以及阿拉伯绶贝1枚，在四川广

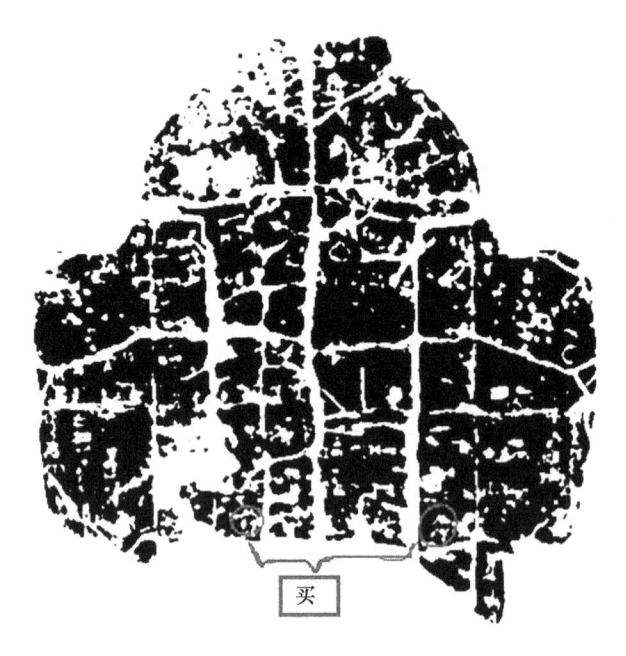

图 7-78 《合集》10976 正

汉三星堆的二号祭祀坑中贝亦达 6000 多枚。除海贝外，还发现了铜贝，大司空遗址发掘中，出土了 3 枚铜贝；在殷墟西区的 M620 中也发现 2 枚，这是目前发现的最早的金属货币。

学者们认为，贝的数量是以"朋"来计算的，甲骨文中，"朋"（拜）作两串贝形，数目不详。因此，对多少贝为一朋，学者意见不一，有从二枚到十枚为一朋的不同说法。王国维考证应以十枚贝为一朋。[①] 1959 年，考古工作者在殷墟的一个圆坑中，发现了三堆海贝，其中一堆，可以明显看出是十贝为一朋，联成一组。甲骨文中，有五朋、七朋、三十朋、五十朋等记载，但七十朋是发现的最大的贝朋数字。

贝作为货币，运用于商业贸易中，于殷墟发掘中也有迹可循。1953 年在大司空村曾发掘到一辆马车，车中就有一堆贝，显然这是用车载贝到远方贸易的意思。此外，贝还经常被商王作为赏赐品赐予臣下，这样的例子在商代晚期的青铜铭文中多有体现。比如著名的戍嗣子鼎铭中，就有商王

---

① 王国维：《说珏朋》，《观堂集林》卷三，中华书局 1959 年版。

赐戍嗣子二十朋贝的记载。

四 建筑业

建筑业方面，到商代已经有几千年的历史了，甲骨文中有很多有关宫殿建筑的名称，比如"京"（俞），字形像高大的建筑。卜辞"京奠"即"京甸"，应指王都外附近的地区。"宗"，甲骨文作宗形，从宀，即今部首宀，表示房屋，从丅，即示，表示神主牌位。在一栋建筑物内供奉有祖先的神主牌位，这栋建筑被称为"宗"。"宫"，甲骨文作宫，表示在同一屋顶下成多间居室，这与已经发现的商城内的大型基址相符。"厅"（宀、宀）、"室"（室）、"寝"（寝）等。

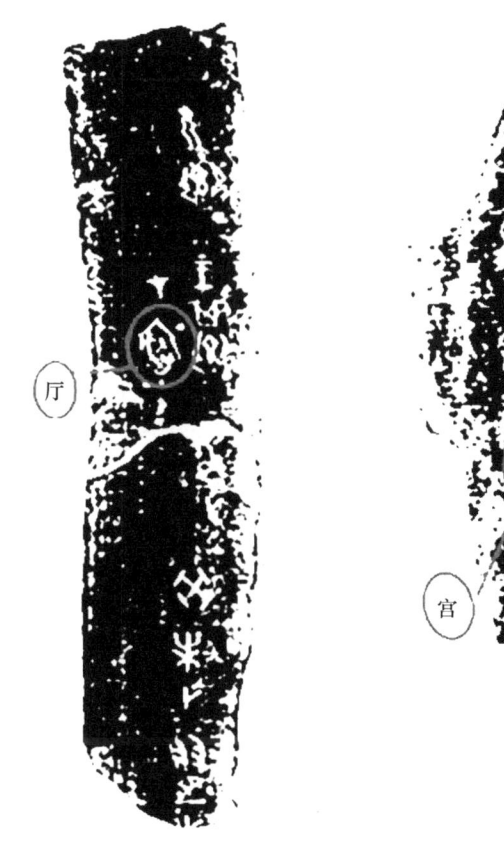

图 7-79 《合集》31672　　图 7-80 《合集》30375

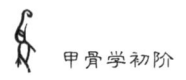

五 科技

商代在科学技术方面也取得了引人注目的成绩。从甲骨文记载来看，殷商时期，商人在天象、历法、疾病方面都取得了杰出的成就。文学艺术方面，也有不俗的成绩。

在天象方面，殷人都给予了仔细的观察，比如对自然界中变化多端的各种天气：风、雨、雷、电等现象。像"雨"（ ），在甲骨文中就被殷人分成好几种，有"大雨""疾雨""烈雨"[1]（即暴雨）、"小雨""丛雨""延雨"（连绵不断的雨）、"足雨""多雨"等。如卜辞：

于生月有大雨？　　　　　　　　　　　　　（《合集》38165）
……延……之日……延雨　　　　　　　　　（《合集》12776）

图 7-81　《合集》38165　　　　　　　图 7-82　《合集》12776

[1] 于省吾：《甲骨文字诂林》，中华书局1979年版，第371页。

第七章 甲骨文反映的殷商史

对于晴天，甲骨文中称为"启"，(啟)，启又分为"延启""大启""小启"，"延启"指连续几个晴天，"不启"即天不晴朗。如卜辞：

今日辛大启。　　　　　　　　　　　　　　　　　　（《合集》30190）
今日壬不启。　　　　　　　　　　　　　　　　　　（《合集》30194）

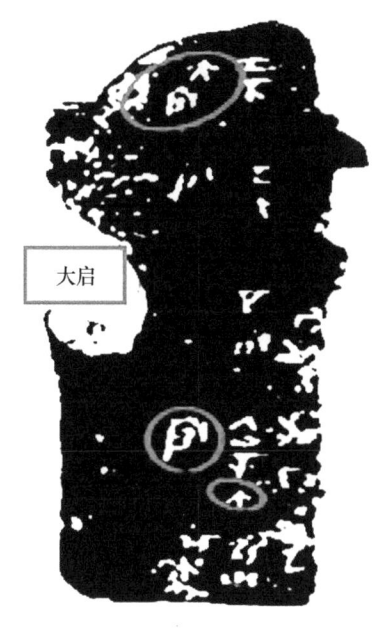

图7-83　《合集》30190（部分）　　　图7-84　《合集》30194

对于天空的云彩，殷人也有区分，比如"延云""大云""玄云""三色云"等。风也分大风、小风、大骤风①等。如卜辞：

癸亥卜，贞旬一月辰雨自东，九日辛未，大采各云自北，雷延大风自西，刺云率两毋。　　　　　　　　　　　　　　　　（《合集》21021）

---

① 于省吾：《甲骨文字释林·释大骤飌》，中华书局1979年版，第11页。

· 211 ·

图 7-85 《合集》21021

更令人惊奇的是，甲骨文中已有"霾"的记录，甲骨文为形，如卜辞：

[己] 酉卜，争贞，惟有霾？　　　　　　　　　（《合集》13465）

图 7-86《合集》13465

大意是卜问🐦地是否有霾。有迹象表明，在殷人看来，霾与下雨是有关系的，如：

  贞，兹雨惟霾？贞，兹雨不惟霾？ （《合集》13467）

图 7-87 《合集》13467

上述内容表明，殷人对天象的观察与记录，已达到相当高的水平。

研究者还发现，甲骨文中已有关于月食的记载，共有 5 次，分别是壬申夕月食、乙酉夕月食、己未夕皿庚申月食、癸未夕月食、甲午夕月食。如卜辞：

癸未卜，争贞，旬亡祸？

  三日乙酉夕月有食，闻，八月。 （《合集》11485）

图 7-88 《合集》11485

对于月食现象的发生，殷人看来是灾祸来临。如：

王占曰："有祟。七日己未庚申月有食。"　　（《合集》40610 反）

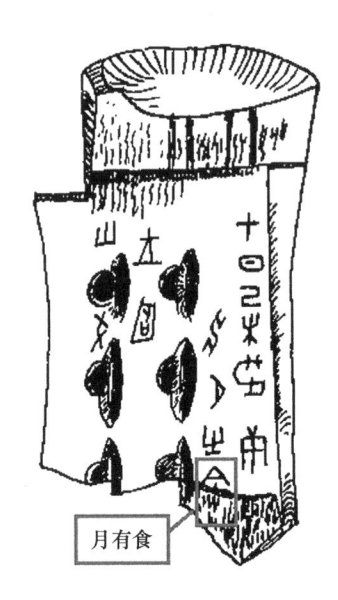

图 7-89 《合集》40610 反

第七章 甲骨文反映的殷商史

甲骨文中对日食的记载大约有 6 次。分别是庚辰日食、辛巳日食、乙巳日食、乙丑日食、癸酉日和不明日日食。甲骨文中称日食为"日有戠"或"日戠"，戠字作ᵮ形，与"食"音同，表示日中有黑点。卜辞有"庚辰贞，日有戠，非祸，惟若?"（《合集》33698）在殷人心目中，日食和月食一样，都代表灾祸，每每遇到这种现象，他们都要向祖先求告，祈求保佑。①

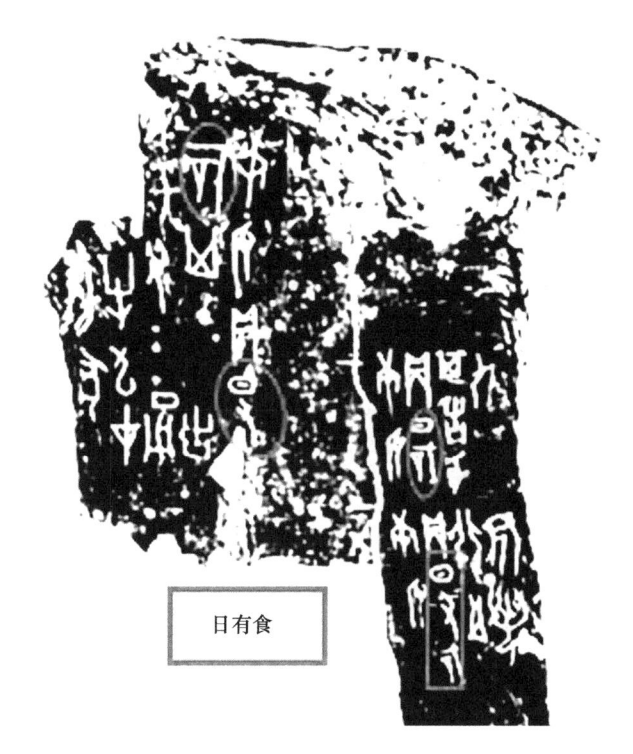

图 7-90 《合集》33698

甲骨卜辞中关于日食月食的记载，是我国历史上最早的天文记录，在世界上也是十分古老的，显示了殷人在天象观察方面的进步。

殷人的纪日法是古老的"干支纪日法"，即用十天干十二地支搭配组成六十个干支日，循环使用。为了方便，殷人还建有自己的干支表，甲骨学

---

① 常玉芝：《殷商历法研究》，吉林文史出版社 1998 年版，第 22 页。

家在一片牛肩胛骨上发现刻有完整的干支表,见《合集》37986片。干支纪日法在我国历史上被长期使用,直至今日仍未被丢弃。

殷人为了更准确、更合理地安排自己的生产生活,又十分精细地把一天的时间进行了分段,并给每一时段以不同的名称。据有关专家研究,殷人大致把每天划分成16个时段,有旦、明、食日、中日、小食、小采、大采、夕、夙、朝、郭夕、暮、昏等名称。① 如卜辞:

 九日辛亥旦,大雨自东? (《合集》21025)
 昃至郭不雨? (《合集》29793)

昃,太阳偏西时分;郭,下午的时候。从整体上看,殷人对白天的分段比较密集,而且每一时段的时间不同。

图7-91 《合集》21025　　　　　　图7-92 《合集》29793

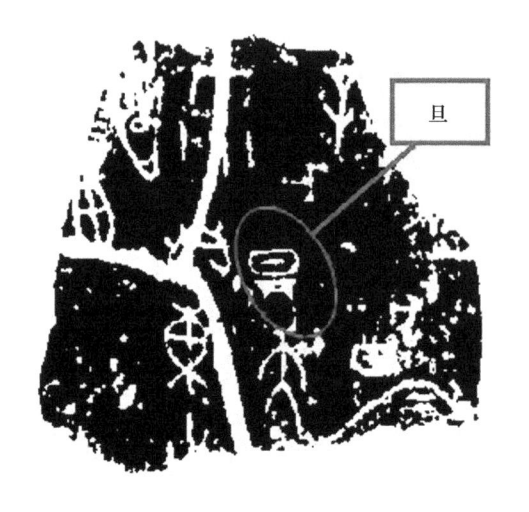

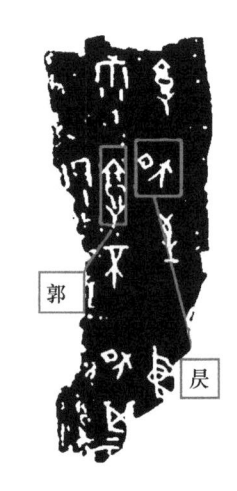

商代历法是阴阳合历,学者们发现,殷历月分大小,大月长30天,小月长29天,但大月也有长31天的,小月最短有25天的。为了调节太阳历和太阴历之间的差异,殷人采用了"以闰月定四时成岁"的办法解决这一

---

① 宋镇豪:《试论殷代的记时制度》,刊《全国商史学术讨论会议文集》1985年。

问题。从甲骨文记载来看,商代晚期的历法有两种置闰的方式,即年终置闰和年中置闰。年终置闰即把闰年的闰月放在正常月份十二月之后,称为十三月,如"癸巳卜,兄贞,旬亡祸?十三月"(《合集》26681)。年中置闰则是根据实际需要,在十二月之中随时安排闰月。卜辞当中,武丁时期年终置闰的例子较多,但也有极少量的年中置闰的例子。到了武乙、文丁时期,年中置闰完全取代了年终置闰,更趋向科学化。①

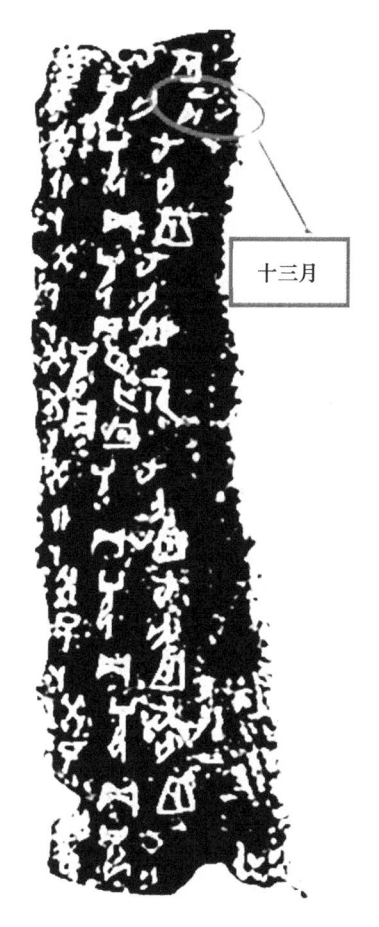

图 7-93 《合集》26681

---

① 王宇信、杨升南主编:《甲骨学一百年》,社会科学文献出版社 1999 年版,第 677 页。董作宾:《殷历谱》下编卷五《闰谱》,1945 年版,第 3 页上。

甲骨文中，有不少关于疾病方面的记载，这些资料显示出殷商时期，医学上的进步，特别是在疾病的分科方面，已初步作了一定的工作。"疾"字甲骨文作𤕫，像人卧床不起浑身大汗不止，会意为患有疾病，据胡厚宣先生研究，甲骨文中已有16种疾病的名称，如"疾肘""疾首""疾言""疾口""疾舌""疾齿""疾鼻""疾胸""疾腹""疾手""疾止""疾骨"等。① 如"庚戌卜，亘贞，王其疾骨？"（《合集》709正）这些疾病，已具备今日之内，外，脑、眼、耳鼻喉、牙齿、泌尿、产妇、小儿、传染诸科。

此外，还有诸如伤风、酒精中毒等病种。对于疾病的医治，殷人除了占卜祭祀求神告祖之外，已经有一定的治疗方法，如针刺。甲骨卜辞中"殷"字就极像一人胸腹有疾，一人手持针（骨针）为期针灸治疗疾病。

第三节　宗教信仰和祭祀

宗教是社会意识形态的内容之一，是上层建筑的重要组成部分。古人多相信在现实世界之外，存在着超自然、超人间的神秘力量。这些超人类的神秘力量，在科学不发达、认识水平较为低下的古代社会，控制和主宰着自然界与人类社会，古人对其充满了敬畏和崇拜，从而产生崇敬性的祭祀活动。

从甲骨文记载来看，殷人的宗教信仰极为浓烈，主要表现在迷信鬼神、崇天敬祖上。商人的祭祀活动十分频繁，崇拜对象十分广泛，归纳起来大致有三类：上帝崇拜、自然神崇拜、祖先崇拜。

一　上帝崇拜

从早期殷墟甲骨卜辞和稍晚的商代金文里，可以看到商人有天神崇拜的心理。他们把天神称作"上帝"或"帝"。在殷人心目中，上帝无所不能。能降灾祸，能保吉祥，能驱使风、雨、雷、电等自然神，权力巨大。就是殷人的祖先，也只能"宾于帝"，成为其宾客。在殷人看来，上帝并不是孤立一人，在他之下，还建有天庭，设有"帝使""帝臣""帝五臣"

---

① 胡厚宣：《殷人疾病考》，《甲骨学商史论丛初集》，齐鲁大学国学研究所1944年版，第417页。孟世凯：《殷墟甲骨文简述》，文物出版社1980年版，第112—115页。

"帝丰臣"等职官，风雨雷电亦是其使臣，供之驱使。

（一）帝令雨

每当遇到大旱不雨时，殷人便拼命地举行祭祀，希望上帝能降下甘露，解除旱情。如卜辞：

贞，今一月帝令雨。　　　　　　　　　　　　　　（《合集》14132）
今二月帝不令雨。　　　　　　　　　　　　　　　（《合集》14134）

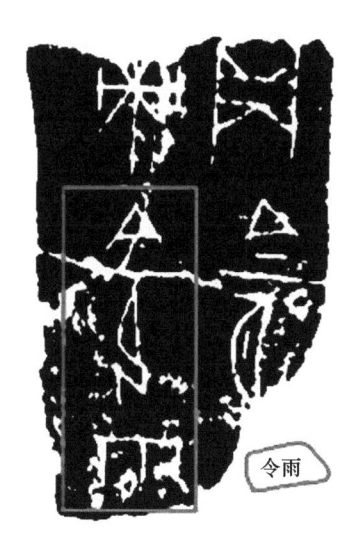

图 7-94　《合集》14132

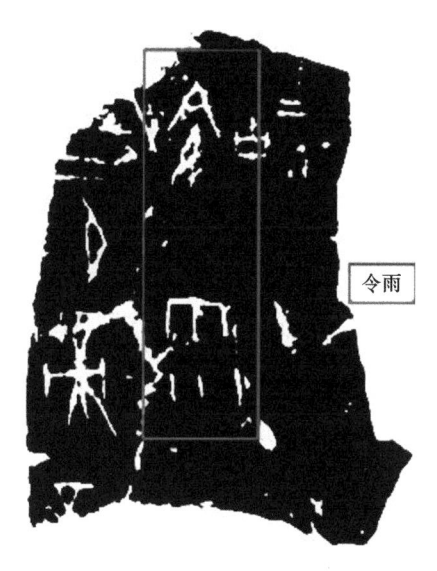

图 7-95　《合集》14134

《合集》14132 辞贞问一月帝会命令下雨吧。《合集》14134 再次从反面卜问二月帝不会命令下雨。

（二）帝令风

贞，翌癸卯帝其令风。　　　　　　　　　　　　　（《合集》672 正）
翌癸卯帝不令风。夕雾。　　　　　　　　　　　　（《乙》[①] 2452）

---

① 《殷虚文字乙编》简称《乙》。

图 7-96 《合集》672 正

《合集》672 正、《乙》2452 两辞贞问帝是否会下令刮风。商人视风为帝的使臣，故而会对其举行祭祀。如（《前》① 4.17.5）"贞帝风三羊、三豕、三犬"。卜问用三羊、三豕、三犬禘祭风神。

（三）帝左右祸福

商人认为上帝高居天上，可以随时降落人间，左右着人间诸多方面的旦夕祸福，如城邑建设。见卜辞：

庚午卜，内贞，王乍邑，帝若。八月。庚午卜，内贞，王勿乍邑，古兹，帝若。贞，王乍邑，帝若。八月。贞，[王]勿乍邑，帝若。

（《合集》14201）

---

① 《殷虚书契前编》简称《前》。

第七章 甲骨文反映的殷商史

王乍邑，帝若

图 7-97 《合集》14201

商王在出征前，往往都要卜问上帝是否保佑战争取得胜利，以此决定是否出战。如卜辞：

辛亥卜，㱿贞，伐舌方，帝受〔又〕。一 贞，帝不其〔受又〕。
（《合集》6270 正）

上帝还能左右商王的祸福，比如卜辞上记录的上帝控制商王疾病的好坏。

贞，惟帝肇王疾。 （《合集》14222 正乙）
〔贞〕，惟帝肇王疾。 （《合集》14222 正丙）

甲骨学初阶

图 7-98 《合集》6270 正

图 7-99 《合集》14222 正乙    图 7-100 《合集》14222 正丙

　　由上述可知，殷人对上帝十分畏惧，经常恭恭敬敬地为其举行各种祭祀活动，献上祭品，希望得到福佑和庇护。陈梦家曾总结说："上帝所管到的事项是：(1) 年成，(2) 战争，(3) 作邑，(4) 王之行动。他的权威或命令所

· 222 ·

及的对象是：(1) 天时，(2) 王，(3) 我，(4) 邑。"① 最高神上帝的出现，显然与地上王权的集中与独裁相辅相成，正是人间有了至高无上的商王，才产生了天上诸神之长的上帝，他是统治者思想意识在宗教上的反映。

二 自然神崇拜

殷墟甲骨卜辞表明，殷人除了对上帝崇拜之外，对诸多自然现象也都十分崇拜。在殷人心目中，以为上帝能够操纵万物，驱使其他神灵去具体地执行命令，发生各种自然现象。而他们为了自己的生产、生活以及生存，必然会频繁地祭祀这些神灵，以祈求保护自己，满足自己需求，殷人从而产生对自然神的崇拜。

（一）风神、云神的祭祀

燎帝史风一牛。　　　　　　　　　　　　　　　（《合集》14226）
贞，燎于二云。　　　　　　　　　　　　　　　（《合集》13401）

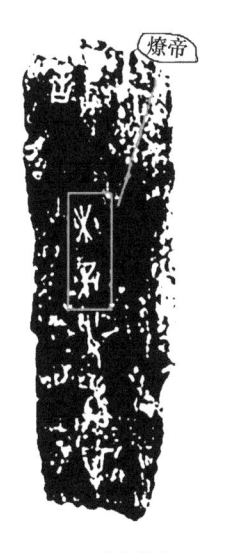

图 7-101　《合集》14226　　　　　　图 7-102　《合集》13401

① 陈梦家：《殷虚卜辞综述》，中华书局 1988 年版，第 571 页。

《合集》14226贞问用烧一头牛祭祀上帝的使臣风,表明第一,风是上帝的使臣;第二,风是神灵,殷人可以祭祀上帝的使臣风神。《合集》13401卜问用烟火升腾的燎祭祭祀二云。为云神举行燎祭时,往往会根据云数多寡,选择用牲数量。① 如"癸酉卜,又燎于六云,五豕、卯五羊"(《合集》33273)。

(二)日月神的祭祀

  壬子卜,旅贞,王宾日,不雨。   (《合集》22539)
  辛未卜,侑于出日。   (《合集》33006)

图7-103 《合集》22539

陈梦家认为日、月之神,大约指的是卜辞中的"东母""西母",与《礼记·祭义》中记载的"祭日于东,祭月于西"正相吻合。学者多从陈说,但也有持反对意见者,如宋镇豪先生,他认为从甲骨文反映的日神神性上看,此说未必成立,不如视东母、西母为商人心目中司命之神,殆由

---

① 宋镇豪:《夏商社会生活史》,中国社会科学出版社1994年版,第481页。

先妣衍出，分主四方。《商颂·殷武》有云："商邑翼翼，四方之极……寿考且宁，以保我后生。燎祭东母、西母，大概是求其保佑商族子孙的繁衍。"①

（三）山河之神的祭祀

在自然诸神中，殷人对山岳、大江、大河之神乞求最多。尤其在"求年"和"受年"时，殷人把它们当成重要的神祇给予祭祀，希望山神和河神能够保佑农业丰收。如祭祀山岳之神：

辛未卜，争贞，翌癸酉呼雀燎于岳？　　　　　　　（《合集》4112）

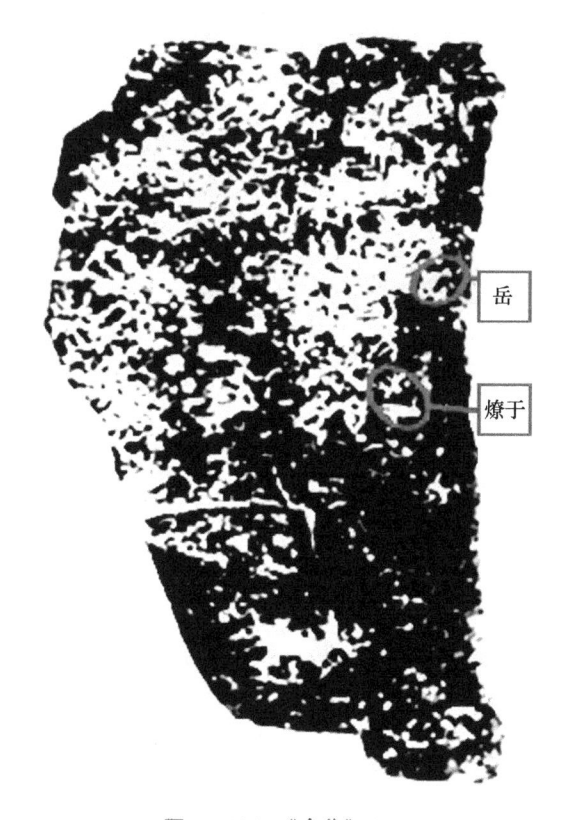

图 7-104　《合集》4112

---

① 宋镇豪：《夏商社会生活史》，中国社会科学出版社 1994 年版，第 476 页。

三 祖先崇拜

在殷墟甲骨卜辞中，祭祀卜辞占有相当大的比例，而其中又以祭祀祖先的卜辞居多。殷人对祖先的崇拜远远超过了其他神灵，仪式烦琐，祭祀品也极为丰厚。其中有他们的高祖、先王、先公以及先妣诸祖先神。殷人不管遇到什么事情，都要不厌其烦地向祖先求告。如卜辞：

乙丑卜，求自大乙至丁祖九示？　　　　　　　　（《合集》14881）

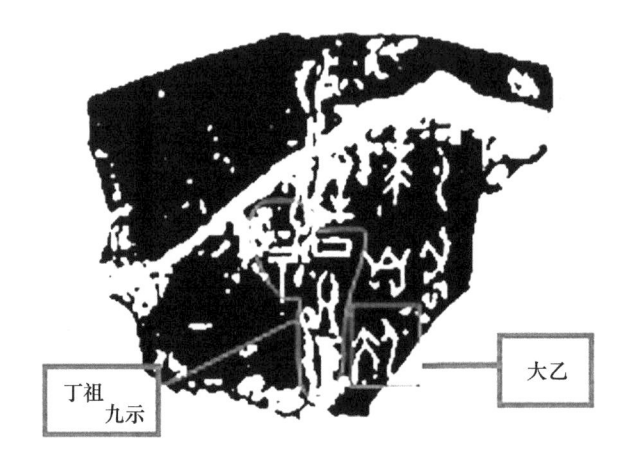

图 7-105　《合集》14881

《合集》14881 卜问的是直系先王大乙至丁祖九示祖先的祭祀。由此也可知，商人祭祀先祖时，是有亲疏远近、直旁系之分的，对于直系先王，殷人对其祭祀更为隆重。长年累月周而复始，殷人慢慢形成了十分严密的"周祭"① 制度，祭法种类也极为丰富，多种多样。如"燎""宾""告""求"等数种。祭祀时，所供牺牲成千上万，还有大量人祭。如：

庚寅卜，酒升伐自上甲六示三羌三牛，六示二羌二牛，小示一羌一牛？　　　　　　　　　　　　　　　　　　（《合集》32099）

---

① 王宇信、杨升南主编：《甲骨学一百年》，社会科学文献出版社1999年版，第603—627页。

图 7-106 《合集》32099

"示"指的是殷人的先公先王，羌即羌族的战俘。这是用战俘和牛作为牺牲用于酒祭殷人多位先公先王的记载。

考古工作者在小屯北地的宫殿、宗庙区内的乙组建筑周围发掘出来众多小墓或祭祀坑，即商王室逐年祭祀宗庙中所供的祖先灵牌的遗留，坑中累累白骨都是当时殷人祭祀所呈献的牺牲，为求得祖先欢心，即便是庞大的车马也会作为贡品被埋于地下。西北冈王陵东区的公共祭祀场，是商王室长期举行墓祭时杀伐人牲的场所。

第八章　甲骨文中的传统文化

作为目前发现的中国最早的系统文字，甲骨文字本身以及数以百万计的辞例包含了巨大的信息量，可以说是一个十分珍贵的历史文化宝库。在此，仅举两例来说明殷墟甲骨文字中所蕴含的丰富传统文化，一是重农文化；二是重教传统。合在一起，就是中国传统的"耕读"文化。

耕读文化是中国几千年农业文明社会在特定历史时期形成的乡村文化，"忠厚传家远，读书济世长"，成为各个阶层普遍认可的社会共识，成为家风家训。

第一节　重视农业生产

中国是一个传统的农业社会，农业生产历来是从上到下都极为关心和重视的大事，它事关国家安危和百姓生活。因此，历史上早已形成了厚重的重农文化，时至今日，重农也仍然是国家不敢懈怠的头等事务之一。从甲骨文看，这一传统渊源有自，明晰不污。这里，我们以甲骨文中的"求年""受年"卜辞为例，将这一文化传统的渊薮说明如下：

在甲骨卜辞里，我们现在所说的"五谷"，在殷商时期均有种植，农业已经成为经济生活中的主要生产方式，事关国计民生。因此，从农作物种植到管理再到收获，都受到了统治者的高度重视，有个丰收的年成也就成为上上下下的殷切期盼。为此，有关"求年""受年"的贞问，在甲骨卜辞里较为常见，求雨御旱、藉耕令田之卜也不时可见。为了有一个好的年成，商王朝统治者甚至不惜杀牲杀人，以隆重祭祀天神与自己的祖先。可以说，商王对"求年""受年"的重视，正是最初的重农思想的具体体现。而这一思想对后世产生了潜移默化的巨大影响，并延伸成为贯穿于中国古代、近代乃至当今政府的政策和统治思想,更是一种不可忽视的传统文化。追索至此,其意义不言自明,借鉴价值跃然眼前。

在殷墟甲骨文中,仅求年和受年卜辞,据不完全统计,大约450条。如果算上"受黍年""受稻年"这类指明具体作物的辞例,则数量更巨。这对于研究殷商时期的农业,了解殷人的祭祀,特别是探讨此类卜辞所反映的殷人思想,都具有十分重要的科学价值。

一 "求年"卜辞

"求年"卜辞中的"求"字,最早为王襄所释;① 甲骨文"年"字从禾从人作 形,像人负禾而归之状。《说文》云:"年,谷熟也。"② 《春秋穀梁传·桓公三年》亦云:"五谷皆熟为有年。"③ 显然,"求年"的意思就是殷人为了农业丰收而向他们所尊崇的神祖进行宗教形式下的求祭。总观甲骨文里的求年卜辞,可以看到,殷人为了庄稼有个好的收成,经常向如下两类神灵求祭。

图8-1 甲骨文"年"

一是殷人心目中的自然神。殷人极其迷信,这一点在甲骨文中有着很好的反映。无论是军国要事,还是日常琐碎,他们都要事先占卜,祭祀神祖。在他们众多的崇拜对象中就有河神、岳神(山神)和土地神这些自然的神祇。"求年"卜辞中所祈求的对象里,就包括这些自然神。

---

① 王襄:《簠室殷契征文考释·帝系》,天津博物院,1925年,第3页上。
② (汉)许慎撰,(宋)徐铉校:《说文解字》卷七上,中华书局2004年版,第146页。
③ (清)阮元校刻:《十三经注疏·春秋穀梁传》,中华书局1980年版,第2374页。

  贞：求年于河？　　　　　　　　　　　　　　　　（《合集》10082）
  丙申卜，宾贞：于河求年？　　　　　　　　　　　（《合集》10095）

  这两条卜辞，都是殷人向河神祈求，希望能够保佑有一个好的年成。

图 8-2 "求年于河"卜辞　　　　　　　　　图 8-3 "求年于岳"卜辞
（《合集》10083）　　　　　　　　　　　　（《合集》10075 正）

  向岳神求年的辞例也不少：

  戊午卜，韦贞：求年于岳？　　　　　　　　　　（《合集》10070）
  贞：求年于岳？一月。　　　　　　　　　　　　（《合集》10079）

  辞中之"岳"字，像挺拔高峻之山形，上面二辞，都是殷人向山岳之神祈求年成的记录。
  殷人为了农业丰收，向河、岳等到自然神祇致祭祈求，并不奇怪。因为自古以来，在人们心目中，名山大川各有神祇主之。由于这些大河汹涌澎湃、滔滔而去，一旦泛滥，危害极大，古人在生产力和技术手段落后的

· 230 ·

第八章　甲骨文中的传统文化

情况下，对之无能为力，而对其巨大的威力却敬而畏之，遂产生崇拜心理；而高山因其高耸入云，与天同高，使人产生敬仰崇敬心态，并逐渐列入日常祭祀对象。

在求年卜辞中，我们看到，殷人有时还向四方之神求祭：

  贞：帝于西方曰彝，风曰介，求年？　　　　　（《合集》14295）
  辛亥卜，内贞：帝于南方曰微，风［曰］夷，求年？一月。
　　　　　　　　　　　　　　　　　　　　　　　　（《合集》14295）
  贞：帝于东方曰析，风曰协，求年？　　　　　（《合集》14295）

甲骨文中有著名的四方风片，[①] 其内容被学者们认为是殷人向东西南北四方之神的祭祀记录。上三辞刻于同一片甲骨之上，除缺北方神之外，其他三个方向的神祇都已成为殷人求年的对象。又有：

  求年于滴？　　　　　　　　　　　　　　　　（《英藏》2287）
  其求年缶？　　　　　　　　　　　　　　　　（《合集》28256）
  丙子卜，宾贞：求年于甫？　　　　　　　　　（《合集》10104）
  贞：于兮求年？　　　　　　　　　　　　　　（《合集》10099）

上面卜辞当中，滴、缶、甫、兮都是水名或地名。其中的滴，有人认为即是殷都北面的漳河，[②] 这些卜辞都是殷人向地方的土地神祇和河神祈求丰收的占卜。

二是殷人的祖先神。在殷人祭祀的所有神祖当中，自己的先祖们所受的祭祀最为隆重，也最为常见。殷人无论遇到什么事情，都喜欢告诉自己的先人，让他们在冥冥幽界中给予子孙后代庇佑和保护，并降福赐祥。在"求年"卜辞中也不例外：

  其求年于夔五牛，王受［佑］？　　　　　　　（《合集》28249）

[①] 郭沫若主编，胡厚宣总编：《甲骨文合集》第14294片，中华书局1982年版。
[②] 孙淼：《夏商史稿》，文物出版社1994年版，第262页。

于大乙、祖乙……求年，王受［佑］？	（《合集》28273）
甲子卜，古贞：求年自上甲？九月。	（《合集》10111）
贞：于王亥求年？	（《合集》10108）

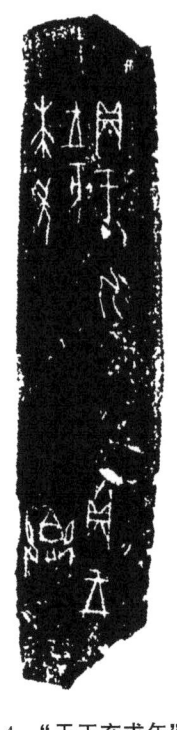

图 8-4 "于王亥求年"卜辞　　　　　　图 8-5 "于上甲求年"卜辞
（《合集》10105）　　　　　　　　　（《合集》10110）

辞例的"夒"，乃殷人的高祖，卜辞中有"高祖夒"的记载（见《合集》33226）。甲骨文中涉及他的占卜事类主要有它禾、它雨、受年、求年、求雨、告秋六项。而这六项都与农业密切相关，因此有人认为他带有"农业保护神的性质"[①]。其他如上甲、王亥、大乙、祖乙，均为殷人的先公先王。此外还有：

[①] 罗琨：《殷墟卜辞中的高祖与商人的传说时代》，《全国商史学术讨论会论文集》，《殷都学刊》1985年增刊。

第八章　甲骨文中的传统文化

　　癸亥卜，古贞：求年自上甲至于多毓？九月。　（《合集》10111）
　　丁亥卜，其求年于大示？即日此有雨，吉。　　（《屯南》2359）

　　"毓"即"后"，"多毓"就是说多位先祖之意。甲骨文中的"大示"是指殷人直系先王。这两条卜辞是殷人一次同时向多位祖先祈求年成。

　　在殷人向自然神以及祖先求年的时候，要举行隆重的祭祀仪式，并要向神祖献上牺牲，以示虔诚。在"求年"卜辞中明确记载的祭祀方式有三种，即燎、沈、酒，辞例如下：

　　贞：求年于岳，燎三小牢，卯三牛？　　　　　（《合集》385）
　　贞：求年于大甲十牢，祖乙十？　　　　　　　（《合集》672正）
　　甲子卜，争贞：求年于夔，燎六牛？　　　　　（《合集》10067）

　　"燎"是甲骨文中常见的祭名之一，其字作"🔥""🔥"等形，像木柴交积之形，旁加小点如火焰升腾之状，下边有时从火，表示燔柴而祭祀神祖之意。从"求年"卜辞中可以看出，在标有祭法的辞例中，使用燎祭者数量最多，而且所有燎祭"求年"卜辞里都有用牲记录，所用者多为牛与圈养的牛羊。燎祭在当时是一个极为神圣和庄重的祭祀仪式，不但要点柴火燃烧，还要献上一定数量的牛羊作为供品，这样使牛羊等肉的香味升于上天，从而使所祭的神祖们心悦而保佑年成丰收。还有用酒祭的卜辞：

　　求年于示壬，惟翌日壬子酒，有大雨？　　　（《合集》36981）
　　求年于河，惟今辛酉酒，吉？　　　　　　　（《屯》3779）
　　其求年祖丁先酒，有雨，吉？　　　　　　　（《合集》28275）

　　"酒"即甲骨文中习见的酒祭，殷人嗜酒，自古闻名，殷末整个王朝"沈于酒"[①]，殷墟发掘中，出土的大量青铜酒器可以说明。因此，酒的使用在殷商时期极为普遍，用酒祭祀神祖也是殷人常用的方式。还有沈祭：

---

① （汉）高诱注：《吕氏春秋·先识》，上海书店出版社1986年版，第179页。

图8-6 求年祖丁（《合集》28275）

求年于河，沈，王受[佑]？大雨，吉。　　　　　　　（《屯》673）
戊寅卜，争贞：求年于河，燎三小牢，沈三牛？
（《合集》10084）

甲骨文"沈"字，像沉牛羊于水中形。《周礼》云："以沈祭山林川泽"，此种祭法即是将牛羊等牺牲沉于水中以祭神祖。上引卜辞中，它有时与燎祭一起，是殷人上祭祖先、下祭河岳的反映。殷人求年用牲数量最少1个，多的则有10个，而更多的则几十甚至上百。

贞：求年于丁，皿三勿牛，册三十勿牛？九月。
（《合集》10117）

这条卜辞的"皿"是一种祭法或用牲之法，"册"为砍去肢骨之"砍"，[①] "勿牛"即为杂色牛。卜辞中，用牲数量一次高达30头牛，数量惊人。更令人震惊的是，求年之祭有时还要用到人：

---

① 于省吾：《甲骨文字释林》，中华书局1979年版，第172—174页。

> 壬辰卜，其求年于夒，燎侑羌，兹用？　　　　　　（《合集》32117）

"羌"即羌人战俘，这是杀伐羌人作为祭祀牺牲的辞例。

二 "受年"卜辞

"受年"卜辞中的"受"，形作"🖐"等形，像两人以手奉盘相授受之形。《说文》云"受，相付也"。据此知其有两重：对主动者而言是授予、付与；而对被动者来说则为领受、接受。仔细审核体会"受年"卜辞的意义，可知它实际上也是一种"求年"的形式，其最终目的也是想要得到一个丰收的年成。

如"我受年"与"商受年"之类卜辞：

"我"在卜辞中，其意有三：一是为第一人称代词，乃殷人自称；二是作方国名和地名；三是贞人名。具体到"我受年"，应指殷人自称，甲骨文中这类辞例很多：

> 甲子卜，古贞：我受年？三月。　　　　　　　　（《合集》9679）
> 贞：我不其受年？　　　　　　　　　　　　　　（《合集》9708）
> 我北田不其受年？　　　　　　　　　　　　　（《合集》9750 甲）

上举三条卜辞，殷人为自己祈求年成的意思非常明白，无需赘言。而"商受年"则更明确。"商"在卜辞中，一是指殷商王朝；二是指都邑。孙诒让认为商邑"盖指商都"是可信的，卜辞中常有"王入商"的记录，也可证此说不误。但就"商受年"卜辞而言，此"商"不会仅仅是指王都一小块地方，而至少应是指殷人的王畿区域或整个殷王朝版图。

> 辛丑卜，古贞：商受年？十月。　　　　　　　　（《合集》9663）
> 辛卯卜，扶［贞］：受年，商？　　　　　　　　（《合集》20651）

图8-7 "我受年"卜辞(《合集》5611正)

图8-8 "商受年"卜辞
(《合集》9664)

图8-9 "南土受年"卜辞
(《合集》9737)

第八章　甲骨文中的传统文化

还有一条很有意义的卜辞：

己巳卜，贞：余受年？　　　　　　　　　　　　（《合集》21747）

"余"乃商王自称，对此，甲骨学家胡厚宣先生有过专论，①"余受年"实际就是我受年、商受年，此辞应是商王亲自占卜的记录。

有的"受年"卜辞记有希望受年的时间或季节。

乙丑卜，王贞：今岁受年？十二月。　　　　　（《合集》9650）
癸卯卜，争贞：今岁商受年？　　　　　　　　　（《合集》9661）
癸酉卜，宾［贞］：今来岁我受年？　　　　　　（《合集》9655）
辛巳卜，亘贞：祀岳，求来岁受年？二告。　　（《合集》9658 正）
贞：来春不其受年？　　　　　　　　　　　　　（《合集》9660）
丁亥卜，贞：今秋受年？吉。　　　　　　　　　（《屯》620）

辞中的"岁"，据专家研究作"年岁"解。② 由此知道，殷人不但占卜当年的收成，有时还希望来年丰收，甚至要具体指明是春季还是秋季。

甲骨文里除上面指出的"我""商"受年之外，"受年"卜辞中还有两种受年对象：一是商王的亲近或大臣；二是某地或四方、四土。如：

贞：妇井不其受年？　　　　　　　　　　　　　（《合集》9757）
庚子卜，雀受年？二告。　　　　　　　　　　　（《合集》9758 正）
辛酉贞：犬受年？十一月。　　　　　　　　　　（《合集》9793）

卜辞当中的"妇井"是商王的配偶，其有封地，这是为其封地祈求年成的。"雀""犬"都是商王武丁时期卜辞中常见的重臣，常率兵出征。按殷商时期的情况，他们二人也应是两个族的族长。这是商王为他们求取年成的记录。某地受年的辞例有：

---

① 胡厚宣：《释"余一人"》，《历史研究》1957 年第 1 期。
② 于省吾：《甲骨文字诂林》，中华书局 1988 年版，第 2397—2406 页。

贞：雝不其受年？　　　　　　　　　　　　　（《合集》811 正）
贞：蜀受年？　　　　　　　　　　　　　　　（《合集》9774 正）
乙卯卜，宾贞：敦受年？小告。　　　　　　　（《合集》9783 正）
庚辰卜，亘贞：禀受年？二月。二告。　　　　（《合集》9810 正）

图 8-10　奠受年卜辞　　　　　　　图 8-11　敦受年卜辞
（《合集》9766）　　　　　　　　　（《合集》9780）

这几条卜辞中的雝、蜀、敦、禀等都是甲骨文中的地名，这是殷人希望这些地方能有好的收成的真实记录。

甲骨文里还有记录商王希望四土、四方受年的卜辞：

乙巳卜，殻贞：西土受年？三月。　　　　　　（《合集》9744）
甲午卜，宁贞：北土受年？　　　　　　　　　（《合集》9745）
甲午卜，延贞：东土受年？二告。　　　　　　（《合集》9735）
甲午卜，亘贞：南土受年？　　　　　　　　　（《合集》9738）
南方受年。　　　　　　　　　　　　　　　　（《屯》2377）
西方受年。　　　　　　　　　　　　　　　　（《屯》2377）

卜，王……从西暨南从……年？北暨东不受年？

(《合集》20652)

这些都是商王希望其四境皆能有个丰收年的占卜记录。

如果将"求年"卜辞与"受年"卜辞比较的话，其相同之处在于都是为了一个目的，即农业有好的年成。在这一点上尽管两种卜辞的字面内容不尽相同，但字里行间所反映出来的殷人的期望还是很容易体会到的。两种卜辞也是有些差别的，一是求年卜辞中多有祭法和祭牲的记录，而受年卜辞很少，只有个别记有牲名及数量。如：三十牛，受年？（《合集》30688）；二牢，受年？大吉。（《合集》28223）祭法则只见有"酒"祭（《屯》2666）；二是受年卜辞许多为正反对贞，如：丙子卜，韦贞：我受年？二告；丙子卜，韦贞：我不其受年？（《合集》5611正）。这反映了商王对受年与否这件事的重视和担心程度，为此要对事情的正反两方面占个明白，以求得到最后结果，其中包含了商王的某种担心与企盼。而求年卜辞则未见这一形式；另外，受年卜辞多明确为谁和为哪些地方祈求年成，而求年卜辞则比较笼统。

三 甲骨文重农文化对后世影响

在殷墟甲骨文中，包括"求年""受年"在内的直接与农业生产有关的占卜已逾千条，间接的也有一大批。这么多的卜辞，不仅记录了殷商时期农业生产状况，反映了殷人对丰收年成的祈盼，更重要的是，通过这种现象，我们还可以透视出蕴含在其背后的一个深层次的问题——对农业的极度重视。

大量考古发掘结果和甲骨文研究资料证明，在三千年前商代整个社会经济中，农业已是当时最重要的生产部门，是殷人据以立国的基础和根本，甲骨文中"求年""受年"卜辞真实地支持了这一结论。从上面我们可以看出，殷人为了有一个好的年成，要不厌其烦地向他们心目中能够为农业丰收而起到作用的水神、山神、土地神以及祖先进行祈求，为表诚意与虔诚，还要杀掉大批牛、羊牺牲，甚至是将活人供奉上去，用燎、沈、酒等祭祀方式使神祖们嗅到馨香，吃到美味。为了让各地农业能得到丰收，商王有时还要亲自进行占卜求祭，卜辞中的"我受年""余受年""王受年"

等辞例,商王自称的口气极为明显。商王不但要使自己王畿内的农业得到丰收,而且希望四土、四方的农田也能有好的收成,并且对各地是否能"受"到"年"给予了极大的关注,为此要反反复复地从正反两方面进行卜问。所有这些都深刻地表明,农业生产对殷人来说是极为重要的,它关乎国计民生,甚至生死存亡。商王朝从下到上,直至国王,都对年成的好坏予以了特别的关注和极大的重视,都要时刻尽自己所能去争取神祖的保佑和帮助,这些不正是我们常说的重农文化吗?

殷商时期形成的重农文化,潜移默化地给后世带来了极大的影响。重农,从此以后成为贯穿中国整个古代、近代乃至今天的一种政府政策和统治思想。

图 8-12 耕牛

继商王朝之后的周朝,原本就是一个"好稼穑,殖五谷"① 的社会。在入主中原之后,更加重视农业。周天子每年春天还要举行"藉田"之礼,即"王耕一坡,班三之,庶民终于千亩"②,以自己的以身作则来表示对农耕的重视,并倡导社会风气。当时的人认为"民之大事在农""王事唯农

---

① (汉)司马迁撰:《史记·货殖列传》,中华书局1963年版,第3261页。
② 上海师范大学古籍整理组校点:《国语·周语上》,上海古籍出版社1978年版,第18页。

是务"①，把农业生产当作第一要务。在《诗经·周颂》中有许多是描写农业生产的，如《臣工》就是周王谕告百官照顾农耕的诗篇。

到了春秋战国时期，虽然此时的工商业已有较大的发展，人们思想也受到一定影响，但统治者从未放弃过重农思想，并把抑制工商末业作为对重本重农的支持。秦国商鞅变法的内容中就有奖励耕织和惩罚弃本逐末的条令。战国时崛起的农学也极一时之盛，《吕氏春秋·审为篇》曾引《神农》一书中言曰："士有当年而不耕者，则天下或受其饥矣。"② 主张耕战并重的法家也认为："国之所以兴者，农战也"③，把农耕作为国家兴亡的重要因素。历史学家齐思和先生认为："农家所以如此主张者，盖彼宗以农为万事之根本也。"④

至汉代，统治者仍把农业生产放在国事之首位，汉文帝在位时，曾下诏曰："夫农，天下之本也，其开藉田，朕亲率耕，以给宗庙粢盛。"⑤ 又屡诫百官等令劝课农桑，并于公元前167年，下诏全免田租，从而大大促进了农业的发展，使战后未久的国力逐渐得到恢复和发展，他与景帝的统治因而被后世誉为"文景之治"。

即使是以游牧或狩猎为生的少数民族入主中原后，也往往一改前俗，开始重视农业生产。忽必烈建立元朝政权后，就告诫蒙古军不得以民田为牧地，全国要"以农桑为急务"，并编写《农桑辑要》指导农耕。清军入关后，开始认识到"王政之本，在乎农桑"，实行分授庄田、兴修水利、组织屯田等发展农业的措施，从而使社会残破、民不聊生的局面得到改变。

由此可见，商代"求年""受年"以及由此而起的重农思想，对中国社会的影响之大、影响之深，并且已经发展成为一种非常优秀的传统文化。我们今天所熟知的北京天坛祈年殿，就是明朝统治者于1420年修建的祈祷五谷丰登的祭祀建筑。它的高高矗立，无时无刻不在昭示着从甲骨文中所反映出来的重农思想对中国社会历史文化发展的巨大影响。而其本

---

① 上海师范大学古籍整理组校点：《国语·周语上》，上海古籍出版社1978年版，第15、21页。
② （汉）高诱注：《吕氏春秋·开春论第一》，上海书店出版社1986年版，第281页。
③ 高亨注译：《商君书注译》，中华书局1974年版，第31页。
④ 齐思和：《中国史探研》，河北教育出版社2000年版，第357页。
⑤ （汉）班固撰：《汉书·文帝纪》，中华书局1964年版，第117页。

身，难道不正是对殷商以来不断发展的重农思想、重农文化继承、弘扬的实物体现吗？

图 8-13 天坛祈年殿

第二节 重视子弟教育

中国传统文化中，重视教育是一项不可或缺的重要内容。自古以来，儒家的"耕读"传家思想深入人心，备受国人重视。不论是富贵大户，还是贫寒之家，都希望子女能够读书识字、接受教育，并以此继续原有富贵或摆脱眼下贫穷。"万般皆下品，惟有读书高"，这个古语就真实地反映了人们对教育重要性的普遍认识。千百年来，这一传统虽历经岁月变幻，却始终传承不绝，成为中华民族优秀的传统文化。

一 甲骨文中的教育制度

在古代文献典籍里，就记载了上古时期已经建立有自己专门的教育机构，如"上庠""下庠""东序""西序""东胶"等。[1]《孟子·滕文公上》说："设为庠序学校以教之。庠者，养也。校者，教也。序者，射也。

---

[1] 孙希旦撰，沈啸寰、王星贤点校：《礼记集解》，中华书局1989年版，第385页。

夏曰校，殷曰序，周曰庠。学则三代共之，皆所以明人伦也。"虽然名称不同，但都是当时的贵族子弟求学习艺的场所。

而有关殷商时期的学校名称，除上述称"序"外，古籍所记还有"右学""左学""大学""小学"之名。大学为右学，小学为左学。学校所在位置也有说明："殷制：小学在国中，大学在郊。"显然，殷商王朝的统治者十分重视学校教育，对此，甲骨文给出了坚实的佐证。如：

入，惟癸拜？
于十 [ ] 拜？
于祖丁旦拜？
于庭旦拜？
于大学拜？　　　　　（《屯南》60）

卜辞里的"旦""庭"，都是指殷人祭祀祖先的诸如宗庙一类场所；"拜"字作"👋"形，像人张开双手于席前作揖状。上面几条卜辞的意思是卜问癸日是在祖丁的宗庙举行拜礼好呢，还是在大学中举行拜礼好？

又，甲骨文中还有"右学"的记录：

丁巳卜，右学？　　　（《合集》20101）
于右宋学？吉。　　　（《屯南》662）

图 8-15 "右学"卜辞（《合集》20101）

图 8-14 "大学"卜辞
（《屯南》60）

以上卜辞记载说明，距今三千多年前的殷代，确实已有文献里所说的"大学""右学"等教育机构。

殷商时期，统治者对贵族子弟学习的事情非常关心，小孩上学还要占卜顺利与否，甲骨文有载：

　　丁卯卜，子其入学，若永？用。一二三
　　丁卯卜，子其入学，若永？用。四五六　　　　　（《花东》450）

辞中的"子"指的就是当时的学童；"若永"于卜辞中为顺利美善义。上面两条卜辞乃是占卜学生上学是否顺利，关心之情跃然辞中，与当今的学生家长关爱自己孩子比起来，毫无二致。

甲骨卜辞里还记录了当时学生上学的时间：

　　［甲戌］卜，翌乙亥学启？八月　　　　　　　（《合集》35275）
　　丁酉卜，今旦万其学？　　　　　　　　　　　（《屯南》662）

辞中的"翌"指将来，所指时间有长有短，短的可以就是第二天，像辞中的"翌乙亥"乃是占卜的次日，长的则多达几天甚至几十天。"启"指黎明时分，指天刚亮。"旦"与"启"相类，是天刚刚透亮的时间。"万"是商代一种舞蹈名称。从上面卜辞所记我们知道，当时学生上学时间与今天大致相同，即天一放亮便起床上学，开始"早读"。

为了让贵族子弟能够好好学习各种课程，真正掌握统治技能，殷商时期对学生的管理也很严格，如：

　　丙子卜，贞：多子其延学版，不冓大雨？　　　（《合集》3250）

郑玄云："版，籍也。"卜辞中的"学版"，应该指的是学籍册，[①] 这表明当时的学生并非自由散漫，无人管教，而是一一在册，官方掌有每个学生的学籍记录，用于考核审校。辞中的"延"字，有延长的意思。整条

---

① 宋镇豪：《夏商社会生活史》，中国社会科学出版社2005年版。

第八章 甲骨文中的传统文化

图 8-16 记录"学版"卜辞（《合集》3250）

卜辞是卜问多名贵族子弟可能是遇到连天大雨，无法到校学习受教，耽误了课程，是否延长学籍的事情。从此也透露出一个信息，即商代学校已有学制方面的规定，否则，学生因天气原因耽误一段学习，就要延长学籍就难以讲通。

当时的在校学生可能有严格的请假制度，没有特殊理由一般不能旷课，下面的卜辞就反映了这方面的情况：

己卜，子其疫，弜往学？
庚卜，子心疾，亡延？
辛卜，其御子，而于妣庚？　　　　　　　　　　　　（《花东》181）

辞中的"疫"指流行性的疾疫；"弜"为甲骨文中的否定词；"御"是殷人为了除去病疾而举行的祭祀，卜辞常见。"妣庚"是指死去的商王配偶。这三条卜辞意思是说学生"子"不幸患上了流感类的疫病，同时他的心脏也出了问题，是否不去上学，为此而占卜。为了不造成学业延误，大人们为其举行祭祀仪式，虔诚地祈求先妣妣庚，希望她能够帮助"子"尽快恢复健康，早日赴校就学，以免落下功课，延长学籍。

· 245 ·

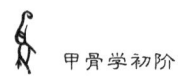

二 子弟教育内容

殷商时期学生学习内容，就甲骨文所见，主要包括舞、乐、射等课程。

  丁酉卜，今旦万其学？
  若呐于学？ （《屯南》662）
  子弜惟舞钺于之，若？ （《花东》206）

"万"是一种舞蹈的名称，《诗经》中有"公庭万舞，有力如虎"的诗句，说明"万"舞是那种显示力量、表达威武的舞蹈。"呐"，"言之疑"，即舞蹈时随着动作节奏呐喊之声，这也是与万舞相应相随的语言特征。[①] 有的舞蹈还手执青铜钺类的武器，随节而舞，加之低沉的呐喝之声，雄壮之形，自可想见。又有：

  甲寅卜，乙卯子其学商，丁永？用。 （《花东》487）

"商"是当时的祭歌之名，结合卜辞里"舞商"的记载，说明殷人在举行祭祀神祖时，往往是边舞边歌，祭祀这个国之大事，相关的礼仪自然是贵族子弟重点学习的内容。

"射"是古代六艺之一，备受重视，商王朝也不例外。

  戊戌卜，在㳄，子射，若？不用。
  戊戌卜，在㳄，子弜射于之，若？不用。 （《花东》467）

古代的"射"既是一种礼仪，又是一种实用技艺，乃贵族子弟必备的。卜辞记录有当时贵族子弟经常练习快射、慢射和常规射三种不同的礼仪，随后还要举行祭享先祖的仪式。

与之相关的还有：

[①] 宋镇豪：《夏商社会生活史》，中国社会科学出版社2005年版。

丙寅卜，允贞：翌丁卯王其教，不遘雨？　　　　（《合集》12570）
王弜教马，亡疾？　　　　　　　　　　　　　　（《合集》13705）

图 8-17　"商王执教"卜辞（《合集》12570）

在对贵族子弟的教育时，除了那些被赡养于右学、左学中的德高望重、学识渊博的国老们作为传道授业的教师外，商王有时也要亲自执教，教授马术技艺。由此可见商王朝对教育的重视程度。

殷人对学校的建设也相当重视，甲骨文有：

作学于入，若？　　　　　　　　　　　　　　　（《合集》16406）

图 8-18　"作学"卜辞（《合集》16406）

这是卜问于王宫之旁建造学校是否顺当。把校建在王宫附近，说明其地位十分重要，反映出统治者对于子弟教育的看重。

殷商统治者对贵族子弟教育的重视，对周代以及后世也有很大影响。周王朝时期，先是设立官学为主的教育体系，即中央设"国学"，地方设"乡学"。"国学"分为"小学"和"大学"，大学在郊，而且名称不一，"天子曰辟雍，诸侯曰泮宫"。"国学"这一层次学校的设立，为以后各朝统治者所继承和接受，并成为国家建立和统治繁荣的一种礼教标志。周代的"国学"，受教育对象仍为各级贵族子弟，《礼记》里就说："乐正崇四术，立四教，顺先王诗、书、礼、乐以造士……王太子、王子、群后之大子、卿大夫元士之适子，国之俊选，皆造焉。"这些"子"，都是王公贵族子弟。关于他们的入学年龄，文献记载虽然不一，但当时显然有其规定，或说"八岁入小学，十五入大学"，或说"年十三，始入小学，见小节而践小义；年二十，入大学，见大节而践大义"。

"乡学"则为地方官学，层次很多，"一曰乡校，一曰州序，一曰党庠，一曰家塾"，反映出基层统治阶级对学校教育的重视。

周王朝对自己的储君、王子、公子的教育则给予了更高程度的重视，专门设立了培养接班人的太师、太傅、太保制度，即对国家未来的继承者进行全面培养的教育安排，其职责是对受教育者"保其身体""傅其德义""导之教训"。这一方式在春秋战国时期的不少诸侯国中也普遍流行。

到了春秋后期以及战国时期，随着王纲解纽，王权下移，贵族垄断学术局面渐微，私学兴起，诸子纷纷招徒传学授业，成为一时景观，涌现出像孔子这样的教学大师和稷下学宫这样的公私兼具的高等学府。教育开始走向多元化，学习的重要性日益深入人心，人们认识到："夫学，殖也。不学，将落。""人不可不学……人之有学也，犹木之有枝叶也。"这些教育理念，对我国古代教育的发展起到了明显的促进作用，也成为一种优秀的传统文化。

第九章　甲骨文书籍举要

根据2017年11月出版的《甲骨文书籍提要》统计，海内外甲骨文著录书，共出版了128种。这128种著录，是甲骨文发现一百二十年来殷墟发现的甲骨文的整理、出版精华。甲骨文考释的专门著作有33种。甲骨文及商代历史、文化、名物制度研究论著有195种。共357种。这357种甲骨文专门著录，反映了甲骨文材料整理、文字考释、殷商历史、文化研究的全貌。现举其中有历史代表性专著加以介绍。

一　《铁云藏龟》

刘鹗编著。1903年10月抱残守缺斋石印本，线装，六册。1931年5月上海蟬隐庐石印本，与《铁云藏龟之余》合六册，附鲍鼎释文。1959年台北艺文印书馆重印本。

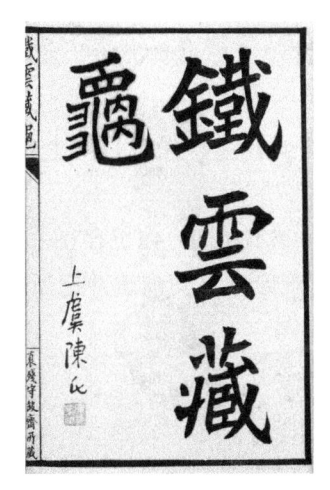

图9-1　《铁云藏龟》

全书共收录甲骨一千零五十八片。除去伪刻与重复出现者外,实得一千零五十一片,是刘鹗从收藏的五千多片甲骨中选拓著录的。

该书所录大多数为龟甲,也有少部分牛肩胛骨。其时代,以第一期为多,第二期次之,第三期极少,没有第四、第五期卜辞。①

这是第一部甲骨文著录书。作者刘鹗在甲骨学史上有开山之功。《自序》中,刘鹗叙述了龟版出土始末,购求原委,并考证繇辞体例。刘鹗对甲骨上所刻祖乙、祖辛、祖丁、母庚辨认,不仅对甲骨文字考释有重大贡献,而且认为这是殷人之遗物,引起了当时学术界极大的重视,为考证甲骨文的时代和出土地点,具有指导意义。

该书是石印本,甲骨拓本不清晰。1931年蟫隐庐重印本,用粉重描,字形失真。1959年艺文印书馆重印本,附有摹本,但就原书摹录,仍不清晰。

该书所载甲骨,伪刻的四片,分别是57.1、84.1、130.1、254.1。拓本倒置的共十二片,分别是23.4、28.4、32.2、43.2、43.3、89.4、149.2、193.2、216.2、225.2、227.1、233.3。

二 《殷虚书契前编》

罗振玉编著。1911年《国学丛刊》刊载,石印本。三卷(不全)。

这种版本,载甲骨拓本二百九十二片。这个版本目前流传甚少。

1913年珂罗版影印本,线装,八卷四册。1932年重印本。1970年台北艺文印书馆翻印本。2015年3月中华书局出版《殷虚书契五种》将《前编》收入该书的上册与中册里。

现在流行的是1913年编的八卷本,共收甲骨拓本二千二百二十九片,前附编者自序,谈及搜求及整理甲骨之经过。

1932年的版本是重印1913年八卷本,两者基本相同,但也存在一些差别,其差别之处读者可参考明义士《表校新旧版殷虚书契前编并记所得之新材料》。

---

① 按照董作宾先生的五期分期方法,甲骨文第一期为武丁时代,第二期祖庚、祖甲时代,第三期廪辛、康丁时代,第四期武乙、文丁时代,第五期帝乙、帝辛时代。

图 9-2 《国学丛刊》

该书所收的甲骨，大多数为罗氏自藏。其中有十五片是刘铁云所藏，已见于《铁云藏龟》中。

该书印刷工致，拓本清晰。该书收录甲骨卜辞的内容十分丰富，如农事活动者，第 4.30.2，其辞为：

贞叀小臣令众黍？　　　　　　　　　　　　　　　　（《合集》12）

有关军队编制的，如第 3.31.2，其辞为：

𠂤马，左、右、中，人三百？　　　　　　　　　　　（《合集》5825）

该书收录的甲骨卜辞是研究殷代历史的重要资料。

三 《殷虚书契菁华》

罗振玉编著。1914 年出版。2015 年 3 月中华书局出版的《殷虚书契五种》，将《殷虚书契菁华》收入该书的中册里。

全书包括序、甲骨照片，收录甲骨六十八片。

该书收录的甲骨，片数虽少，但内容十分重要。

该书第2—8页，是武丁时期的四版大牛胛骨正反两面的照片。现在为《合集》137正、反，6057正、反，10405正、反，10406正、反。

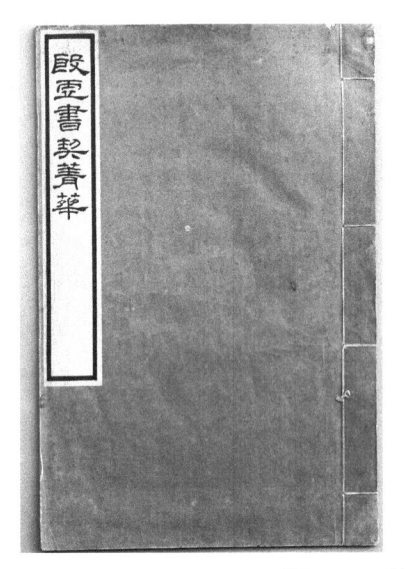

图9-3 《殷虚书契菁华》

这四版为牛胛骨，大字涂朱，内容很重要，是甲骨卜辞的珍品。《合集》137正、反，6057正、反，两版甲骨，是武丁时期占卜舌方、土方对内入侵内容，是研究殷代处理敌对方国的重要史料。

此四版甲骨，文字刻写雍容富贵，是商代文字之经典，当今书法研究之楷模。

四 《殷虚书契后编》

罗振玉编著。1916年出版。《艺术丛编》第一集本。1970年10月台北艺文印书馆重印。2015年3月中华书局出版的《殷虚书契五种》将《后编》收入该书。

全书分上、下卷。共收录甲骨一千一百零四片，包括时代第一期至第五期。

《后编》内容较丰富，史料价值极高，如征伐卜辞，《后·上》31.5，其辞为：

丁酉卜，殷贞：今春王收人五千征土方，受有祐？三月。

(《合集》6409)

农业卜辞，《后·下》28.16，其辞为：

庚子卜，贞：王往萑耤，叀往？十二月。　　(《合集》9500)

天文卜辞，《后·下》9.1，其辞为：

七日己巳，夕㐭……有新大星并火？　　(《合集》11503反)

货币卜辞，《后·下》8.5：其辞为：

庚戌……贞：易多女有贝朋？　　(《合集》11438)

五 《殷虚书契五种》

罗福颐、罗琨、张永山编著。2015年3月中华书局出版。

该书收入罗振玉《殷虚书契前编》《殷虚书契菁华》《殷虚书契后编》《殷虚书契续编》四种，以及罗福颐所编的《殷虚书契四编》，首次将这五种著录甲骨文最重要的著作合为全璧，共著录甲骨近六千片，凝结了罗振玉一家三代人的心血，是罗氏一家贯穿20世纪不遗余力传布甲骨文的缩影，为研究、临习甲骨文的首备书籍。

注：《殷虚书契四编》于1948年由罗福颐编成，收录甲骨280余版，书中

图9-4 《殷虚书契五种》

的资料主要是罗福颐从旅顺罗振玉旧居中带出的未著录的甲骨，还有容庚、曾毅公所藏以及厂肆所购的少量甲骨。因1965年曾为《合集》的编纂提供了部分拓本，故《四编》的出版被搁置了下来。1981年，罗琨、张永山遵循罗福颐之愿，重新增订《四编》，于2015年3月中华书局出版。

六 《殷虚文字甲编》

总编辑李济，编辑梁思永、董作宾，编著者董作宾。董作宾作序、李济作跋。

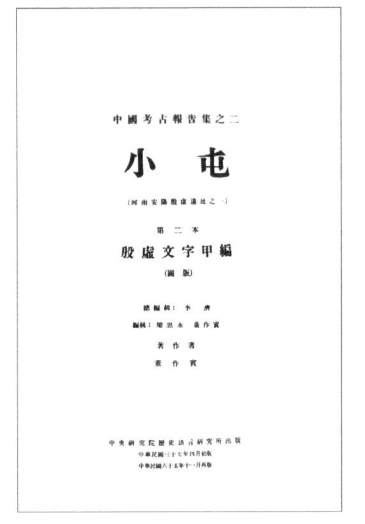

图9-5 《殷虚文字甲编》

书名称《小屯》（河南安阳殷虚遗址之一）第二本，"中研院"历史语言研究所中国考古报告集之二。1948年4月商务印书馆出版，八开本，一册。又，1976年"中研院"历史语言研究所重印本。

该书收录甲骨三千九百四十二片，除少数朱书影印外，全部为拓片。图版号之下，每片都附有发掘次数及原编号。

董作宾在"序"中着重介绍书中收录的甲骨是历史语言研究所在殷墟第一次到第九次发掘所获。对各次发掘时间、次数及甲骨实物登记号与本编拓片号、出土地点等，作一对照表。

书中收录的拓本计：甲二千五百十三片，骨一千四百二十五片，加上三件兽头刻辞及一件鹿角器，共三千九百四十二片。

该书收录的甲骨，是科学的发掘材料，作者在编著时，注意到田野发掘情况，每片皆附有发掘次数与原编号，使读者利用这批材料感到方便和可靠。但由于没有详细注明坑号层次，对复原各坑甲骨不便。

该书是第一部利用科学发掘资料而出版的甲骨文著录书。

七 《殷虚文字乙编》

总编辑李济，编辑梁思永、董作宾，编著者董作宾。上辑有董作宾序。

书名称《小屯》（河南安阳殷虚遗址之一）第二本，"中研院"历史语言研究所中国考古报告集之二。八开本，全三册。分上、中、下三辑。上辑，1948年10月商务印书馆出版；中辑，1949年3月商务印书馆出版；下辑，1953年12月历史语言研究所出版。又，1956年3月下辑列为中国社会科学院研究考古所特刊第四号，由科学出版社出版。1994年6月历史语言研究所重印本（上、中、下三册）。

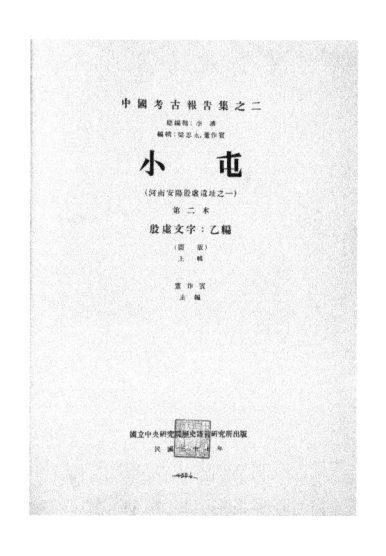

图9-6 《殷虚文字乙编》

该书收录全部为拓本，共收录甲骨九千一百零五片。极少数朱书者为影印。每片编号下皆附有坑位登记号。

该书收录的甲骨是历史语言研究所在殷墟第十三次到第十五次发掘所

获。这三次所得,以第十三次占大多数,而第十三次中又以YH127坑龟甲占多数。三次合计发掘甲一万八千三百零七片;骨九十八片。

董作宾在序中重点介绍了YH127坑所出一万七千零九十六片甲骨文字资料,并分别对坑位和出土、包含时代、刻画卜兆的龟版、毛笔书写的字迹、硃与墨、改制的背甲、武丁大龟及甲桥刻辞等八个方面作了研究。尤其是以该坑为基础,着重对文武丁时代的卜辞提出了新的见解。

八 《甲骨文合集》

郭沫若主编,胡厚宣总编辑,中国社会科学院历史研究所编辑。

1978—1982年中华书局印行,八开本,共十三分册。

该书经全体编辑成员二十多年的努力,才编成这一大型甲骨著录。

图9-7 《甲骨文合集》

该书材料主要来自国内外一百多种收录甲骨文的书刊及全国一百多个单位和许多私人收藏的甲骨;公私收藏的拓本、照片及部分新发现的甲骨。在广泛收集大量材料基础上,经过了对重、去讹、换片及进行拼合等工作后而成。全书十三册,共收录甲骨四万一千九百五十六片,第1—12册,全部为拓本(少部分为照片);第13册则全部是摹本。

该书所收录的甲骨材料,是按时间先后而分期编排的。分期的原则基本上是按董作宾的五期分法进行。每一期分四大类:一、阶级和国家,二、社会生产，三、科学文化，四、其他。其下设二十二类：1. 奴隶和平民，2. 奴隶主贵族、3. 官吏，4. 军队、刑罚、监狱，5. 战争，6. 方域，7. 贡纳，8. 农业，9. 渔猎、畜收，10. 手工业，11. 商业、交通，12. 天文、历法，13. 气象，14. 建筑，15. 疾病，16. 生育，17. 鬼神崇拜，18. 祭祀，19. 吉凶梦幻，20. 卜法，21. 文字，22. 其他。

该书的出版，是甲骨学史上的一件大事，它是八十多年来甲骨文发现以来的集大成的著录，为今后甲骨学和商代历史的研究提供了比较全面而科学的资料，有很高的学术价值。在学术界产生很大影响。

九 《怀特氏等收藏甲骨文集》

许进雄编著。1979年6月加拿大皇家安大略博物馆出版，十六开本，一册。

该书共收录甲骨一千九百十五片，全部为拓本。本书甲骨以时代为序，分为五期，即第一期武丁及其前世，1—1009号；第二期祖庚、祖甲，1010—1297号；第三期康丁，1298—1480号；第四期武乙、文丁，1481—1680号；第五期帝乙、帝辛，1681—1915号。

图9-8 《怀特氏等收藏甲骨文集》

该书收录的甲骨，近半数为第一期的碎甲。但仍有一些相当珍贵的材料。如最后一片1915号，是迄今唯一一件虎骨刻辞；1914号是为数不多的人头骨刻辞；1464 号中的东行、上行、左旆、右旆，1504 号中的中行，1581 号中的大行，1901 号中的大左族等，是研究商代军事编制的重要资料。

十　《英国所藏甲骨集》

李学勤、齐文心、艾兰编著。1985 年 9 月中华书局出版，八开本，上、下两册。

该书上编著录了英国所藏的全部殷墟甲骨。内容包括胡厚宣序、前言、图版编辑凡例和图版（典型甲骨另附彩色图片 8 版）、分期分类目录。

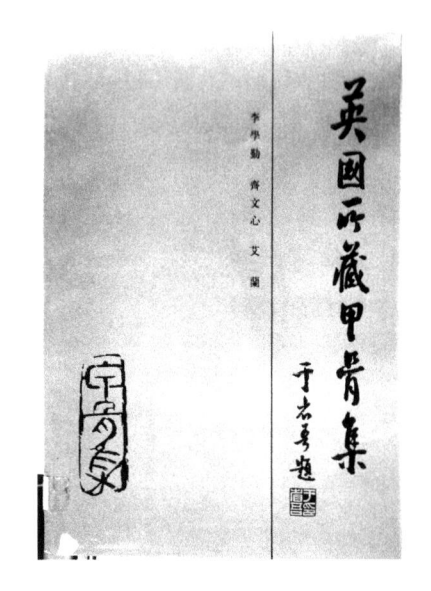

图 9-9　《英国所藏甲骨集》　　　　图 9-10　《英国所藏甲骨集》书影

图版部分均为拓本，共收 2674 版（正、反、臼同号）甲骨。《下编补正》又收录 61 版（57 片为拓本，4 片为照片），共 2735 版。图版著录与《合集》相同，先分五期二十类。

《英藏》是《合集》的重要补充，《合集》第十三册中的摹本收集之缺憾。

该书下编上册有下编说明、释文、附论。

释文部分对 2674 版中的每一版甲骨都按照占卜先后逐条释读。附论收录李学勤等 4 人的四篇论文，分别是李学勤的《论宾组卜辞的几种记事刻辞》，齐文心的《伊尹、黄尹为二人辨析》，艾兰的《论甲骨文的契刻》，E. N. 爱尔纳德的《剑桥大学图书馆所藏一片卜甲的鉴定》。

该书下编下册有附表、本书甲骨收藏单位、简称表、著录简称表。

《英藏》收集了流散到英国的所有甲骨，拓片清晰，彩色图版具有代表性，为纠正、校勘《金璋》《库方》《合集》收录的摹本，提供了重要参照；《英藏》收录新材料多、刻辞内容重要，自发表之日起，为海内外学者所重视；该书是中英两国学术交流与合作的产物，加深了两国学者之间的友谊，扩大了甲骨研究范围。

十一 《京都大学人文科学研究所藏甲骨文字》

［日］贝冢茂树辑著。1959 年 3 月日本京都大学人文科学研究所出版，八开本，上、下二册，日文版。1980 年日本京都同朋舍再版本。

上卷为拓本，图版 1—119 版。下卷分拓本、实物照片。

图 9-11 《京都大学人文科学研究所藏甲骨文字》

该书共收录甲骨三千二百四十六片，图版二百四十九版，其中拓本二百二十六版，照片二十三版。甲骨文字，既以时代又按内容分类收辑。卜辞内容参考各家之说，分为祭祀、求年、风雨、旬夕、田猎、往来、方国征伐、使令、疾梦、卜占、贞人、杂卜十二类。

甲骨时代基本上按董氏五期说，不同点则是创立了"王族""多子族"卜辞，并归为第一期，亦即陈梦家《殷虚卜辞综述》中的"𠂤组""子组"卜辞。

十二 《小屯南地甲骨》

中国社会科学院考古研究所编著。1980年10月中华书局出版，八开本，全五册。

该书收录拓本图版834页，收甲骨四千六百十二片，是1973年在小屯南地发掘的全部刻辞甲骨。因缀合五百三十片，加上有背文等，共收四千五百八十九片。其中甲七十一片，骨四千五百一十八片；此外还收录了自1971年以来在小屯一带发掘及零星采集的甲骨而拓二十三片，作为附录。除八片朱书为照片外，其余都为拓本。拓本图版是按灰坑、房基址、墓葬、探方为序。1—822版（1—4589号）是1973年发掘的，823—834版（4590—4612号）是零星发掘与采集的。

图9-12 《小屯南地甲骨》

编者在整理过程中，注意到考古发掘的地层、坑位关系及甲骨与陶器共存等情况。在"前言"中，对这些问题作了具体的叙述。由于甲骨出土时都有明确的地层关系，而且与陶器共存，这为甲骨文分期断代、为殷墟文化分期提供了证据。

编者依据小屯南地地层、灰坑叠压打破关系，并结合对卜辞的字体、文例、内容等方面的分析，对学术界一些有争议的问题提出了自己的看法。如：对"𠂤组""午组"卜辞，认为是属于武丁时期。

本书收录的甲骨，内容丰富、范围较广，其中出现了不少新的材料。如：新出现属武丁时代的贞人𠁅；新出现如小卜辛、𠂤乙、后祖妣庚、中宗祖丁、高祖上甲及后父丁等各时期一些新的称谓；新发现如㕻方、𢆶方、沚方及北方方国；还发现天文方面的"月又戠"；军旅编制方面的左、右旅及右、中、左戍；以及诸如"大学""百工"等新材料。

《小屯南地甲骨》上册收录的甲骨是解放后发掘所获数量最多的，而且有明确的地层、坑位关系及附有同出的陶器，为甲骨文的分期断代，为古文字研究提供了许多有价值的信息。另外，图版拓本，不但注明其单位与顺序号，而且还标明出土时的层位或坑位等，为恢复田野发掘原貌提供了根据。

十三 《殷墟花园庄东地甲骨》

中国社会科学院考古研究所编著（编纂者刘一曼，曹定云）。2003年12月云南人民出版社出版，八开本，六册。

前言部分，论述了殷墟花东H3甲骨的发掘、整理经过、甲骨出土情况、甲骨坑的时代、H3卜甲的生物学考察、关于H3的有孔卜甲、刻辞特点、"子"的身份、地位等问题。编者指出，花东H3卜辞的年代为武丁前期，"H3卜辞主人'子'是一个地位很高、权力很大的人物。他不仅是族长，可能是沃甲之后这一支的宗子，而且又是朝中重臣"。"其地位远在目前所知其他非王卜辞主人之上。"

第一册至第三册将1991年花东H3坑所出的689片刻辞甲骨（经缀合为531片，其中有的反面有字，编为561号）的拓本与摹本对照发表。

第四册至第五册是561号甲骨的彩色照片，其中内容较重要者还有局部放大照片2—3张，共发表910张。

第六册释文，对每片甲骨文进行隶定、句读，对一些重要字词作扼要的考释。每片释文前，对甲骨的颜色、质地、保存状况、钻凿形态等作简要的描述，字词索引是将花东甲骨中的全部字词，按照141个部首加以编次。

该书有几个显著特点：

第一，发布资料信息完备。将甲骨拓本、摹本、照片、钻凿形态、龟甲种属鉴定、释文、字词索引等一并发表，是以前的甲骨著录书从未有过的，这给不同需要和从不同角度查找甲骨文资料进行研究的学者，提供了极大方便。

第二，运用考古学方法对甲骨进行科学整理。该书在发表甲骨资料的同时，在"前言"中，将甲骨出土的地层、坑位、坑的堆积、共存陶器、甲骨坑与周围遗迹的关系，作了详细介绍，同时，又将考古发掘时所绘的十六张甲骨出土时叠压状况的线图加以发表。这对于研究甲骨的埋藏情况、甲骨坑的性质等有重要意义。

第三，拓本与摹本对照并列发表。过去的甲骨著录，凡有拓本与摹本者，都是将二者分开排版，而该书则将它们并列在一起，方便读者对照阅读。

第四，该书不仅刊载甲骨资料，而且在"前言"和"释文"中对 H3 刻辞的内容进行了一定的研究，编者对 H3 卜辞的文例及字体特点、卜辞的性质、"子"的身份与地位、H3 卜辞的时代、H3 的记事刻辞、H3 卜辞中部分新出现的字词的释读等问题，提出了不少独到的看法。

图 9-13 《殷墟花园庄东地甲骨》

十四 《殷墟小屯村中村南甲骨》

中国社会科学院考古研究所编著（编纂者为刘一曼、岳占伟、严志斌）。2012年4月云南人民出版社出版，八开本，上、下两册。

该书正文共收两批甲骨，第一批是1986—1989年中国社会科学院考古所安阳工作队在小屯村中所获甲骨305片（缀合后为291片，293号）。第二批是安阳工作队2002—2004年在小屯村南发掘所获甲骨233片（缀合后207片，221号），共著录甲骨514号，附录收刻辞甲骨17片，包括小屯村北12片，花园庄东地3片，苗圃北地1片，大司空村1片。《村中南》甲骨包括午组、师组、宾组、无名组、历组、黄组等组别，宾组、黄组卜辞很少，主要是其他四组甲骨。

图9-14 《殷墟小屯村中村南甲骨》

该书采用拓片与摹本、照片三位一体方式著录，531版甲骨共有594幅彩色照片。释文部分，把甲骨文字隶定、刻辞句读，对该版上重要字词作简要考释；另标出每版甲骨的组别，简要描述甲骨色泽、质地、保存状况、钻凿形态等。

该书的学术价值主要有以下几点：第一，发表资料完备，为甲骨文研究者提供了极大的方便。第二，运用考古学方法对甲骨进行整理，在刊布甲骨资料的同时，将甲骨出土的地层、坑位、坑内堆积、共存陶器作了详细叙述。

对一些学术界有争议的卜辞组的时代提出看法，认为"自组卜辞""午组卜辞"属于武丁前期卜辞，"历组卜辞"属于武乙、文丁卜辞。第三，编者对书中的甲骨刻辞内容进行了一定的研究，如编者总结了书中的"午组卜辞""自组卜辞""无名组卜辞""历组卜辞"中新见的人名、地名、祭祀对象以及涉及商代史方面的新资料，将对这几组卜辞的深入研究起推动作用；再如书中对212号"王作三师"卜辞，提出了新的看法，认为这是商王为应对土方的入侵而作出的决策。第四，书中新见的字、词四十多个，编者对其中的26个作了隶释。

该书也有不足之处，如有些甲骨彩色照片不太清晰，缺少重要甲骨的侧面图像等。此书甲骨刻辞内容丰富，为甲骨文及商史研究增添了一批新资料，有重要的学术意义。

十五 《卜辞通纂》

郭沫若著。1933年5月（日本昭和八年）日本东京文求堂石印本，《通纂》合别录一、别录二、考释、索引，共四册，线装。1982年，收入《郭沫若全集·考古编》第二卷，由科学出版社再版。第一册收甲骨拓本与照片共九百二十一片，前有序文、后记及述例。

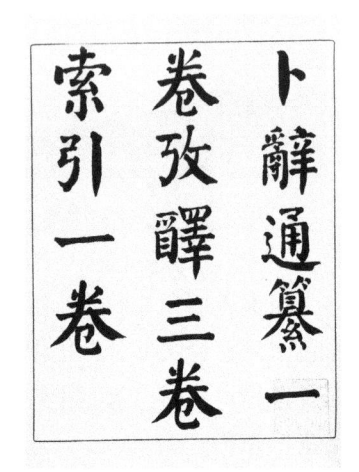

图9-15 《卜辞通纂》

该册之甲骨可分为三部分：

一、正文，著录甲骨七百九十二片（书中的编号是八百片，内有跳号八个，即缺 340—347 片），多采自《铁云藏龟》《殷虚书契前编》《后编》《菁华》《铁云藏龟之余》《龟甲兽骨文字》等书及马衡凡将斋所藏甲骨拓本。

二、别录之一，著录甲骨四十二片，包括大龟四版拓墨，新获卜辞拓本二十二片，何氏甲骨拓本十六片。

三、别录之二，是日本所藏甲骨择尤，著录甲骨八十七片，均是照片。包括十一家藏品。

第二册，考释第一册所录甲骨第 1—362 片。第三册，考释第一册所录甲骨第 363—694 片。第四册，考释第一册所录甲骨第 695—800 片及别一、别二之甲骨，并附"书后""勘误""索引"。

甲骨拓本编排目次，按 1. 干支，2. 数字，3. 世系，4. 天象，5. 食货，6. 征伐，7. 畋游，8. 杂纂。索引分人名、卜人名、地名三类，各类又按笔画顺序排列，后是奇字。

该书的考释简明通俗，至今仍可作为初学甲骨文的一部较好的入门书。考释中有不少新见解，例如：考定殷王阳甲、沃甲、河亶甲的名字；证明殷代祭典先妣特祭而仅祭所自出之妣，犹存母权时代之残遗；推断卜辞迄于帝乙，卜祭文武丁及武祖乙的卜辞都是帝乙时代之物等。此外，作者还考释出一些新的字和词。

十六 《甲骨文编》

孙海波编著，商承祚校。1934 年 10 月哈佛燕京学社石印本，十四卷，附合文、附录、检字、备查各一卷，线装五册。1965 年 9 月中华书局出版，十六开增订本一册；1982 年 6 月中华书局再版本。

这是一部甲骨文的字典。正编收录一千零七字（原书谓一千零六字），包括《说文》中有的七百六十五字，《说文》所无的一百九十三字，重文四十九字，附录收一千一百一十字。全书共二千一百一十七字。

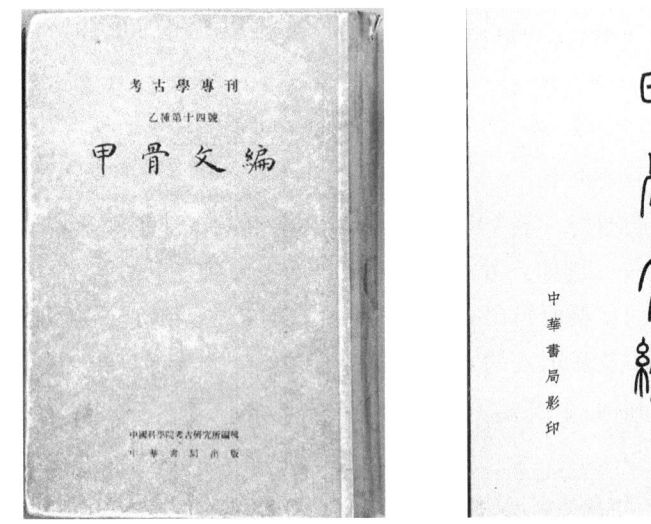

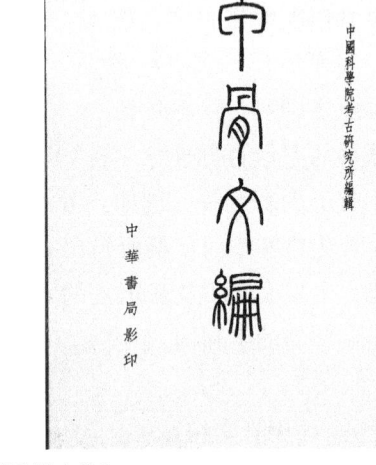

图 9-16 《甲骨文编》

书中各字的排列次序，按《说文解字》分部别居，《说文》所无之字而可识读者，附于各部之末。

每字之下注明该字出自某书、某页、某片，便于读者查检。该书中的文字形体取材于《铁》《余》《拾》《前》《后》《菁》《林》《戬》八部书。

该书的优点文字是摹写较真。书中纂集诸字，均出影摹，形构大小，仍依原拓契刻之旧。

该书先后八次印刷，可见其学术影响之大。

十七 《甲骨文字典》

徐中舒主编，常正光、伍仕谦副主编，彭裕商、何崝、方述鑫、陈复澄、黄波、李曦、黄奇逸、王辉、林小安、王培真编纂。1989年5月四川辞书出版社出版，一册，十六开本。

正文共收录了2837个甲骨文字。采用《说文》部首分部别居其文字，并冠以《说文》篆文于每字之首。全书共分十四卷，某些按偏旁隶定而《说文》所无之字，均附于各部之后。著录格式为：一、此甲骨文对应的篆字。二、篆字下是根据原甲骨著录拓本而摹写的原形字，原形甲骨文字下是按照五期断代法断定的期别及文字的出处。三、解字，解说甲骨文字的本义及引申假借义。四、释义，列举各类有代表性的辞条，以说明所释各字在殷商时期具体语言环境中的各种词义。字形、解字、释义三部分，有机结合，互为表里，可详细了解甲骨文字形、字义及文化内涵。

该书不仅广泛吸收九十年来甲骨文研究成果，而且融入了徐中舒数十年研究甲骨文的重要收获，它是一部有较高学术价值的甲骨文字释义的大型工具书，在学术界产生了重大的影响。

十八 《殷墟卜辞综类》

［日］岛邦男著。1967年（日本昭和四十二年）11月，日本东京汲古书院出版。又，1971年（日本昭和四十六年）7月增订版，十六开本，一册。日文版；1977年增订本再版。

该书增订版目次包括自序、凡例、增订版凡例、部首、本文、附录（包括五期的称谓、世系、先王先妣祀序、贞人署名版，通用假借同义用例、帝辛时甲日的祀谱等）、本书所引用甲骨著录书目、检字索引、释字一览、汉字索引、后记。

该书综辑了所见到的已发表的全部卜辞的文字。根据人体和自然图像确立了一百六十五个部首，以部首为基础，对全部甲骨文的字、词进行分类。在每类每条辞例中，按时代之早晚而排列，同时各辞例的书体保留原来的字形，描录出各期文字字形书写的特点。

该书出版了三年后又再版。再版中，作者进行了增补与订正。增补的主要有：在各字下加字释，因诸说不一，皆以李孝定的《甲骨文字集释》

的解释为准，字释数共八百四十字条，并附李氏书的页数，以便参考。在汉字索引、释字一览及各参照项中，一一记入本书页数，查阅极方便。增订了《甲释》《丙》上（二）以后的各辑编号。另外，对已发现的一些错误，以及本书在排列和内容方面，也作了订正。

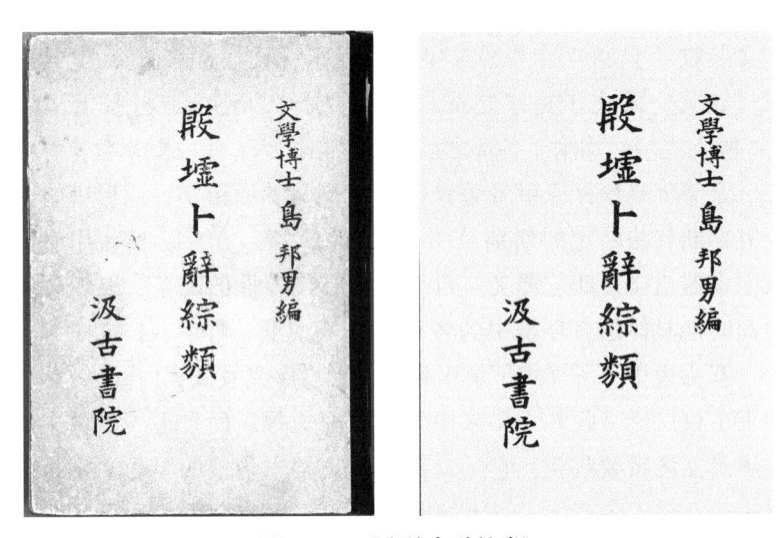

图9-17 《殷墟卜辞综类》

该书是继《甲骨文编》《续甲骨文编》以后的一部较全面、系统的综辑甲骨文字的工具书。引用材料从1903年至1967年间的著录达六十五种，内容极为丰富。按甲骨卜辞时代早晚分类排比，较为新颖，并能突破《说文》的局限，根据甲骨文本身的形体结构特点，归纳出一百六十四部首。尤其各辞例都分期排列，便于比较及综合研究。书后附录各种索引，也极便读者检索。

该书仍是目前研究甲骨学和商代历史的一部重要的、必备的工具书，具有很高的学术价值，深受读者欢迎。

十九 《甲骨文字集释》

李孝定著。1965年台湾"中研院"历史语言研究所编辑出版，为该所专刊之五十。三十二开本，全八册。又，1970年10月再版。1974年三版。

第一册为：卷首，包括屈万里序、张秉权序、作者自序、凡例、正文目录、补遗目录、存疑目录、正文索引、诸家异说索引、存疑索引、引用诸家著述书名简称对照表、后记及第一卷正文；第二册至第七册为正文二卷至十三卷；第八册为正文十四卷及补遗、存疑和待考各一卷。

该书取材，以诸家著录并考释的殷代甲骨文为主，金文为辅。字的排列按《说文解字》分部别居，正文共分十四卷。每字之下于眉端首列篆文，次举甲骨文之诸种异体。对诸家的考释，尽可能一一注明书名、卷页，最后加著者按语。

所收的甲骨文诸字，如又见于金文，则在按语中指出金文原形与出处（此部分是按容庚的《金文编》所录）。

该书十四卷所收甲骨文总数 1840 字，包括正文 1062 字，重文 75 字，《说文》所无 567 字，存疑 136 字。

卷首目录一编中，分正文、重文及《说文》所无三类，均以大字标出，并以不同符号表示，便于查检。正文概为《说文》所有之字。三种索引，皆以字的笔画为序，每字之下，均注出卷、页数。

该书是一部集七十多年来甲骨文字考释之大成式的巨著。在"按语"中，对各家作出评价，间或提出新的看法，对初学甲骨文和从事甲骨文研究的学者，是一部较好的工具书。

图 9-18 《甲骨文字集释》

二十 《甲骨文字诂林》

于省吾主编，按语编纂姚孝遂。1996 年 5 月中华书局出版，十六开本，四册。

该书有姚孝遂序及编辑人员名单、著录简称表、五期称谓表、部首表及字形总表、诂林（正文）、部首检索、笔画检索、拼音检索八大部分。

该书把殷墟甲骨文字分别归类为 149 个部首。字形总表共收 3691 个字，其中，单字为 3547 个（同字异形者归入一字），18 个数字，先王、先妣、父、母、兄、子称谓 117 个，八个干支字及王亥合文。

该书内容，按照甲骨文部首，分部别居列出文字，其著录格式分两部分：一、文字部分：现代汉字或繁体字（隶定字或原甲骨文字形）下，列出此甲骨字的同字异形体。二、释文部分：按照学者对此字解释的先后，一一列出解释文字，并注明其出处。若一字有多家解释，在多家解释后附姚孝遂按语，表明本书编著者的观点。

该书基本收录了 1996 年以前甲骨文字的主要考释成果，并对种种说法作了一次比较系统的是非评判。书前附有部首表及字形总表，书后有笔画、拼音检索，极大地方便了学者快速了解、使用九十年来甲骨文考释成果，大大促进了古文字考释、甲骨学与殷商文化的深入研究。

该书是九十年来甲骨文考释集大成之作，为甲骨文字考释的进一步发展奠定了良好的基础，它的出版，深受读者欢迎。

图 9-19 《甲骨文字诂林》

第十章　甲骨片选读

殷墟发现的甲骨文，大约有十五万片，其中，大部分是商王及高级贵族"卜以决疑"后的遗留。这些甲骨文字记录了商王在政治、经济、军事、文化、社会生活的方方面面，是我们后人研究商代历史文化的重要参考资料。从十五万甲骨中选十三版有代表性的甲骨，以便读者了解甲骨文与商代历史研究乃至先秦史的密切关系。

（一）《合集》24975

图 10-1　《合集》24975

释文：

　　□□卜，王，贞其燎于上甲父（王）亥？

注释：

1. 燎，祭名，《说文》："燎，柴祭天也。"《尔雅·释天》："祭天曰燔柴。"卜辞中燎字象积薪以火之形。商代燎祭常见，有在某地举行燎祭的，也有对祖先神进行燎祭的。

2. 上甲父即上甲之父，这种称呼方式，在甲骨卜辞中仅一见。

卜辞大意：

　　□□日占卜，商王贞问将燎祭上甲之父王亥？

学术价值：

先秦、秦汉典籍中有商先公名王亥者，《山海经·大荒东经》谓："有人曰王亥，两手操鸟，方食其头。"袁珂注："当亦图像如此。"[1] 甲骨文中称高祖亥（《合集》32087），或高祖王亥（《合集》30447），地下出土的甲骨文字证实了商王朝历史上有王亥这一历史人物的存在。历来被认为是一部荒诞不经的奇书——《山海经》，里面的内容也有真实的历史记录。

把甲骨文中 字与《山海经·大荒东经》所记内容对应看，其图像当是甲骨文亥字上加鸟形图案。后人因不解其意，故文字解说令人迷茫、困惑。甲骨文亥字作 、 等形，与侧立人 有相似之处，或被误解成侧立人形体。若把文字符号复原成实物， 就象人的两手握住鸟腿，鸟的嘴巴正好作吞食人之头形。甲骨文王亥之"亥"的写法，准确地诠释了"两手操鸟，方食其头"之义。王亥之亥字上加鸟字形（图案），作 形，正是商民族以鸟为图腾的直接体现。

王亥之亥，还有以下几种写法：

---

[1] 袁珂：《山海经校注》，上海古籍出版社1980年版，第351页。

《合集》30447　　《合集》32088　　《合集》34293　　《合集》34295　　《英藏》1858

（二）《合集》32384

图 10-2　《合集》32384

释文：

乙未酚，兹品上甲十，报乙三，报丙三，报丁三，示壬三，示癸三，大乙十，大丁十，大甲十，大庚七，小甲三，……三……祖乙……？

注释：

1. 该版由三版甲骨缀合而成相对完整的一版甲骨，上面一块是《殷虚书契后编》之《上编》8.14（简称《后上》8.14）。中间一块是《戬寿堂所藏殷虚文字》1.10 版（简称《戬寿》1.10）。最下一块由董作宾拼合。

2. 酉字，作🍶形，罗振玉释读为酒，字义相当于后世的尝酎酒。酎指经过两次以至多次复酿的醇酒。①

3. 丝字，罗振玉释读为系，谓："《说文解字》：'繫也。从系丿声。籀文作𦃇。'卜辞作手持丝形，与许书籀文合。"② 丝在辞中用为祭名。

4. 品字，从三口，孙诒让释读为品字。③ 在此为祭名，属于哪种祭祀，有待探讨。

卜辞大意：

乙未日，在位商王用酒、丝、品三种不同的祭祀来祭祀上甲，报乙，报丙，报丁，示壬，示癸，大乙，大丁，大甲，大庚，小甲……祖乙？

学术价值：

甲骨文发现初期，罗振玉看到甲骨卜辞中出现日、𠙽、𠙾时，认为此三个合文字分别是《史记·殷本纪》中的报丁、报乙、报丙。罗振玉首次将地下出土的甲骨文中日、𠙽、𠙾三人，认同于《殷本纪》中"报丁、报乙、报丙"。

在罗振玉考证基础上，王国维考证田即上甲且认为他是先公先王之首。后又将《后上》8.14与《戬寿》1.10拼合，对以上甲骨中商先公顺序加以考证，认为上甲之后，分别是报乙、报丙、报丁、主壬、主癸。首次指出《史记·殷本纪》所载"三报"世次有误。

罗氏、王氏由此开中国古史研究"二重证据法"先河。

王国维以今《合集》32384版上同版甲骨、同条卜辞中先公先王祭祀顺序，校正《殷本纪》所载上甲至于主癸六示世次，这一研究方法和成果，得到了当时学术界的认可。郭沫若赞同王国维的观点，他在《殷契粹编·序》中，高度赞赏王国维对《史记·殷本纪》中"三报"世次的修订。

自上甲至于主癸六世，见于文献典籍，今被甲骨卜辞所证实。《殷本纪》载：

> 微卒，子报丁立。报丁卒，子报乙立。报乙卒，子报丙立。报丙卒，子主壬立。主壬卒，子主癸立。主癸卒，子天乙立，是为成汤。

---

① 罗振玉：《增订殷虚书契考释》（中），东方学会，1927年，第25页。
② 罗振玉：《增订殷虚书契考释》（中），东方学会，1927年，第61页。
③ 孙诒让：《契文举例》（上），蟫隐庐石印本，1927年，第10页上。

《国语·鲁语上》：

上甲微，能帅契者也，商人报焉。

《鲁语》所载上甲称上甲微。《殷本纪》中"微"指上甲，"三报"指"报丁、报乙、报丙"，"二示"即主壬、主癸。其顺序为：

上甲（微）[1]—报丁[2]—报乙[3]—报丙[4]—主壬[5]—主癸[6]

今《合集》32384版中，自上甲至于示癸六世的祭祀顺序是：

上甲（微）[1]—报乙[2]—报丙[3]—报丁[4]—主壬[5]—主癸[6]

司马迁乃一代良史，秉笔直书，所著《史记》成后世史书典范。《殷本纪》"三报"世次怎会有误？有以下几种情况造成，时代久远：商王朝灭亡距司马迁所处时代相隔千年。典籍的自然淘汰和破坏：秦代，秦初的"焚书坑儒"，导致古代文献典籍遭到空前破坏。典籍保管不当：明堂石室金匮玉版图籍散乱（《太史公自序》）。

该版甲骨的学术价值，不仅纠正了《殷本纪》所载商王世次之误，而且以地下出土的甲骨文字证实了《史记·殷本纪》所载史实基本属实，也为学者根据《史记·夏本纪》记载探索夏王朝的历史奠定了基础，还开创了研究中国古史"二重证据法"。

(三)《合集》22723

释文：

(1) 乙巳卜，尹，贞王宾大乙彡，无尤？在十二月。
(2) 丁未卜，尹，贞王宾大丁彡，无尤？
(3) 甲寅卜，尹，贞王宾大甲彡，无尤？在正月。
(4) 庚申卜，尹，贞宾大〔庚〕彡，〔无〕尤？

图 10-3 《合集》22723

(5) 丁丑卜,尹,贞宾中丁彡,无〔尤〕?
(6) 乙酉卜,尹,贞王宾祖乙彡,无〔尤〕?
(7) 〔辛〕卯卜,尹,〔贞〕王宾祖辛彡,无尤?
(8) 丁酉卜,尹,贞王宾祖丁彡,无尤?在二月。

(9) 丁巳卜，尹，贞王宾父丁彡，无〔尤〕？在三月。

[《合集》22723（出组）]

注释：

1. 该版甲骨是一版周祭卜辞。董作宾在研究商代历法时，发现祖庚、祖甲及帝乙、帝辛时期有一种祭祀，这种祭祀是按照翌、祭、㲋、劦、彡、翌五种祀典轮番祭祀自上甲以来的直系、旁系先王及直系先王配偶。这种祭祀，董作宾称之为"五祀统"。陈梦家称之为"周祭"。以后日本学者岛邦男及华裔学者许进雄和中国社会科学院历史所的常玉芝对商代周祭展开深入细致的研究。周祭卜辞仅出现在出组和黄组卜辞中。

2. 商先公先王及直系先王配偶的周祭顺序与商王世次有密切关系，商代周祭制度研究，涉及商代宗法制度、年代学、甲骨卜辞断代、商王名号等问题，是甲骨学研究难点之一。

卜辞大意：

(1) 乙巳日贞人尹占卜贞问：商王宾大乙彡祭，没有灾祸？在十二月。

(2) 丁未日贞人尹占卜贞问：商王宾大丁彡祭，没有灾祸？

(3) 甲寅日贞人尹占卜贞问：商王宾大甲彡祭，没有灾祸？在正月。

(4) 庚申日贞人尹占卜贞问：商王宾大庚彡祭，没有灾祸？

(5) 丁丑日贞人尹占卜贞问：商王宾中丁彡祭，没有灾祸？

(6) 乙酉日贞人尹占卜贞问：商王宾祖乙彡祭，没有灾祸？

(7) 〔辛〕卯日贞人尹占卜贞问：商王宾祖辛彡祭，没有灾祸？

(8) 丁酉日贞人尹占卜贞问：商王宾祖丁彡祭，没有灾祸？在二月。

(9) 丁巳日贞人尹占卜贞问：商王宾父丁彡祭，没有〔灾祸〕？在三月。

学术价值：

该版甲骨是周祭卜辞，在前后相连的八旬中，用周祭五种祭祀之一——彡祭，祭祀自商王朝的开国之君成汤（大乙）至于武丁直系先王。按照周祭原则，在周祭中，不仅对直系先王祭祀，也对旁系先王及直系先王的配偶同时祭祀，而本版甲骨仅占卜对直系先王的彡祭，说明直系先王更受在世商王的重视。从周祭卜辞看，直系先王、旁系先王分明，直系先王受到比旁系先王更隆重的祭祀，这说明商代社会宗法制度已经形成，嫡庶概念非常清晰。

(四)《合集》137 正、反

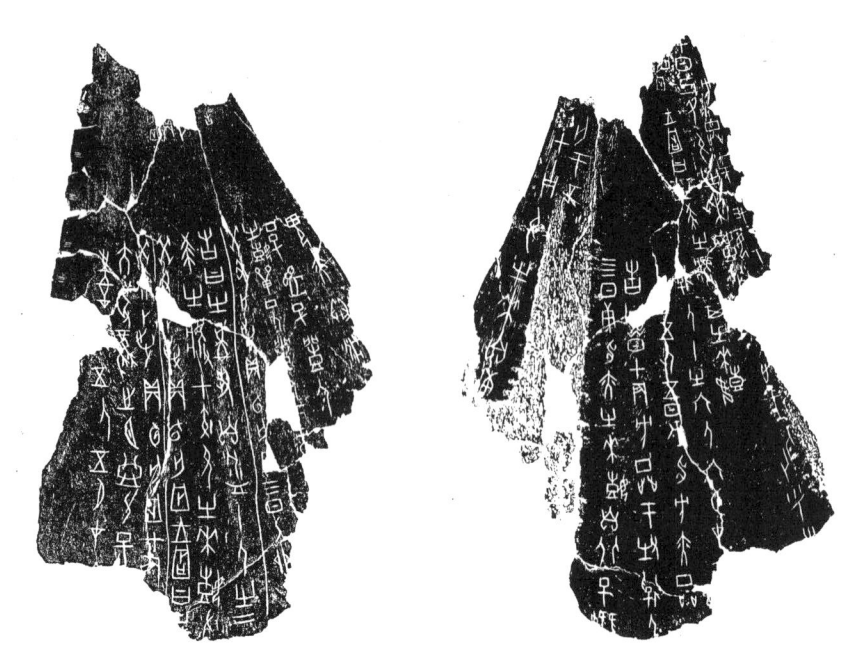

图 10-4 《合集》137 正、反

正面释文：

(1) □□卜，□，贞〔旬〕无囚？ 二告

(2) 癸卯卜，争，贞旬无囚？甲辰□大骤风，之夕㗊乙巳□奉□五人。五月。在〔羍〕。

(3) 癸丑卜，争，贞旬无囚？王固曰：有祟，有梦。甲寅，允有来艰。左告曰：有㲋刍自浴，十人有二。

(4) 癸丑卜，争，贞旬无囚？三日乙卯□有艰，单丁人丰〔刀〕于录……丁巳龟子丰刀……鬼亦得疾。

反面释文：

(1) 四日庚申亦有来艰自北，子㚸告曰：昔甲辰，方征于蚁，俘人十有五人。五日戊申，方亦征，俘人十有六人。六月。在〔章〕。

（2）甲子允有来自东……亡于𢀛。

（3）〔癸未〕卜，囗，〔贞旬〕无囚? 王固曰：有祟，有梦，其有来艰。七日己丑，允有来艰〔自北，㠯〕戈化乎〔告〕：方征于我示……

注释：

1. 甲骨学常识，一条完整的卜辞，包括叙辞、命辞、占辞、验辞四部分。叙辞即占卜的时间和贞人。命辞即此次占卜所问内容。占辞是商王看了卜兆后所下判断。验辞即征验之辞。结合上述卜辞文句，可讲解甲骨学常识。

像该版上如此完整的卜辞，甲骨文中数量不是很多，有省略占辞和验辞的，也有省略叙辞或命辞的。

2. "旬无囚"是甲骨文常见短语。商王或贞人在一旬的最后一天——癸某日，贞问下一旬内是否有灾祸发生或来临。

3. "大骤风"，即大暴风。①

4. 囚字外形象骨版，内有卜字，是象形会意字。

5. 祟，《说文》："神祸也。"甲骨文中祟指鬼怪或鬼怪害人，借指各种天灾人祸。

6. 𣂺字，裘锡圭释读为"皿"，应读为"郷（向）"，"与《诗经》'夜乡（向）晨'的'乡'同义。'甲子乡乙丑'，犹言'甲子夕乡乙丑'，指甲子日即将结束乙丑日即将开始之时"②。常玉芝在此基础上，认为该字是指前一日的夜间即将结束、临近后一日天明时的一段时间。③ 该字涉及商人的时间概念。

7. 㚔为刑具，在此引申为拘捕、捉拿之义。

8. 芻，从又（手）从草，表示以手取草。这里特指割草放牧者。

9. 浴字从盘从人从小点，作𤃬形，罗振玉谓："注水于般，而人在其中

---

① 于省吾：《甲骨文字释林》，中华书局1979年版，第12页。
② 裘锡圭：《释殷墟卜辞中的"𣂺""𣂺"等字》，《裘锡圭学术文集（第一卷）·甲骨文卷》，复旦大学出版社2012年版，第399页。
③ 常玉芝：《殷商历法研究》，吉林文史出版社1998年版，第195页。

浴之象也。"① 还有学者将此字隶释为温。② 岳洪彬、岳占伟认为殷墟孝民屯铸铜遗址 F43 内的大型范芯座，直径达 154 厘米，沿宽 7 厘米，是供人整体沐浴的大型铜盘之模。③刘一曼认为，这一新的考古发现为甲骨文浴字提供了佐证。即像人站立或卧于皿中洗浴之形。④ 浴在此为地名。

10. 左是人左手之象形体，本句中，左指商王朝官员。

11. 艰，在此为灾难或灾祸之引申义。

该句大意是甲辰日大暴风，有人趁机逃跑。甲辰日夜间行将结束乙巳日天明时段，捉拿回来五人。该句卜辞反映了商代劳动者不堪统治者的压迫而逃亡历史史实。

卜辞大意：

正面部分：

(1) □□日占卜，贞人□贞问（下）旬没有灾祸？

(2) 癸卯日占卜，贞人争贞问（下）旬没有灾祸？甲辰日刮起了大暴风，甲辰日夜里即将结束乙巳日即将开始之时，某人捉拿回归五人。五月。在𣪊地占卜。

(3) 癸丑日占卜，贞人争贞问（下）旬没有灾祸？商王占卜的结果是有灾祸，有不祥之梦。甲寅日果然有灾祸传来，左（牧）官报告说，从浴地（逃走了）十二个𢆉刍即放牧者。

(4) 癸丑日占卜，贞人争贞问（下）旬没有灾祸？三日后的乙卯日果然有灾祸来临，单丁人丰在录地（有灾祸），鬼某也得了疾病。

反面部分：

(1) 癸丑日占卜的下旬，（乙卯日后）第四天庚申日又有灾祸来自国土之北。子𡚸报告说：过去的甲辰日方国侵略到蚁地，俘获掠走十五人。甲辰后的五天戊申日，方国又侵略（而来），掠走十六人。六月。在𣪊地占卜。

(2) 甲子日果然有灾祸来自国土东部……亡于兮（含义不明）。

(3) 癸未日占卜，贞人某贞问（下）旬没有灾祸？商王占卜的结果是

---

① 罗振玉：《殷墟书契考释》中，东方学会石印增订本，1927 年，第 67 页下。
② 于省吾：《甲骨文字诂林》，中华书局 1996 年版，第 2640—2643 页。
③ 岳洪彬、岳占伟：《试论殷墟孝民屯大型铸范的铸造工艺和器形——兼论商代盥洗礼仪》，《考古》2009 年第 6 期。
④ 刘一曼：《殷墟考古与甲骨学研究》，云南人民出版社 2019 年版，第 286 页。

有灾祸,有不祥之梦。将有灾祸来临。第七日己丑,从国土北部边境果然有灾祸,微氏家族中的微戈化向商王报告说:方国侵略攻占我的边境——示等边邑。

学术价值:

《合集》137 正卜辞内容反映的是商朝统治者与被统治者之间的矛盾和斗争。《合集》137 反则是反映了商王朝边境的防范状况及武丁时期敌对方国与商王朝之间的战争及诸侯守边的历史史实。该版与《合集》6057 等版还反映了武丁时期经营边境的策略。

(五)《合集》6057 正、反

图 10-5 《合集》6057 正、反

《合集》5057 正释文:

(1) 王固曰:有祟,其有来艰。乞至七日己巳,允有来艰自西。微友角告曰:舌方出,侵我示、爨田七十人五。

(2) 癸未卜,殻,〔贞旬无囚〕? 一

(3) 癸巳卜,殻,贞旬无囚? 王固曰:有〔祟〕,其有来艰。乞至五日丁酉,允有来〔艰自〕西。沚𢦔告曰:土方征于我东鄙,〔戋〕二邑。舌方亦侵我西鄙田。

（4）癸卯卜，㱿，贞旬无囚？王固曰：有祟，其有来艰。五日丁未允有来艰，兹御〔奉〕自呂围六〔人〕……一

（5）□□卜，□，〔贞旬无囚〕？五月。

《合集》5057 反释文

（1）王固曰：有祟，其有来艰。迄至九日辛卯，允有来艰自北。奴妻妟告曰：土方侵我田十人。

（2）……〔其〕有来〔艰〕……〔允〕有来〔艰〕……呼……东鄙，戋二邑。王步自䴢，于䣞司…□夕坐壬寅王亦冬夕䖒。

注释：

1. 《合集》6057 正版中间，有一条从上至下的线条；《合集》6057 反中间，有一横竖相连的直线，是为了划分两条不同的卜辞所处空间位置，甲骨学上称这些线条或直线为界划。

2. 微作为人和族名，主要活动在武丁时期。微抗击了舌方入侵，为商王朝西土安宁作出了巨大贡献。微称微伯（《合集》6987），是商王朝的伯爵官员。微地位于王都西部，具有重要的战略地位，商王经常派官员前往微地（《合集》7982、《怀特》956）驻守。微家族有多个分支，著名的分支有微戈□（《合集》584 正）、微友化（《合集》6068 反）、微友唐（《合集》6067）、微友角（《合集》6057 正）四支，他们共同为商王朝守边。当舌方入侵时，他们分别向商王报告边境军事情况，可见微家族是抗击舌方的重要军事力量。微地大致位于山西太原一带甚至北部地区。

3. 沚䁂，原为一土著方国首领，被武丁征服后臣服于商。因其个人突出的军事才能，受到武丁的器重与赏识。他服务在武丁身边，成为商王的臣下，称臣沚（《合集》707），属于商王朝的官吏。称伯䁂（《合集》5945）、沚伯（《东京》945），为商王朝的伯爵。沚䁂是武丁时期重要军事大将，他与武丁配合，率领商王军队左、中、右中的左翼军队（《合集》6480），在战场上率先突击敌方军队的阵营。沚䁂既是商王武丁的军事大将，也是商王朝官员，常参与王室其他事务的管理，如随从商王莅临收割农作物的场所（《合集》

9557），也反映了商代"文武"职官不分的现象。沚馘与商王武丁有十分良好的人际关系，武丁外出打仗或巡视，都有沚馘随从（《合集》7440）。武丁对沚馘也表示备加关怀（《合集》1385 反），武丁常常为沚馘往来的路上、他的身体健康等方面占卜。①

4. 东鄙、西鄙，鄙指郊野之处。沚馘向商王朝报告，"土方征于我东鄙，舌方亦侵我西鄙田"，是以沚为中心的行政区划，可见，商朝诸侯国也有自己的地域范围。

5. 弓是人名，也是地名。甲骨文中有子弓，弓地应是子弓的封地。

6. 圉字乃象形会意字。象监狱中被刑具锁住的犯人。在此特指弓地监狱。

第（4）条辞是反映商代社会矛盾和统治者与被统治者之间斗争的重要史料。

7. 奴妻安也是商王朝的守边诸侯。土方侵略至其境内。

卜辞大意：

正面卜辞大意

（1）商王占卜的结果是：有灾祸。将有灾祸来临。等到第七日己巳日，果然有来自西部的灾祸。微友角报告说：舌方出动，侵略我边境示、爨边邑土地并掳掠了七十五个人。

（2）癸未卜占卜，殻贞人贞问，贞问（下）旬没有灾祸？

（3）癸巳卜占卜，殻贞人贞问，贞问（下）旬没有灾祸？商王占卜的结果是：有灾祸。将有灾祸来临。等到第五日丁酉日，果然有灾祸的消息传来。沚馘报告说：土方国侵略我的东部边境，侵犯了两座城邑。舌方也侵占了西部边境的土地。

（4）癸巳卜占卜，殻贞人贞问，贞问（下）旬没有灾祸？商王占卜的结果是：有灾祸。将有灾祸来临。等到第五日丁未日果然有灾祸来临。自弓地的监狱中有六人（具体干什么事不明）带来灾祸。

（5）□□日占卜，某贞人贞问，（下）旬没有灾祸？五月。

反面卜辞大意：

（1）商王占卜的结果是：有灾祸。将有灾祸降临。等到第九日辛卯

---

① 韩江苏、江林昌：《〈殷本纪〉订补与商史人物徵》，中国社会科学出版社 2010 年版，第 277 页。

日,果然有灾祸来自国土北部。㚔妻妟报告说:土方侵略我之田地并掳走十个人。

(2) 辞残较甚,事类大体上也是跟边境战事有关。

学术价值:

武丁时期,边境有舌方、土方等商王朝敌对方国入侵,边境守土诸侯向商王报告方国入侵事宜。这些卜辞内容说明古代边境战事,不仅侵略田地,也抢劫人民。可见古代邑、田、人是联结在一起的。敌方国既掠夺土地,也抢劫人民供其驱使。

(六)《合集》10405 正、反

图 10-6 《合集》10405 正、反

正面释文:

(1) 癸酉卜,殻,贞旬无田?王二曰:匄。王固曰:豙。有祟,

有梦。五日丁丑王窨中丁,己陟在㐭阜。十月。

(2) 己卯媚子寅入宜羌十。

(3) 癸未卜,㱿,贞旬无囚?王固曰:㞢乃兹有祟。六日戊子子弢囚。一月。

(4) 癸巳卜,㱿,贞旬无囚?王固曰:乃兹亦有祟,若偁?甲午王往逐兕,小臣叶车马硪㝬王车,子央亦坠。

(5) 癸巳。一月。一

(6) □□〔卜〕,□,〔贞〕旬无〔囚〕?……〔有祟〕……八日……来艰。

反面释文:

(1) 癸亥卜,㱿,贞旬无囚?王固〔曰:有祟〕,其亦有来艰。五日丁卯子𣪘,不囚。

(2) 王固曰:有祟。

(3) 王固曰:乃若偁。

(4) 王固曰:有祟。八日庚戌有各云自东面母,昃〔亦〕有出虹自北饮于河。□月。

注释:

1.《说文》:"匄,气也。"《玉篇》:"匄,气也,取也。"《集韵》:"匄,求也。"是匄有求取义。

2. 陟字,《甲骨文字诂林》按:"段玉裁云'止即趾也,从人止。取人延竦之意。'其说至确。《汉书·高帝纪》颜注'企为举足而竦身。'卜辞企字正象举足而竦身之形。字或作跂。"[1]

3. 庭阜作为语言中的语词,当是阜(阜辟)的另一称谓,或特指阜辟上层——带人字形屋盖的房屋部分。[2]

4. 宾作"⌂"形,王国维认为是傧字,谓:"后世以宾谓宾客字而另造

---

[1] 于省吾:《甲骨文字诂林》,中华书局1989年版,第32页。
[2] 韩江苏:《甲骨文"阜辟"乃后世"象魏"考》,《殷都学刊》2016年第2期。

傧字以代傧字，实则 㝃 乃宾之本字，宾则傧之本字也。"① 宾为配享之义。《诂林》按"㝃、祀当同字，乃祭名"②。

5. "媚子寅"当断句为"媚、子寅"或"媚子、子寅"。宜为祭名。

6. 囧字从庐从目，隶写成面，具体字义不明。

第（1）辞，占卜的结果是：商王在 㝃 祭先王中丁时，（中丁神主）登上宗庙大厅之台阶上或阜辟之上。(不在其受祭位置受祭，即验证了商王占卜结果，有祟，有梦)。

7. 第（2）辞为记事刻辞。

8. 卜辞中，各云总是和雨、风、雷联系在一起，其具体含义仍有待探讨。昃像日光侧射人影偏斜之形。《说文》："昃，日在西方时，侧也。"

卜辞大意：

正面卜辞大意：

（1）癸酉日占卜，殻贞人贞问（下旬）有无灾祸？商王视察卜兆后再次说，祈求（神灵保佑）？王占卜的结果是：艅。有灾祸，有不详之梦。第五日丁丑商王武丁宾祭中丁，祭祀时，中丁（神位）在庭阜即带人字形屋盖的房屋远观。

（2）己卯日子媚、子寅贡纳十个羌人用于祭祀。

（3）癸未日占卜，殻贞人贞问（下旬）有无灾祸？商王占卜的结果是：㞢，果然有如此灾祸。第六日戊子日子弦死。

（4）癸巳日占卜，殻贞人贞问（下旬）有无灾祸？商王占卜的结果是：果然有如此灾祸。若俑。第二天甲午日，商王外出打猎。追逐野牛，由小臣驾驶王车，王车出现交通事故，子央从车上掉下来。

（5）癸巳。一月。 一

（6）癸□日占卜，□贞人贞问（下旬）有无灾祸？商王占卜结果是：有灾祸。癸□日后的第八日从国土的某方传来有灾祸的信息。

反面卜辞大意：

（1）癸亥日占卜，殻贞人贞问（下旬）有无灾祸？商王占卜的结果是：有灾祸，又有灾祸的消息传来。第五日丁卯日子㿸有疾，不会死去？

---

① 王国维：《观堂集林·与林浩卿博士论洛诰书》，中华书局1961年版，第43页。
② 于省吾：《甲骨文字诂林》，中华书局1989年版，第1792页。

(2) 商王占卜的结果是：有灾祸。

(3) 商王占卜的结果是：有若俪。

(4) 商王占卜的结果是：有灾祸。第八日庚戌日，有从东部来云，日影西斜时彩虹出现，彩虹一头自北饮于黄河之中。

学术价值：

《合集》10405 正、反两面占卜内容十分丰富，有王室祭祀，王室成员死亡后之下葬，商王田猎及田猎过程中的交通事故、天象彩虹出现等内容，该版甲骨是研究商代社会文化的重要参考资料。

(七)《补编》11299 正、反

图 10-7 《补编》11299 正、反

释文：

壬午，王田于麦彔，获商戠兕。王易宰丰，寝小𦊰兄（贶），才（在）五月，隹（唯）王六祀。彡日。

注释：

1. 该版是著名的宰丰骨匕，是用大型动物肋骨制作而成。正面雕刻兽面蝉纹，镶嵌14颗绿松石。背面是一版帝乙或帝辛时期的记事刻辞，记载了帝乙或帝辛时期的宰丰寝小𦊰受到赏赐的事件。

2. 田指田猎。彔字为罗振玉释读。① 殷墟卜辞借"彔"为"麓"（《合集》10971等），麦彔指麦地山麓。寝为罗振玉释读。② "宰""寝"都是官名，与族名或私名结合成"宰丰""寝小𦊰"指商王的寝宫名叫小𦊰这样一个人。彡为祭名，用于祭祀商先王（和先妣）。《尔雅》谓："夏曰岁，商曰祀，周曰年，唐虞曰载。"六祀指帝乙或帝辛六年。字隶写成兄，与（《合集》27453）的相同之处在于：字的上部均从口，区别在于：字下部从直立人形；部下面从跪立人形。故推测字字义与人言语的某种形式相关。

3. 字，唐兰释读为兕，③ 陈梦家认为卜辞的兕当是野牛。④ 刘一曼根据李志鹏考察1929年殷墟第三次发掘所获的"白兕"头骨，确认它不是兕头，而应是牛头（是野生水牛的头骨）的结论，认为兕是野生水牛。⑤

4. 罗振玉释、戠为犆，即《礼记·王制》"犆牛"之犆，又据《周礼·小胥》释文"特本作犆"，"犆即特"，然卜辞之犆，指牛色。⑥

卜辞大意：

商王（帝乙或帝辛）在麦麓田猎，捕获大兕。商王赏赐宰丰，寝官小𦊰传达执行王命。在帝乙或帝辛六年五月商王举行彡日某先祖之时刻。

---

① 罗振玉：《增订殷虚书契考释三卷》（中），东方学会石印本影印，1927年，第17页。
② 罗振玉：《增订殷虚书契考释三卷》（中），东方学会石印本影印，1927年，第12页。
③ 唐兰：《获白兕考》，《燕京大学史学年报》1932年第4期。
④ 陈梦家：《殷虚卜辞综述》，科学出版社1956年版，第552—556页。
⑤ 刘一曼：《殷墟考古与甲骨学研究》，云南人民出版社2019年版，第273页。
⑥ 罗振玉：《增订殷虚书契考释三卷》（中），东方学会石印本影印，1927年，第27页。

学术价值：

宰丰骨正面刻有精美的花纹并镶嵌十几颗绿松石，是商代骨雕艺术的精品。

宰丰骨反面文字镌刻优美，与商代金文的书写风格相同，是中国书法的代表作。文字内容反映了商代赏赐文化内涵。

(八)《花东》37

图 10-8 《花东》37

释文：

(1) 癸酉卜，叀勾牡岁甲祖？用。一
(2) 癸酉卜，叀勾牡岁甲祖？用。二
(3) 己卯卜，子见䁩致玉丁？用。一
(4) 致一鬯见丁？用。一
(5) 癸巳卜，子祼，索，叀白（原编著者释为日）璧㱿丁？一
(6) 甲午卜，在麗，子其射若？一
(7) 甲午，弜射于之，若？一
(8) 丁酉，岁祖甲牝一，权鬯一？在麗。一
(9) 丁酉，岁祖甲牝一，权鬯一？在麗。二
(10) 己亥卜，在雍，子其若？不用。
(11) 叀牝，又鬯祖甲？一
(12) 甲辰，岁妣庚牝一？权鬯？在麗。二
(13) 甲辰，岁祖甲牡一？牝一？在麗。三
(14) 乙巳卜，在麗，子其射？若？不用。
(15) 乙巳卜，在麗，子弜逯彝弓？出日。一
(16) 叀丙弓用？射？一
(17) 叀丙弓用？不用。
(18) 丙午卜，子其射疾弓于之若？一
(19) 戊申卜，叀疾弓用射鹳？用。
(20) 壬子卜，子致妇好入于㹂㱿取三往麌？一二
(21) 壬子卜，子呼多宁见于妇好㱇紒八？一
(22) 壬子卜，子呼多御正？见于妇好㱿紒十？往麌？一二三四五
(23) 癸丑卜，岁食牝于祖甲？用。二
(24) 乙卯卜，叀白豕祖乙？不用。一
(25) 乙卯卜，岁祖乙牡，权鬯一？一
(26) 叀三人。一

注释：

1. 该版上受祭祀近祖有：祖甲、祖乙，先妣是妣庚。

· 290 ·

2. 该版甲骨是1991年在殷墟花园庄东地发现的甲骨坑中的一版。据学者研究，该坑甲骨是目前殷墟发现的最大一坑"非王卜辞"，其主人子为武丁太子。① 祖甲、祖乙分别是武丁之父——阳甲、小乙。

3. 第（1）辞，甲祖是祖甲的倒写。

4. 第（3）、第（4）辞中的醅当指酒类贡品，玉为玉器，是礼器的一种。该版卜辞占卜的背景是：商王在"入"地举行的"弹射礼"结束后，"子"向商王武丁进献鬯酒及玉以示其礼仪结束。②

5. 第（5）辞中的白璧，为瑞玉之一种，《说文》释璧："瑞玉，圆器也。"古者行礼以玉，《周礼·春官·大宗伯》："以玉作六瑞，以等邦国。……以玉作六器，以礼天地四方。"分别是以玉示礼和以玉礼神。此白璧应是以玉示礼。根据甲骨卜辞排谱，"子"向武丁进献白璧，是"子"将举行"学射礼"的开端。③

根据甲骨卜辞排谱，"子"举行"学射礼"地点，分别是麤和雍两地。

6. 麤字从三口从鹿偏旁，从文字形体推测，该地豢养有鹿科动物。文献记载，贵族子弟学习的地点，称灵台、灵囿、灵沼、辟雍，其地蓄养的禽兽，鹿是豢养的最重要的动物之一。《诗经·大雅·灵台》："王在灵囿，麀鹿攸伏，麀鹿濯濯，白鸟翯翯。"毛传："囿，所以域养禽兽也，天子百里，诸侯四十里。"《左传·成公十八年》："筑鹿囿。"《周礼注疏》囿人处："天子之囿百里，并是田猎之处。"《书传》："乡之取于囿，是勇力之取。"可见文献所记囿地是天子及贵族蒐狩之处也。甲骨文与文献记载这种事类的相同性，说明商代麤地，可能就是后世的灵囿、鹿囿之处。

7. 吕（灉）作"○"形，从吕从水点，吕，象水中高地上四面形的宫室建筑，○周围的小水点，象宫室四周环绕有水，与后世辟灉建制相同。其位置不在商王都，其功能是射箭场所。《韩诗》："辟雍者，天子之学，圆如璧，雍以水。"《大雅·灵台》毛传："水旋丘如璧曰辟雍。"《礼记·王制》："天子命之教，然后为学，小学在公宫南之左，大学在郊，天子曰辟雍，诸侯曰泮宫。"《白虎通·辟雍》："大学者，辟雍，

---

① 杨升南：《H3卜辞中的"子"是武丁太子孝己》，《安阳殷商文明国际学术研讨会论文集》，社会科学文献出版社2004年版。
② 韩江苏：《从殷墟花东H3卜辞排谱看商代弹侯礼》，《殷都学刊》2009年第1期。
③ 韩江苏：《从殷墟花东H3卜辞排谱看商代学射礼》，《中国历史文物》2009年第6期。

飨射之宫。"因后世辟雍具备学校功能，故判定"子"在灉地的射箭活动为学射活动。

8. 该版中，射字作不同形体。从排谱看，甲午日，是此次射箭活动的初期，其射字作"㐬"形，象两手抱箭弓之形。经历了十日后，到乙巳日，"子"用"恒弓"射时，其射作"㣇"形。从字形的发展变化，由此可考察"子"从学射到逐渐掌握射箭技能和技艺的过程。

9. "疾弓、恒弓、迟彘弓"论①。疾弓之疾作"㢟"形，与以往甲骨文中所见疾病之疾字形相同。文献所见"疾"字，除了疾为疾病之义外，还有急、快之义，《左传·襄公五年》："而疾讨陈。"《战国策·齐策四》："何来疾也。"《战国策·赵策》"不能疾走。"甲骨文中的疾，也有急、快之义，如"疾雨"（《合集》12900），指急雨、快雨之义。疾弓或是指损坏之弓或指急弓、快弓。从疾弓所射对象看，疾弓所射对象为鹳。文献中，捕获飞鸟的田猎方式，称弋射。弋射活动中使用的两种基本工具分别是弓（夹弓、庾弓）和矢（矰矢、茀矢），那么，考察夹弓、庾弓的射速快慢、射程远近等特点及矰矢、茀矢的具体特征，以确定甲骨文中疾弓是否即文献中的夹弓、庾弓。

弓体形状、材质厚薄决定了弓体强弱度和快慢速度。文献中所载夹、臾弓，往体多，来体寡，合五成规，材质薄，具备弓发疾速特点，使用弋射方式，结缴于矢，捕获翱翔在天空的大雁；H3卜辞中，疾弓所射对象为鹳（与雁同属短尾鸟），夹、臾弓之弓弓发疾速的特点与疾弓之疾具有急、快之义相合，所射大雁一类的鸟属与鹳相类，由此，H3卜辞中的疾弓当指文献中的夹、臾（庾）弓属，疾弓射相当于西周、春秋及以后的弋射。

10. 迟彘弓之迟字作"㢟"形，容庚在《金文编》中释读为迟。《说文》："迟，徐行也。籀文迟从屖。"《广雅》："迟，缓也。"迟彘弓之弓作"ʃ"形，做服弦状，与疾弓、恒弓之弓作"ζ"形的不带弦之弓有别。带弦之弓，文献中，称为王弓、弧弓。从文献记载看，王、弧恒服弦，迟彘弓之弓做服弦状，疾弓为夹、庾之弓，是快、弱弓。甲骨文中，疾弓与迟弓相对，迟弓应为文献中的王、弧弓。

11. 恒弓之恒作"亙"形，亙字象桌面上放置一物之形，为增加桌面稳

---

① 韩江苏：《殷墟花东H3卜辞中"迟弓、恒弓、疾弓"考》，《中原文物》2011年第3期。

固性，特在桌腿与平面所呈方向加一斜横。其指事含义与恒、稳定、静止不动之义相同，该字为象形会意字。

H3卜辞中，称丙弓（《花东》37）、丙吉弓（《花东》149）。称"丙吉弓"时，其功能相当于文献中的唐、大之弓。

殷墟花东H3卜辞中的迟彝弓、恒弓、疾弓，其形状、性能、强弱度、使用场合等特征，可与文献中的夹、庚、唐、大、王、孤弓相应。

对甲骨文字的认识，与文物制度结合起来研究，既能对地下出土文字中所包含的商代礼乐文明的重新发掘，而且可以填补先秦时期贵族子弟学习内容之缺。射对古代贵族来说，是男子必须具备的技能。

12. 妇好这一人物，出现在武丁时期的王卜辞中。1976年发现的殷墟五号墓，随葬器物丰富精美，大量青铜礼器上有铭文"妇好"，故该墓也称妇好墓。根据墓中铜器铭文、器物形制，参照甲骨卜辞，学界认为妇好是武丁的第一位嫡妻，她在商王朝历史上的特殊现象，反映了商王家庭生活的部分内容，对她的研究，有助于解决夏、商、周三代中嫡妻身份和地位。妇好是武丁之妻，生称妇好，死后庙号为辛，祖庚、祖甲称其为母辛（《合集》23116），乙辛周祭卜辞中，称为妣辛（《合集》36268）。

13. 致作"𢍻"形，从手（丬）从玉（𤣩），释读为弄。《说文》："弄，玩也，从収持玉。"《说文解字》段注："玩，弄也。弄、玩转注。"在此指祭祀所用祭品。

14. 䋃字作"𢇽"形，从丝从斤，象以斤断丝之形。经研究，该字是宗庙中设置状如后世的屏风之物之名，称斧、依（衣）、扆。根据历代的注疏看，此物为一物多名：以质地讲，为丝绣织成的黼；以色彩和花纹讲，为绛或赤色；为斧纹，取其威严之义；以其放置地讲，处于户牖之间，户牖之间称扆，故又称扆。故斧与黼指宗庙所用物时，为一物三名，斧取其象形，黼取其质地，设于户牖间，也称扆，取其处所。①

15. 𤔲称高祖𤔲。多御、多宁均指王室或"子"之官员。

辞义为"子"要致送妇好到𢼸地，"子"命令多御巡行（以确保妇好外出安全），或"子"命令多御保卫妇好的安全或进行"正"祭？"子"、多御、多宁向妇好进献弄玉和斧扆？

---

① 韩江苏：《释甲骨文中的"䋃"字》，《殷都学刊》2006年第2期。

16. H3卜辞主人为武丁太子,时刻服侍在妇好身边,对商王武丁是否前来某地或前往某地时,"子"多次占卜贞问,这些占卜内容是研究商代太子制度的重要史料。

卜辞大意:

(1)(2)癸酉日占卜贞问,要用杂色的公牛岁祭祀祖甲?

(3)(4)己卯日占卜贞问,"子"(带领臣属)向武丁进献暊等鬯酒、玉琮等礼品?

(5)癸巳日占卜贞问,子进行祼祭、索祭?向商王武丁进献白玉璧(以示学射礼活动开始)?

(6)(7)甲午日占卜,在麗地子将举行学射活动顺利?不要在麗地举行学射活动顺利?

(8)(9)丁酉日占卜贞问,在麗地,用一头母羊岁祭祖甲?用一卣鬯酒祝祭?

(10)(11)己亥日占卜贞问,在灘地(相当于后世辟雍),"子"将举行射活动,好吗?"子"不要举行射活动,好吗?用公牛祭祖甲?又用鬯酒祭祖甲?

(12)(13)甲辰日占卜贞问,在麗地,以一头母羊岁祭武丁之母妣庚,用鬯酒祝祭?甲辰日占卜贞问,在麗地,以一头公牛、一头公羊岁祭武丁之父阳甲("子"之祖父祖甲)?

(14)(15)(16)(17)乙巳日占卜贞问,在麗地,"子"将举行射活动,好吗?"子"弜迟彝弓"为"子弜射迟彝弓用"的省略,大意是"子"在太阳升起来时不要用迟彝弓举行射活动?要用恒弓射?

(18)丙午日占卜贞问,在麗地,"子"要用疾弓即快弓举行射活动?

(19)戊申日占卜贞问,用疾弓射鹳这一实物以考量"子"等贵族的射箭技能与技艺?

(20)壬子日占卜贞问,"子"将致(送)妇好进入㚔地,贡纳给(妇好)弄玉三个,前往鍪这个商高祖处祭祀?或往祭鍪这个商高祖?

(21)壬子日占卜贞问,"子"将致(送)妇好进入㚔地,"子"命令掌管存储物品的官员——多宁(宁即貯,现代汉语中的贮)向妇好进献弄玉、斧依各(共)八个?

(22)壬子日占卜贞问,"子"将致(送)妇好进入㚔地,"子"命令

· 294 ·

官员——多御护卫适当,向妇好进献弄玉、斧依各(共)十个?前往䕫这个商高祖处祭祀?或往祭䕫这个商高祖?

(23) 癸丑日占卜贞问,向祖甲杀伐公牛取血以祭?

(24) 乙卯日占卜贞问,"子"用白色的豕祭祀祖乙(武丁之父小乙)?

(25) 乙卯日占卜贞问,"子"用公猪为牺牲岁祭祖乙,用以一卣鬯酒进行祼祭?

(26) 因无占卜日期、占卜事类,该辞辞义不明。

学术价值:

《花东》37版,共有26条甲骨刻辞,300多个字。占卜时间自癸酉日至于乙卯日,共43日。占卜事类上承弹侯礼(相当于西周的大射礼),中有"子"主持并参与的学射礼、下启学商、学舞礼,这些占卜事类是花东H3卜辞排谱的关键。因该版甲骨文字数量众多,人物众多,如商王武丁及其配偶妇好,多宁、多御等商王朝官员的出现,且占卜事类重要,《花东》37版甲骨不仅是花东H3甲骨中的精品,而且也是殷墟出土甲骨文中的瑰宝之一。该版甲骨内容是研究商代礼乐文明的重要史料。

(九)《花东》150

释文:

(1) 甲辰,夕岁(子)……? 一

(2) 己酉,夕翌日舌姒庚黑牡一? 一二三四五

(3) 甲寅卜,乙卯子其学商? 丁永。用。子尻? 一

(4) 甲寅卜,丁永于子学商? 用。一

(5) 丙辰卜,延奏商? 用。一

注释:

1. 永为动词,当用于故去者与活人之间的关系时,为福佑、保佑之义。当用于活着的长辈与晚辈之间时,为赞许、称誉之义。

2. 学:《说文》:"学,觉悟也,从教从冂,冂尚矇也。"又:"教,上所施,下所效也。"甲骨文中学包括教和学两个方面,卜辞如:

图 10-9 《花东》150

丁巳卜，𣪘，贞王学众？伐于旁方？受有佑？　　　（《合集》32）

《合集》32 辞义为商王要讨伐旁方，贞问是否"学众"，学在此即为教。花东卜辞主人"子"为武丁太子，《花东》150 是"子"占卜学商，在本句中，学为学习。

卜辞大意：

（1）甲辰占卜，夕时"子"将进行岁祭？……

（2）己酉占卜，夕时"子"将进行某种活动？第二日用一头黑色的公牛为牺牲舌祭小乙之配妣庚？

（3）甲寅日占卜，乙卯日"子"将进行学商礼仪活动，武丁会赞誉

"子"吗？子尻会有事吗？

（4）甲寅日占卜，武丁对"子"进行学商礼仪活动赞誉吗？

（5）丙辰日占卜，延时从事演奏商乐？

学术价值：

该版卜辞中，有学商、奏商占卜。花东卜辞中还有舞商（《花东》130）。由此看来，"商"应是商王朝的重要舞乐或乐典。后世称商代的乐、舞为桑林，《左传·襄公十年》："宋公享晋侯于楚丘，请以桑林。……宋以《桑林》享君，不亦可乎？舞，师题以旌夏，晋侯惧而退入于房。去旌，卒享而还。（晋侯）及著雍，疾。卜，桑林见。"《庄子·养生主》："合于桑林之舞。"司马彪注云："桑林，汤乐名。"也称大濩（濩），《吕氏春秋·古乐》曰："殷汤即位，夏为无道，暴虐万民，侵削诸侯，不用轨度，天下患之，汤于是率六州以讨桀罪。功名大成，黔首安宁，汤乃命伊尹作为大濩，歌晨露，修九招、六列，以见其善。"桑林是后世文献记载的商代重要乐典。商在文献中指五帝之遗声，《礼记·乐记》："肆直而慈爱者，宜歌〈商〉。故〈商〉者，五帝之遗声也，商人识之，故谓之〈商〉。齐者，三代之遗声也，齐人识之，故谓之〈齐〉。"H3卜辞中的"商"，是"子"占卜学习的重要内容，说明它是商代统治者重要的歌乐。商应指桑林还是指《礼记·乐记》中的"商"？还是另有他指？

中国自进入文明社会以来，每一朝代，都有自己的乐舞，故《史记·乐书》："五帝殊时，不相沿乐；三王异世，不相袭礼。"据《礼书》载，黄帝的《咸池》，尧的《大章》，舜的《韶》，夏代的《大夏》，商代的《大濩》，周代的《大武》，分别指各代的乐典，《大濩》专指商王朝乐典。据《史记·殷本纪》载，商始祖契因佐禹治水有功，受帝舜之封，"封于商，赐姓子氏"。商地是商族封地。商人自称商，如《诗经·商颂·玄鸟》"商之先后，受命不殆，在武丁孙子"。《诗经·商颂·殷武》"商邑翼翼"。甲骨文中，商人称自己居住地为"商"（《合集》7815）、"中商"（《合集》7837）、"大邑商"（《合集》36482），由此推测，H3卜辞中"商"乐当指商代乐典，甲骨文中的学、奏、舞的"商"应专指商代乐典。[①]

古时诗、乐、舞三位一体，H3卜辞中的"商"作为"学商""奏商""舞商"的三个不同阶段的占卜，"奏商"占卜的是击金以为奏乐之节为

[①] 韩江苏：《从殷墟花东H3卜辞排谱看商代舞乐》，《中国史研究》2008年第1期。

主,舞商既有舞蹈技巧也包括舞容;(商代乐官)既教国子以舞,又教国子以乐,也当教国子以诗,如周之《大武》,有歌有舞还有诗。由此推定"学商"当以学商之歌词为主。

选择《花东》两版甲骨的目的,主要是想讲授夏、商、西周文化的一脉相承之发展。古代人才选拔,见于文献者,有两种:一种以"射"选,《礼记·射义》:"是故古者天子以射选诸侯、卿、大夫、士。""国之大事,在祀与戎。"(《左传·成公十三年》)"射"可选出是军事人才和治国之才者。一种以"乐舞"选,《礼记·王制》:"大乐正论造士之秀者,以告于王,而升诸司马,曰进士。"

(十)《村中南》212

释文:

(1) 辛未卜,又于出日?
(2) 丁酉,贞王作三师:右、中、左?　二
(3) 辛亥,贞王求?在祖乙宗卜。
(4) 在衣。十月卜。

注释:

1. 中国古人对太阳有敬畏,《尚书·尧典》有"寅宾出日""寅饯纳日"的祭日神之礼,甲骨文中有对"入日""出日"之祭祀。该版甲骨上占卜"出口"受到"侑"祭一事。

2. "王作三师:右、中、左",该版中的左字,仍写成右形。可参考《合集》33006版"左"字形体。

3. "王作三师"与后世"三师(军)"关系。

春秋时期,诸侯国军队建制是常设三军,《论语·子罕》记载:"三军可夺帅也,匹夫不可夺志也。"《左传·成公十六年》晋楚鄢陵之战,楚国军队的出征情况为:楚子救郑,司马将中军,令尹将左,右尹子辛将右。晋国的苗贲皇知道楚国的军事布阵后,向晋侯建议,"楚之良在其中军王族而已,请分良以击其左右,而三军萃于王卒,必大败之"。苗贲皇创立侧翼进攻方法,他判

断楚军精锐部队集中在中军，就以晋国两翼同时进攻楚军侧翼，迫使其以中军主力增援两翼，然后再以自己强大的中军突破楚军中央战阵，取得大胜，这是两翼侧击与中央突破相结合取得胜利的典型战例。一般情况下，中军为主力，主将在中军，左军开路，右军殿后。《春秋左传注·襄公二十三年》："齐侯伐卫……启。"杜预注："左翼曰启。"《周礼·乡师》贾疏："军在前曰启，在后曰殿。"由此看，甲骨文中所见商王军队的"左、中、右"建制对后世影响深远。

卜辞大意：

（1）辛未日占卜，对早晨刚升起的太阳进行侑祭？

（2）丁酉日占卜贞问商王再扩建：右、中、左三师？

（3）辛亥日占卜贞问商王祈求神灵（降福），在祖乙宗庙占卜该事。

学术价值：

1986年、1989年，中国社会科学院考古工作队刘一曼先生主持发掘的小屯村中甲骨，2002年，岳洪彬、岳占伟主持发掘的小屯村南甲骨。两批甲骨著录为《殷墟小屯村中村南甲骨》。它是自1950年以来中国甲学史上第三次科学发掘材料的刊布。

图10-10 《村中南》212

所选《村中南》212版与《殷契粹编》597版（现为《合集》33006版）对照，"这两片甲骨，卜辞所在的部位、卜辞的排列方式、字体风格都相似，只是兆序不同，本片兆序为'二'，该片为'三'，应属于同一次占卜的'成套卜辞'"[①]……《村中村南》212版还与《屯南》2564版辞"（在）𠂤，十月卜""占卜地点、月份相同，可能为同年所卜"。它为今后

---

① 中国社会科学院考古所编：《殷墟小屯村中村南甲骨》，云南人民出版社2012年版，第668页。

甲骨卜辞的缀合、成套卜辞整理奠定了基础，而成套卜辞的整理与研究，将大大提高殷墟甲骨卜辞的史料价值。

（十一）《合集》36975

释文：

（1）乙巳，王卜，贞：[今]岁商受[年]。王占曰：吉。一
（2）东土受年。
（3）南土受年。吉。
（4）西土受年。吉。
（5）北土受年。吉。

注释：

1. "年"字从禾从人，禾是指粟，"年"字象人负禾而归之状。《说文》："年，谷熟也。"《穀梁传》"五谷大熟为大有年"。于省吾认为："年乃就一切谷类全年的成熟而言。"①

2. 商在本句中指商王都所在的王畿区。有关商代王畿范围，文献记载为：

《史记·孙子吴起列传》："殷纣之国，左孟门，右太行，常山在其北。"

《战国策·魏策一》："殷纣之国，左孟门而右漳、滏，前带河，后被山。有此险也，然为政不善，而武王伐之。"

图10-11 《合集》36975

这是战国人吴起所谈及的商王直辖区，即后世所

---

① 于省吾：《甲骨文字释林》，中华书局1979年版，第251页。

谓的王畿区。

3. 东土、西土、南土、北土指诸侯国的领地。该版甲骨中，商与四土分开卜年成的好坏，说明了它们之间是有区别的；商王同时为商与四土占卜年成，又说明它们都属于商王朝的领土，其年成的好坏，与王朝经济有直接关系。

卜辞大意：

（1）乙巳日商王占卜贞问，今年商王都管辖的范围，农业会获得丰收吗？
（2）商王朝东土农业会获得丰收吗？
（3）商王朝南土农业会获得丰收吗？
（4）商王朝西土农业会获得丰收吗？
（5）商王朝北土农业会获得丰收吗？

学术价值：

该版甲骨是研究商代国家体制与官僚体制的重要史料。

商与四土的占卜，证实了商王朝国家体制形制，由商王直接统治的王畿区和诸侯国领地两部分。

商王朝国家体制决定了其职官制度。商王朝职官制度为内外服制。商王直接控制的王畿部分，在甲骨文中称商、中商、中土、大邑商等，为内。诸侯国的领地在王畿以外的四周，故称"外"。

商朝职官上的内外服制，见于《尚书·酒诰》，谓："越在外服，侯甸男卫邦伯；越在内服，百僚庶尹，惟亚惟服，越百姓里居。"这些侯、甸、男、卫、邦伯，指的是商王朝的内服官。百僚、庶尹、亚、服、百姓等指的是商王朝的外服官。

西周早期的《大盂鼎》铭文中，有"殷边""殷正"之称，谓："殷边侯田（甸）、（与）殷正百辟，率肆于酒，故丧师。""殷边"指殷商国之边鄙。"殷正"为殷王朝臣正，也与"外服""内服"相合。

王畿区以外，布列着大大小小的诸侯国，《盘庚》中称为邦伯，《酒诰》中称为侯甸男卫邦伯，《大盂鼎》称为殷边侯甸。甲骨文中，称为侯、伯、子、男、田、任，这些都指商代的诸侯。

外服诸侯的产生，一般有两种途径：一是裂土分封诸子、诸妇及其功臣；二是臣服于商的方国首领和一些古老的氏族部落首领。

(十二)《合集》19817

图 10-12 《合集》19817

释文：

(1) 乙巳卜，扶，侑大乙母妣丙一牝不？
(2) 乙巳卜，扶，侑外丙乎？
(3) 丙午卜，扶，侑大丁羝用？

注释：

1. 扶字作🙂形，是师组卜辞中重要的贞人之一。
2. 侑，王国维谓："又之言侑也，《诗·楚茨》：'以妥以侑。'犹言祭也。"①
3. "大乙母妣丙"之母，在此指大乙的配偶。大乙之配称妣丙（《合

---

① 王国维：《戬寿堂所藏殷虚文字考释》，上海仓圣明智大学印本，1917 年版，第 1 页。

集》36194），还称高妣丙（《合集》34078）。

4. 牝指的是母牛牲。牡指的是公羊牲。

卜辞大意：

（1）乙巳占卜，贞人扶贞问，用一头母牛为牺牲侑祭大乙的配偶妣丙？

（2）乙巳占卜，贞人扶贞问，侑祭先王外丙？

（3）丙午占卜，贞人扶贞问，用公羊谓牺牲侑祭大丁？

学术价值：

该版甲骨是一版非常重要的逆祀占卜。

卜辞中，乙巳日祭祀大乙之配妣丙，按照辈分，大乙即成汤，是商王朝的开国之君，其配偶妣丙在其儿子大丁、外丙之前受祭祀，完全符合长幼人伦秩序。

乙巳日在丙午日之前一天，可见，外丙是在大丁之前一天受到祭。据《殷本纪》记载，大丁、外丙均是成汤之子，大丁是兄，外丙是弟。该辞中，先祭外丙，后祭大丁，从人伦顺序上看，这是不正常的。从整版甲骨祭祀日期与对象看，即先祭大丁、外丙之母——大乙之配妣丙，次祭外丙，再祭外丙之兄——大丁。从人伦看，这种祭祀顺序是不正常的。

如何看待这一问题？即商王祭祀毫无章法还是我们对甲骨卜辞认识有误区？需要与甲骨学知识结合，方能对此有清晰的认识。

甲骨文中有周祭卜辞，周祭先王、先妣的祀序，常玉芝经过多年的研究，排出了《先王先妣祀序表》（《商代周祭制度》第110页）。该版上出现的三位先王、先妣的周祭次序是：大丁、外丙、妣丙。

《左传·成公十三年》："国之大事，在祀与戎。"祭祀是国家大事，祭祀对象、祭祀顺序都有严格的规定。目前发现的商先王祭祀顺序，不论顺祀抑或逆祀，均是按照其继位先后顺序而排定（特例除外）。

甲骨文存在逆祀卜辞，又如：

庚午，岁妣庚牢牝，祖乙延？在狀。一二三　　　（《花东》311）

裘锡圭对甲骨文逆祀作过深入研究（《甲骨卜辞中所见的逆祀》）。

此版甲骨上妣丙、外丙、大丁的祭祀顺序是逆祀，至于逆祀目的，有待探讨。

(十三)《辑佚》690 +《合集》36182

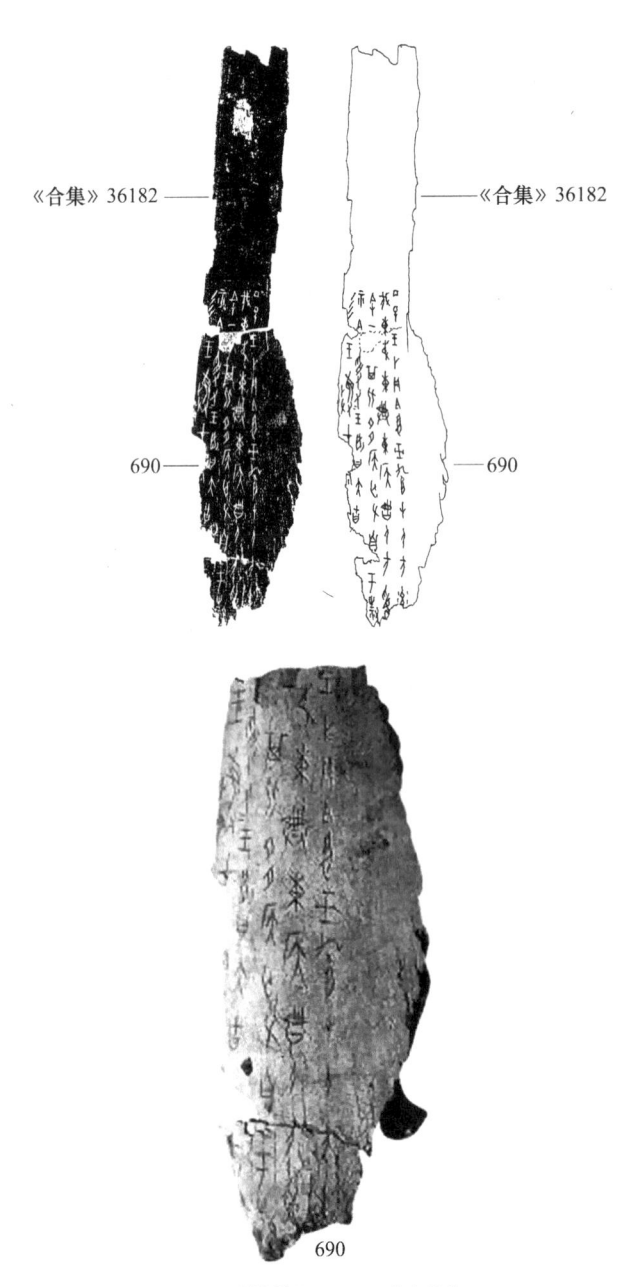

图 10-13 《辑佚》690 +《合集》36182

释文：

丁巳，王卜，贞禽巫九禽禺人方率伐东或（国）。东典东侯，册人方，妥余一人。余其从多侯，无左。自上下于示，余受有佑？王占曰：大吉……彡……王彝……宗。

注释：

1. "禽巫九禽"是关于卜法的习语，是卜法中一种特别隆重的仪节，具体内涵不清楚。

2. 李学勤释读丨为禺字，训为逢。

3. "或"读为国字。"禺人方率伐东或（国）"大意是恰逢人方全力侵犯（商王朝）的东部边境。

4. 典像双手持册之形。"东典东侯"即商王以文书的形式向东方之侯伯任命。

5. 册即杀伐之义。"册人方"即杀伐前来侵犯的人方。甲骨文中，位于今山东半岛的一个方国，称人方，郭沫若谓："旧多释尸为人，余谓当是尸字，假为夷，殷代尸方乃合山东之岛夷与淮夷而言。"①

6. 妥为安之义。"余一人"为商王自称。

7. "无左"与《左传·昭公四年》"不亦左乎"之左用法相同。杜预注"不便"。"无左"即无有不便，事将顺遂也。②

8. "自上下于示"是一习语，具体内涵，有待探讨。

卜辞大意：

丁巳日商王占卜贞问，恰逢人方全力侵犯（商王朝）的东部边境，商王以文书的形式向东方之侯伯任命，杀伐前来侵犯的人（尸）方，以给我商王以安慰。商王我将率领多个诸侯首领无有不便，事将顺遂。商王我将受到保佑？商王占卜的结果：大大吉利。

学术价值：

《左传·昭公四年》："商纣为黎之蒐，东夷叛之。"又，昭公十二年：

---

① 郭沫若：《卜辞通纂》，科学出版社1983年版，第462页。
② 屈万里：《殷虚文字甲编考释》，"中研院"历史语言研究所，1961年，第304页。

"纣克东夷而陨其身。"从文献记载看,商纣王对东夷暴虐统治,导致东夷背叛。

甲骨文发现后,帝辛时期讨伐人方占卜数量非常多。"王来正人方"的占卜,有20多条,说明帝辛确实亲征人方。

据文献与甲骨文所载史实,多数学者认为商纣对东夷的战争,使商王朝的实力消耗很大。当周武王率师攻打时,商纣王仓促调遣军队应战,导致失国亡身的悲惨局面。

该版甲骨卜辞,反映的史实是:人方侵扰了商的东部边境,商王册分任命诸侯,让商王朝的诸侯国讨伐前来进犯的人方,以维护国家边境安宁。是正义之战。

参考书目

《安阳发掘报告》,《中央研究院历史语言研究所专刊》,第 1 期至第 4 期,
　　1929 年 12 月至 1933 年 6 月。
常玉芝:《商代周祭制度》,中国社会科学出版社 1987 年版。
陈梦家:《殷虚卜辞综述》,科学出版社 1956 年版。
陈梦家:《殷虚卜辞综述》,中华书局 1988 年版。
董作宾:《甲骨文断代研究例》,"中央研究院"近代史研究所专刊之五十,
　　1965 年。
董作宾:《甲骨学六十年》,台湾艺文印书馆 1965 年;《中国现代学术经
　　典·董作宾卷》,河北教育出版社 1996 年版。
杜久明:《中国殷墟》,上海大学出版社 2006 年版。
高明:《中国古文字学基础》,北京大学出版社 1996 年版。
高明:《中国古文字学通论》,北京大学出版社 1996 年版。
郭沫若:《殷契粹编考释》,科学出版社 1956 年版。
胡厚宣:《殷墟发掘》,学习生活出版社 1955 年版。
黄天树:《殷墟王卜辞的分类与断代》,台湾文津出版社 1991 年版。
李学勤、彭裕商:《殷墟甲骨分期研究》,上海古籍出版社 1996 年版。
林沄:《古文字研究简论》,吉林大学出版社 1986 年版。
刘烜:《王国维评传》,百花洲文艺出版社 2015 年版。
刘钊:《古文字构形学》(修订本),福建人民出版社 2011 年版。
罗琨、张永山:《罗振玉评传》,百花洲文艺出版社 2010 年版。
罗振常:《洹洛访古游记》,河南人民出版社 1987 年版。
罗振玉:《殷虚书契考释三种》,中华书局 2006 年版。
马如森:《殷墟甲骨文引论》,东北师范大学出版社 1993 年版。

彭裕商:《殷墟甲骨断代》,中国社会科学出版社1994年版。

裘锡圭:《甲骨文中所见的商代农业》,《古文字论集》,中华书局1992年版。

裘锡圭:《文字学概要》,商务印书馆1988年版。

宋镇豪:《中国风俗通史——夏商卷》,上海文艺出版社2001年版。

唐兰:《中国文字学》,上海古籍出版社2001年版。

王国维:《观堂集林》,中华书局1959年版。

王巍:《中国考古学大辞典》,上海辞书出版社2014年版。

王宇信:《甲骨学通论》,中国社会科学出版社2015年版。

王宇信、杨升南主编:《甲骨学一百年》,社会科学文献出版社1999年版。

温少峰、袁庭栋:《殷墟卜辞研究——科学技术篇》,四川社会科学出版社1983年版。

严一萍:《甲骨学》,台湾艺文印书馆1978年版。

杨宝成:《殷墟文化研究》,武汉大学出版社2002年版。

于省吾:《甲骨文字诂林》,中华书局1996年版。

于省吾:《甲骨文字释林》,中华书局1979年版。

[日] 岛邦男:《殷墟卜辞研究》(中译本),台北:文鼎书局1975年版。

后　　记

本书为河南省普通高等教育"十四五"规划重点教材，由河南省高校人文社科重点研究基地安阳师范学院甲骨学与殷商文化研究中心负责编写。

所谓"初阶"，即适合于初学者入门之用。殷墟甲骨文是中国目前所知最早的成系统的文字，以甲骨文为研究对象的甲骨学号称"绝学"，是一门"冷门学科"，佶屈聱牙，古奥难懂。因此，如何使广大学生和甲骨文爱好者能够了解甲骨文、认识甲骨文，洞悉甲骨学奥妙和其中蕴含的传统文化，做到习近平总书记要求的甲骨学要"有人做，有传承"，历来就是甲骨学界的难题。为了解决这一问题，我们充分利用专业优长，紧密结合地域文化特色，认真考虑学习者的实际需求和愿望，尽量吸收甲骨学界前贤时彦的研究成果，全面参考我们多年从事甲骨学、古文字学课程的教学经验，编写了这本《甲骨学初阶》教材。在经过本校学生和安阳市教育系统等单位的试用之后，又经过反复讨论与修改，正式呈现于大家面前。

与学术性著作不同，《甲骨学初阶》更加突出教与学的适用性，在介绍甲骨学知识的同时，力求做到基础性、趣味性和专业性、科学性相结合。主要体现在三个方面：一是章节及内容编排皆考虑合乎学习规律和教学实践，尽力做到提纲挈领，浅显易懂，循序渐进。二是教材中除了简明文字外，还使用了大量的图片，图文并茂，有利于学生更直观地去学习相关知识。三是集理论、实践于一体，除了甲骨学基础知识的介绍外，还注重学习者的拓展实践训练。本书的后几章，就是让读者去了解学习甲骨文的工具书，并尝试对甲骨片上的卜辞进行阅读，同时，去关注甲骨文字和卜辞中所蕴含的相关文化知识等。另外，教材所提供的参考书目以及开放性的讲解内容，既便于教学，同时也便于甲骨爱好者自学。

全书分为十个专题，基本涵盖了甲骨学的基础知识和学科系统。编写中，具体分工情况如下：

第一章、第八章　郭旭东

第二章、第七章　张秋芳

第三章、第四章　仇利萍

第五章、第六章　李双芬

第九章、第十章　韩江苏

各章节初稿完成后，李双芬、仇利萍等对书稿进行了技术性处理，最后郭旭东对全书进行了统一体例、校正勘误、润色语言、章节安排、篇目调整与修改等统稿工作，以尽量保证全书的体系性和统一性。另外，书中配图及所列表格需标明出处的均予以了标注。

必须说明的是，尽管我们做了很大努力，但是书中还存在不少有待改进的地方，希望专家学者以及广大读者多提宝贵意见和建议，以便我们日后修改和完善。

最后，衷心感谢中国殷商文化学会名誉会长、中国社会科学院荣誉学部委员、安阳师范学院甲骨文研究院顾问、著名甲骨学家王宇信先生。本教材的编写自始至终得到了先生的大力支持和悉心指教，稿成后先生又专门赐序给予高度肯定并积极宣传推介。先生奖掖后学、无私奉献的精神，编写组全体同志十分感佩，在此专门向先生致以崇高的敬意！

郭旭东
2021 年 10 月 1 日